太平洋戦争を読み直す

保阪正康

PHP文庫

○本表紙図柄＝ロゼッタ・ストーン（大英博物館蔵）
○本表紙デザイン＋紋章＝上田晃郷

序にかえて

この二、三年、現代史の評論、解説、ドキュメントなどを集中的に読んできた。むしろ外国の翻訳書に目を通すことのほうが多かったのだが、数多くの書にふれているうちにあることに気づいた。

一九七〇年代、八〇年代に生まれた研究者やジャーナリストが、まったく新しい目で二十世紀のもっとも大きな事件であった〈第二次世界大戦〉を解剖しているのである。そこには従来にない視点、論点があらわれている。イギリスの研究者は、第二次世界大戦におけるイギリス空軍のドイツ爆撃を調査して、その大半は一九四五年の上半期に集中していたと説く。ドイツが軍事的にほとんど継戦のない状態のときに爆撃がくり返されたことは、むろんそれ以前のドイツ空軍によるイギリス本土爆撃への報復であった。ドイツのジャーナリストは、戦時下でドイツ国民のほとんどはアウシュヴィッツ収容所などの存在を薄々知っていたが、それに知らぬふりをすることで現実から目をそむけていたと明かしている。ナチスのみに責任を負わせることができるのか、という問いかけであろう。

ロシアの若手研究者が描く第二次世界大戦下のソ連は、確かに苦悩の連続であったが、「スターリン」が存在することの国民的基盤について鋭いメスを入れて分析する。

アメリカの研究者のなかからは、日本の特攻隊員によって自爆攻撃の対象となったアメリカの空母の乗組員の存在を冷静に追い、戦争という時代に生きた青年たちの生と死をえがくドキュメントが誕生している。あるいは自らの家系がこの世界戦争にどのようにかかわったかの分析の書もある。いかにもアメリカ的といっていいのだが、マーケット調査を行ったうえでこの世界大戦のどの戦場をどのように書けばいいのかを考えたうえでの作品も刊行されているように思う。

こうしたさまざまな書にふれながら、それぞれの国にはそれぞれの意味づけができるものだなと、私は実感した。そのうえで大きな流れを俯瞰《ふかん》するなら、イギリス教養主義、アメリカ実用主義、ロシア脱社会主義といった色分けができるように思う。むろんフランス現場主義、中国の中華帝国主義の傾向の著作も多い（中国での書籍刊行は国家の統制下にあるから傾向は単色である）。各国は各国の手法で二十世紀を見つめているのだな、と改めて気づかされるのだ。国際社会に発信されているそれぞれの国の書は、やはりその国のお国柄や文化の程度を示しているといえるのではないか、と思う。いずれこうした書のなかから、人類史に残る見方が取捨選択されて一定の重みをもっていくのであろう。

その動きが私なりに理解することができたといってもいい。

さて、そこで日本である。日本では一九七〇年代、八〇年代生まれの研究者やジャーナリストが、第二次世界大戦史や太平洋戦争史を独自に調べて書いた書となると未だ少ない。その少ないなかから、国際社会にも発信していくことのできる内容の書籍になるとより少なくなってくる。私の見るところ、一九七三年生まれの研究者が書いた著作がなかなか興味深かったといってもいい。

どのような内容かといえば、沖縄戦をとりあげつつ、この地にあっては「生者は死者であり、死者は生者である」との視点を明確にする。確かに沖縄戦では生者と死者の差は、ほんのわずかであったというのはとくに知られている。そこに論点を据えるのである。とすれば戦後の沖縄での追悼、慰霊には何が欠けているのか、がより鮮明になってくる。このような視点を前面にだすことによって、私たちは戦後の追悼と慰霊に何が欠けているかを考えざるを得なくなる。このような視点は戦争とは距離を置いた世代によってのみ書かれうるということであろう。

ただ日本社会はイギリスやアメリカに比べて、この種の斬新なテーマの書は少ないのはなぜだろう、と私は考えつづけているのだが、幾つかの答えはすぐに思いつく。ひとつに一九七〇年代、八〇年代生まれの研究者の書は大体がその上の世代によって書かれた視点、論点、そして論じ方の一定の枠からはみだしていないということである。いわば良い子の優等生の如くの研究書なのだ。当然ながら新発見もなければ、読んで興奮を覚えることもない。そして二つに、その記述はあれやこれやと目くばりしながら、自らの意見はほとんど書かれていない。あえて三つ目をあげれば、「あとがき」などで家族や友人、それに身近な人たちへの謝辞が延々とくり返されている点だ。かつての日本の研究者はこのような甘えは避けていた。しかし昨今は、そういう律し方はあまりにもへりくだっているということか。アメリカ並みに自らの周辺の人びとへの謝辞をくり返すことが優先しているという意味にもなる。

こういう緊張感の欠如が、新しい視点、論点をだすことができなくなっていると、私には思えるのである。

本書はこの何年か、各種の雑誌に発表した論稿をまとめたものだが、いうまでもなく私は自らの年齢を考えると新しい視点や論点を提示することはできない。しかしこれまでの決まりきった見方から一歩ふみだして、私たちは今、「歴史から何を学ぶべきか」という問いを自らに発して、その思いで書きあげた稿を中心にして本書は編まれている。

次の世代の研究者やジャーナリストが本書からなんらかのヒントを得てもらえれば幸いである。同時に史実の検証を共有することによって解釈は多様であり、その解釈の広がりのなかから歴史の本質をさぐっていきたいと思う。なにしろ近代日本史（とくに昭和史）にはあまりにも多くの学ぶ点があると断言できるからだ。

太平洋戦争を読み直す

目次

第二部　太平洋戦争をめぐる五つの人物論

第三部　ドキュメント・太平洋戦争

第一部

遠ざかりゆく太平洋戦争

第一章 「自虐史観」と言われた私

奇妙な体験

二十一世紀に入ってからであろうか。奇妙な体験が重なるようになった。大学生相手の講演や市民を対象にした文化講座で昭和史を論じることがあるのだが、質問の折などに「先生の考えは、自虐史観ですね」と乱暴に決めつける者が出てきたのである。

私は「自虐史観」という語が一般に用いられているとは知らなかった。なんとも不快なニュアンスの伴う語であり、こういう語を平然と口にするその感性にも驚かされた。そこで、どういう意味で私の話が自虐史観なのかを問うと、ある大学生は次のような言を弄した。

「先生の歴史観は、結局はすべて日本が悪いという見方じゃないですか。そういう見方を指していうのです」

なにやらその種の語をしきりに鼓吹《こすい》している論者たちがいるらしく、そうした事情も聞かされた。戦後六十年余の言論や歴史観をすべて自虐史観とか東京裁判史観であると片づけて、新たなナショナリズム主導の歴史を説いている論者が少なくないということだろう。

伴う歴史的歪み

日本が悪いとか日本が正しかったという、単純で乱暴な言い方は、少なくとも史実を語るときには口にすべきではない。私自身、そういう言い方はしないが、昭和前期（近代日本の総体といってもいいが）を史実で語る、あるいは昭和前期という時代を生きた人たちの証言をもとにその実相をさぐる、という視点からいえば、確かに私たちの国に問題が多いことは指摘もする。とくに一九三〇年代から四〇年代にあっては、日本の軍事政策が中国・韓国をはじめとしてアジアの国々に多大の迷惑をかけ、被害を与えた事実は疑うことはできない。

個々の史実を検証すればするほど、そうした日本の政策とそれに伴う軍事行動は浮き彫りになってくる。それを否定すること自体、錯誤の世界に入ることになるように思う。

冒頭の「自虐史観ですね」という乱暴な言い方を口にする人はその後も目に付く

ようになったが、彼らには共通点があることに気づく。青年であれば、インターネットの掲示板「2ちゃんねる」を見ているか、あるいは「日本は近代史の中でなんの誤りも犯していない」と説く書を読みふけっている。高齢者であれば、保守系言論誌の愛読者であるか、それとも昭和前期を追憶でしか語れない人たちである。ありていにいえば、あまり深く〈歴史〉を見つめないタイプといってもいいのではないかと思う。

私はこうしたタイプの人たちの質問や疑問には、「私は自虐史観ではなく、自省史観の側に立っている。昭和という時代を自省や自戒で見つめ、そこから教訓を引き出し、次代につないでいくという立場だ」と答えることにしている。あるいは、「あなたたちは史実を、政治や思想で割り切ろうとしている。それは〝左翼〟の公式史観と対になっていて、私はなんの関心もない」とはねつける。実際、これが本音なのである。

平成十七年（二〇〇五年）四月、中国では抗日・反日デモが各地で行われた。このデモの背景には諸因があり、単純に小泉首相の靖国神社参拝や、日本の歴史認識への反発だけとは言い切れないが、それにしても日本国内のメディアのなかにはあまりにも感情的反発が目立った。

特に保守系言論誌のなかには、悪しざまに中国を罵ったり、中国の主張に耳を傾けようとする人たちに「中国に尻尾を振る……」という表現を用いたり、常軌を逸している見出しさえも目についた。

そして抗日・反日デモに呼応する形で感情的に反発するだけでなく、一九三〇年代の日本の軍事行動を正当化するが如き論まで大手を振って登場している。そのころ私は新聞・雑誌などで「これでは昭和十（一九三五）年前後の日本の新聞にしばしば見られた『暴支膺懲《ようちょう》』の論旨そのものではないかと思えたほどだ。こういう論旨は社会病理的な現象と言っていいのではないか」（「週刊東洋経済」二〇〇五年八月六日号）と書いた。中国社会の突出した行動に感情的に反発すること自体に、むしろ日本社会の歪《ゆが》みがあるのではないかと私には思えるのである。

あえていえば、現在の日本の保守言論（特に自虐史観などという語を好んで用いる論者たち）には歴史的な歪みが伴っているのではないかとの感がする。歴史的な歪みとは何か。前述のようにある時期から自虐史観という語を耳にして以来、ではそういう語を吐く側の歴史観とはどのようなものかを確かめるために、いくつかの書にふれてみるよう勧められた。そこで何冊かの書（たとえば、西尾幹二『国民の歴史』など）にふれてみたが、私には到底納得しがたい筆調で史実が列記されていた。

一例をあげれば、西尾書は太平洋戦争を人種戦争と見て記述を進めているが、それは正確な史実をもとにしているとはいいがたく、きわめてプロパガンダ色の濃い内容になっている。加えてプロパガンダに都合の悪い史実（枢軸体制など）にはふれていない。戦後六十年の史実検証はどのような立場（政治的に左派あるいは右派）であれ尊重されるべきで、相応に明らかにされた史実をもとに記述が行われなければならない。西尾書に限らず、実証主義的な記述さえ「自虐史観だ」として攻撃する書は、そうした検証の実績を無視している点に特徴があるように思う。西尾書を批判している「教科書に真実と自由を」連絡会編の『徹底批判「国民の歴史」』という書の方が説得力があるように思う。

自省史観という戒め

私があえて「自省史観」という語を持ち出すのは、昭和史に限っていうなら大日本帝国の政策があまりにも特異であったからだ。二十世紀の国際社会の約束事を無視し、日本人の思考方法や文化の質を低減させているからである。この四十年余、私は昭和前期に生きてきた人たち（そこには政策決定に携わった指導者から一庶民まで、さらには日本だけでなく一九三〇年代に日本にかかわった中国人やロシア人、アメリカ人、イギリス人などが含まれる）から証言を求めて、史実を丹念に見つめてきた。

むろん生者の証言だけを聞いたのではない。死者の遺した手記や書簡などにもあたりながら、史実とはどのようなものだったのかを多角的に確認してきた。アメリカや旧ソ連、中国などに赴いて証言を確かめたこともある。

そういう体験を通して、私自身は次のふたつの点を確信するに至っている。これが自省史観の骨格である。

ひとつは、近代日本のある時期からの誤りは、徹底して史実を洗い出すことによって立証していかなければならないということだ。ここでは他国がどのような見方で私たちの歴史を批判していようとも関係ない。近代日本の誤りを主体的に立証することは、その時代を客観的に分析できる次代の者のつとめだということでもある。

これは政治とか思想の次元の問題ではない。私たちが国際社会で相応の役割を果たすためには、まず過去の史実と向き合うことから始めなければならないのである。

もうひとつは、いわゆる自虐史観なる語で歴史の見直しを説く歴史修正主義者は、こと日本に限っては戦後六十年余、地下水脈の形で命脈を保っていて、それが世代の入れ替わりや時代風潮の変化によって再登場してきたことを知るべきだということだ。

これは後述するが、戦後六十年余の歴史認識としては「密教化した言論」（私はこれを「ウラの言論」と評するのだが）だったものが、ここ十年ほどの間に顕教化してきた、つまり「オモテの言論」として浮上してきたにすぎない。そのことを認識するなら、私たちの国は過去の史実を総括し得ない弱さを一貫して抱えこんでいるということがはっきりする。

こういう弱さを自覚したうえで、私たちはそれを克服するための強さを身につけていく必要があるのではないかと思う。他国からの批判に開き直り、国内で勇ましい論を口にし、そして陶酔的なナショナリズムに溺れているのでは、国際的に孤立することは目に見えている。そういう戒めが、私の説く自省史観である。そして私は、自省史観こそが日本の〝国益〟にかなうことであり、歴史そのものを俯瞰《ふかん》したときに理にかなっているのではないかと思うのだ。

政治の退嬰《たいえい》と健全さを失う社会

自省史観の骨格をなすふたつの点について説明しておきたい。

まず第一点の、史実を洗い出すことについてだが、いわゆる保守言論の歴史認識は、この面では曖昧《あいまい》である。それはまず前提ありきで始まっているからだ。この場合の前提というのは、すでに定着している史実そのものに異議申し立てをする大状況の語を指している。あるいはそうした史実をもとに成り立っている歴史認識について、雑駁《ざつぱく》で感情的な論点を示すことである。たとえば、「日本だけが悪いのか」

や「日本の主張には根拠がある」であったり、「日本軍国主義はアジアを侵略した」という言い方に反論する形での論点の提示である。

そして自らに都合のいい史実をつなぎ合わせて、自己陶酔の方向に記述を進めていく。新たに自分たちで史実を検証するのではなく、都合の悪い史実は無視するか、それともすでに検証された史実の不透明部分をあげつらい、声高に否定して自らの正当性を主張する。

極端な例は、「南京虐殺の具体的史実」に対して、「南京虐殺はなかった」という反論を提示して史実を拾い集め、その辻褄合わせをしつつ、その史実を批判していくという手法がとられている。

私はこの前提を提示したり、論点を立てる側から史実や歴史の流れを見ないので、いわゆる保守言論の歴史観総体を詳細に分析したことはない。帰納的に史実を積み重ねていくことによって、「こういう状態は侵略だ」という言い方をするが、それ以外の歴史観には距離を置いている。その立場からいうなら、前提や論点を前面に出して歴史を論じる姿勢は、なべて政治、思想の弊であり、それは史実そのものを愚弄しているということができる。

この姿勢が通用するのは、政治的集団の内部であったり、特定の信条やイデオロギーを共有する集団内だけである。もし社会に軽々にこのような姿勢が持ち出されてくるなら、その社会全体がある種の健全さを失っていくことを意味している。保守言論が勢いを持っているとするならば、それはそうした健全さを失っていることに乗じているか、あるいは保守言論自体がその方向を加速させているということになるのではないか。

本稿のテーマとはさほどの関連はないので詳述はしないが、小泉純一郎首相の重量感に欠ける議会答弁やキャッチフレーズ的な言論が社会に公然と吐かれるようになってから、保守言論の歪みが加速したように思う。現実の政治の退嬰が、保守言論の中毒化現象を引き起こしていると私は思う。小泉首相がしばしば口にする靖国神社参拝の論理（「これは心の問題だ」とか「戦没者を追悼することがなぜ悪い」という一面の論理）には決定的な欠陥があることを、国民が見すごしているのにつけこんで、保守言論が巧妙に、靖国神社の公式参拝を是認するかのように論じるのは、その典型的な例である。

私があえて「決定的な欠陥」というのは、靖国神社の境内に建つ博物館・遊就館で示される歴史観や、昭和五十三年（一九七八年）のA級戦犯合祀をどう捉えるかの視点が、国民的な関心事でないことを指している。現代にあって、一九三〇年代や一九四〇年代のごとき歴史観を公然と称揚するのは、何を意味しているのだろうか。軍事主導体制によって引き起こされたいくつもの負の遺産を、なんら自覚していないということではないか。これは中国や韓国が首相の靖国参拝を批判するとかしないの問題ではなく、私たちの歴史へ向き合う姿そのものの欠陥である。

史実を丹念に整理し、歴史観を身につけるというのは、私たちにとっては辛いことである。私自身、中国や東南アジアでの日本軍の行動を精査していて、絶句したり、嘔吐したりすることもある。なぜ日本軍は、このような行為を働いたのか。それを明確に分析しておかなければ史実を整理したことにはならない。史実は、たとえ一時期隠せたにしても、いずれ社会的にあからさまになる時代がくる。現に中国や東南アジアの国々では、次の世代が史実の精査を始めている。その時に、私たちの国は知らぬ存ぜぬという言い方が通用するだろうか。歴史的事実は一度きちんと整理しておいて、それに伴う責任は明確にしておくべきだと私は考えている。

私は日本の敗戦時には五歳余であったから、戦争の内実については直接には知らない。しかし史実を整理し、それに相応の責任体制を明確にしておかなければならない世代だと自覚している。そうした役割が、好むと好まざるとにかかわらず、私たちには課せられている。そして私たちの次の世代からは、

「かつて日本の軍事主導体制は二十世紀前半のある時期に大きな錯誤を犯した。その錯誤について次の世代が具体的に指摘して整理している。謝罪すべき点、さらには教訓としなければならない点も明かして相応の歴史的自省も示した。私たちはそ

れをもとにあなたの国と交流を深めていきたい」という認識で交流の回路をつくるべきだと考えている。いささか時代がかった言い方をするなら、そうした申し送りや歴史的姿勢が日本には必要ではないか。そうでなければ、中国や韓国をはじめとして太平洋戦争やそれ以前からの戦争で日本が何をなしたかは、いつまでも歴史上解決されない問題として残ることになりかねない。

こうした私の考え方の根底には、われわれの国は軽々に軍事主導体制に走ってはいけないとの理解がある。昭和前期の史実を調べれば、それしか結論はない。歴史的責任に欠け、国家を「兵舎」と同程度に考え、自国や他国の人々を抑圧する軍事主導体制は五十年、百年という単位で次代の児孫にも迷惑をかけるという当たり前のことを確認しておかなければならない。

極端な保守言論はこうした歴史的視座をもっていない。自らが生きている時代の論理や面子で、ただひたすら「前提」や「論点」を提示しカタルシスにふけっているのではないかと思う。個別の史実に謙虚であろうとせず、都合のいい史実をとりだして弁解し、そして恫喝《どうかつ》しているように思う。それは一時、幾分かの陶酔をもたらすとしても、長い目で見れば私たちの国のかつての誤りを拡大させることにつながるのではないだろうか。

対をなす、「革新」側の安易なレッテル貼り

ここまで私は「保守言論」という語を用いているが、その意味について付記しておくことがある。私自身は保守派に位置すると思っているし、いわゆる「革新」(その意味が曖昧だが)にはそれほど信頼を置いていない。私が本稿で用いている「保守言論」とは、前述のように自らの時代にのみ埋没し、自らに都合のいい言辞を口にし、そして狭いナショナリズムで過去を振り返る言論を指している。自律した保守の側の論理ではないという意味だ。

私が「革新」の一部の人たちの歴史観をなぜ信じないかといえば、こちらもまたある「前提」や「論点」のために史実のつなぎ合わせを行ったり、あるいは自らの考えに合わなければ「保守」とか「反動」という、その短絡さにある。

こんなエピソードがある。ある大学で私が講演することになった。ところが教授会で、「革新」を自称する教授が、「極右なのに講演させていいのか」とただしたそうである。私の知人でもある別の教授が「そんなことを簡単に言えるのか。理由はなんだ」と問うたところ、彼はある保守言論誌の名をあげ、そこに原稿を書いたことのある者は皆極右だ、と答えたそうだ。一部の「革新」を自称する人々は、その内容ではなく、この程度のことでレッテル貼りをする。つけ加えれば、その後この

教授は当の保守言論誌に原稿を書いている。

このような安易なレッテル貼りが、歪みの伴う保守言論と対をなしているのではないだろうか。

「ウラの言論」の浮上

自省史観の骨格をなす第二点については、戦後六十年余の日本の言論状況は、「オモテの言論」と「ウラの言論」があったと説明するとわかりやすい。前者は社会的認知度の高い、言ってみれば大方の国民が諒解《りようかい》している言論ということなのだが、それはたとえば歴史的認識という点でみれば、「日本は過去に軍事主導体制の誤った道を学んだ。そのことによって他国に迷惑をかけた」という諒解である。あるいは市民社会の権利を保障する基本的枠組みは守られなければならないとの理解をもとにつくられている言論である。

ところがこうした言論とは別に、一切の自省がなく日本無謬《むびゆう》を説く論があった。つまり昭和十年代に戦争に傾斜していくときの、きわめて粗雑でファナティックな排外主義的な言論が戦後の空間でも通用していた。

これを称して、私は社会的認知度の低い「ウラの言論」というわけだが、こうした言論は特定の政治団体、戦友会などでもひそかに語り継がれていた。前述の靖国神社の遊就館の説明文もその例にあげていい。

乱暴な言い方になるが、昭和十年代の「オモテの言論」が戦後社会では「ウラの言論」になり、「ウラの言論」が戦後にあっては「オモテの言論」になったのである。桐生悠々《きりゆうゆうゆう》や石橋湛山《たんざん》の言論をこの図式にあえてはめてみるとわかりやすい。

私は、戦後社会の「ウラの言論」を確認するために昭和五十年代から戦友会の取材を続けてきた。戦友会はこの頃は最盛期で六〇〇〇近くあったが、ひそかに幾つかの戦友会に潜り込んでその肉声を聞いてきた。こうした声は、私にとっては驚くべき内容が多かった。

「日本はＡＢＣＤ包囲網に囲まれてやむなく起ち上がった」

「われわれは侵略していない。アジアの解放のために戦った」

「アジアの国々は日本のおかげで独立できた」

「中国人にはわれわれの善意がわからないのか」

こんな自己満足ともいうべき歴史観はあきれるほど聞かされたし、扉が閉まっているのを確認したあとで、戦闘時の行動（残虐行動の屈折した話だが）なども聞かされた。私は皇軍兵士のこうした話についてのメモが増えれば増えるほど、逆に彼らが「ウラの言論」に固執する理由がわかった。

紙幅の関係で詳述しないが、彼らは内心では苦しんでいたのだ。戦場で苛酷な体験を余儀なくされた彼らは、その苦しみを屈折した形で吐きだしていた。そういう元兵士には自分たちの言論が「オモテの言論」になってはいけないとの自覚もあった。逆に戦前の「オモテの言論」を捨てることができず、しきりに世相を罵倒し、「大日本帝国」に価値を見いだす元兵士もいた。戦闘を体験しない元兵士には、後者の例が多いのも特徴だった。

戦後五十年の平成七年（一九九五年）を境に、戦友会は次々と解散していった。私自身、一六の戦友会を長期にわたって見つめてきたが、会員の死もあって、今では二つの戦友会（それも会員は数人程度）が残る程度だ。幸いなことに彼らは、「ウラの言論」は彼らの青春の言論であり、それがオモテに出てはいけないと自戒している。

現在の、歪みの伴う保守言論は、私からみれば「大日本帝国」型戦友会の言論をなぞっているにすぎない。ひたすら自己賛歌と非歴史的、非社会的、感情的罵倒の言論である。だから、今では私にとっては珍しくもないかわりに、こんな言論が「オモテの言論」になってしまったら、私たちにとって戦後という空間は何だったのかという深刻な感想をもたざるを得ないのだ。

もとより戦後六十年余の「オモテの言論」には、前述のように皮相的で、ひとりよがりで、そして鼻持ちならない面があるのは事実である。私たちが克服していくべきは、戦後空間の「オモテの言論」の弱さである。歪みの伴う保守言論のように、それを否定するということではない。

私は自省史観という語をとりたてて声高に用いるつもりはないが、しきりにこの社会の「オモテの言論」を攻撃して、「ウラの言論」を浮上させようとする試みが行われている以上、あえて自省史観という旗を掲げて自らの国の来し方行く末を確認する必要があるように思う。

それこそが真の〝国益〟であり、「誤りを認める勇気」こそ、われわれの文化と伝統の深さを示すことになると思うからである。

第二章　私が会った「昭和史の証人」秘録

三島事件への驚愕

今にして思えば、昭和四十五年（一九七〇年）十一月の三島事件（作家の三島由紀夫と楯の会会員による自衛隊を説得してのクーデター未遂事件）が私の進む道を決めたのかもしれない。進む道とは、昭和史の聞き書き、あるいは昭和という時代を多くの人びとの証言によって構築していく、という私の仕事のことである。

私自身はとりたててこの事件に関心をもっていたわけではなかった。三島由紀夫氏の小説には触れていたが、その政治的発言や行動には違和感を抱いていた。氏の世代特有の歴史的焦慮感が感じられ、十五歳ほど年齢が下の世代としては納得しがたいものがあったのだ。とはいえ私が事件前に所属していた出版社では作家の自作朗読集を刊行していて、氏を会社で見かけたことがあった。私は担当ではなかったが、意外に太い声なので驚いたこともあった。

昭和四十五年十一月二十五日の午後、私は編集部の同僚から、三島由紀夫と行動をともにしていた楯の会の会員が市ヶ谷の自衛隊総監室前のバルコニーから撒《ま》いたビラを見せられた。冒頭に「檄」とあり、「楯の会隊長　三島由紀夫」の名で書かれていた。すぐに目を走らせた。

三島氏はその檄文で戦後の日本を「眠りに入っている」ととらえ、自衛隊が目ざめることなしに日本は目ざめないと説いていた。そして最終節で「われわれは四年待つた。最後の一年は熱烈に待つた。もう待てぬ。自ら冒瀆する者を待つわけには行かぬ」とも記していた。私は当時三十歳で家庭をもち、子供も二人いたが、それでもこうした強烈なアジテーションに魅かれる者もいるだろうし、私とて考え方は違うにしてもなにか行動が必要ではないか、と考えたりもした。

三島事件。陸上自衛隊市ヶ谷駐屯地で演説する三島由紀夫。写真左には自衛隊への要求を書いた垂れ幕がある
（写真提供：毎日新聞社）

そして、結語が目に入った。

「今からでも共に起ち、共に死なう。われわれは至純の魂を持つ諸君が、一個の男子、真の武士として蘇へることを熱望するあまり、この挙に出たのである」

この文章を見ているうちに、私はふとこの「共に死なう」という言を、どこか別の誰かの文章で、いやあるいは昭和初年代の何かの檄文で目にしたことがあることを思い出した。雑誌記事だったか、あるいは単行本の一節だったか——。

三島事件はそれからしばらく、その行動の意味を問い直す形でさまざまに報じられた。しかし私は、檄文の「共に死なう」という語をどこで読んだのか、そのことばかりにこだわっていた。おそらくこの一年ほどの間に目にしたはずだと当たりをつけ、その間に手にとった書物や雑誌を思い出しては国会図書館に通い、該当する部分がないかと捜し回った。

死なう団事件を追う

事件から二カ月ほど経ち、私はようやくそのくだりを見つけた。昭和初年代の世相史をまとめた書のなかにあった。

昭和十二年二月十七日、「死なう団」と称する宗教団体の団員が国会議事堂、外務次官邸、宮城前、警視庁、そして内務省でビラを撒き、「死のう」と叫び、切腹自殺（未遂）を図った。このときのビラの冒頭に「死なう！」とあったのだ。檄文には宗教弾圧への抗議や「アジヤを救へ」「青年よ、心ある者よ、憂国の士よ、吾等と行を共にせよ！」といった呼びかけが記され、最後にまた「死なう！　死なう！　死なう！」とあった。

私はこの「死なう団」が、ほとんどの書で昭和初年代の自殺ブーム（三原山での投身自殺が多かった）の典型例として、またその猟奇性ばかりを強調して報じられていることを知った。そのおどろおどろしいイメージに隠されて、内実はこの事件から三十三年を経ても未解明であるように思えてならなかった。

そこで私は、その三十三年前の新聞記事で報じられた住所を頼りに「死なう団」の盟主だった人物の家を訪ねた。東京・蒲田の一角である。そこには指導者の姪の家族が住んでいた。彼らは取材に応じてくれたうえで、当時の関係者を紹介してくれた。すでに六十代に入っている今井木和という女性で、会うと彼女はこの事件で女子医専生だった実姉を自決で亡くしたことなどを話し、そして事件の詳細を語ってくれた。

彼女から聞いた話は、当時の内務省発表に基づく新聞報道とはまったく異なっていた。大正末期から既成の宗教を否定し、日蓮の教典に帰れと説法をして歩く彼ら原理主義者（ファンダメンタリスト）たちは、血盟団事件、五・一五事件と続く不穏な時代世相のなかで特高警察からマークされ、激しい拷問の対象となっていた。

「死なう」というのは、「不自惜身命」を盟主が現代風の言い方に変えたものだ、とも聞いた。

今井氏を皮切りに、私はこの事件の関係者を訪ね歩き、一年ほどかけて、のべ三〇人余の人びととの話を聞いた。

最も重要だったのは、この教団を実質的に動かしていた長滝一雄氏だった。彼は福島の双葉町で農業を営んでいた。

その長滝氏を訪ねると、氏は事件当時綴っていた自分の日記、さらには死なう団事件に至るまでの官憲との闘いを記録した文書を私に託してくれた。その史料と、この教団の盟主の姪がもっていた記録や文書を合わせると、大正期からの教団の歴史のほぼすべてが再現できた。長滝氏の「誰かがいつか私を訪ねてくるのではないかと思って文書をつくって残しておいた」という言葉に、妙な興奮を覚えたものだった。

この『死なう団事件』は、私の処女作として昭和四十七年二月に上梓することができた(現在は角川文庫所収)。一冊の本をもてた喜びはもちろんだったが、私はこのころすでに「昭和史の聞き書き」の面白さにとりつかれていた。事件の関係者の多くが冷静に話してくれたこともあったが、正直に証言をする人はどんな話し方をするか、視線をどのように動かすか、さらには説明をどう組み立てるのか——そんなことについても少しずつだがわかりかけていた。それはまさに、知的興奮に満ちた作業だった。

加えてこの処女作には作家の松本清張氏が推薦文を書いてくれた。当時は松本氏の『昭和史発掘』が多くの読者を獲得していた頃だった。『死なう団事件』の刊行元の社長が文藝春秋社のK氏を通じて推薦文を依頼したと聞いたが、帯に書かれた推薦文の一節、「この『死なう団事件』は、五・一五や二・二六事件の蔭であまり目立たないけれども、非常に興味ある事件であり、戦前の警察国家の下で、一般民衆がどんな不安を抱いていたかをまざまざと示している」がいかに有り難かったことか。松本氏は「新進気鋭の記録者」という言葉でも私を語ったが、なるほど昭和史の記録者になるのも悪くはない、と呟いたりもしていた。

筆で生きていく覚悟

私は宗教についてまったく知らないし興味もない立場であった。だから私は、いみじくも松本氏が指摘したように、「警察国家」の実相を示す視点からこの事件をとりあげた。「死なう団」は特高警察も早い時期から不穏な団体としてマークしていたので、私は当時の特高警察の刑事たちにも会って話を聞いてみた。拷問を行わなかった刑事の一人は、取材時には中小企業の会長になっており、事件について積極的に証言してくれた。

前述の長滝氏がこの刑事に会いたいと言うので、私は三十数年ぶりに二人を引き合わせた。二人が対面した会長室には気まずい空気が流れた。二人とも「その節はどうも……」と言うだけであった。二、三分の会見の最後に、長滝氏は「一つだけ教えていただきたいのですが、私たちの組織のなかにスパイを放っていましたね」と遠慮深げに尋ねた。元特高刑事は、「もう忘れました」と言い、それにには触れたがらなかった。しかし、それは死なう団内部にスパイが入りこんでいたことを暗に認めたことでもあった。

この件については、後日譚を語らなければならない。

書が上梓されて三カ月ほど後のこと。東京の下町にある老人ホームから私のもとに電話があった。入居者のK氏がホームの屋上から飛び下り自殺をした、とのことだった。あなたは遺族を知らないか、連絡がとれない、というのである。もとより私も、遺族は知らなかった。

K氏はかつて死なう団のメンバーだった。私は取材の過程でK氏をホームに訪ね、詳しく話を聞いていた。その折、K氏はなんと、「私は警察からカネをもらって教団内部のことを全部伝えていた。失業していたし、遊ぶカネも欲しかったし、なにしろ二十代の終わりだったから」と告白したのである。私はその時点で特高側の資料も入手していたので、なるほどと頷くことができた。K氏は「死なう団を不穏団体として逮捕した、あんな事件は特高のでっちあげ、つまり自分のいい加減な報告のせいでもあった」と洩《も》らし、いつか誰かに告白したかった、これで胸のつかえがおりた、と話していた。K氏は生涯、このことで悩んでいたのだ。無論私はこの証言を本には書かなかったし、教団の誰にも話すことはなかった。私はK氏を守ったつもりでいた。

しかし、そのK氏が自殺してしまったのだ。私は自分を責めた。結局は、自分の筆で人が死ぬということではないか。そんな権利が自分にあるのか……。眠れない夜も続いた。そんな折、長滝氏と会うと、氏は「本ができたあとKさんに会いに行った。彼も喜んでいました。あの青年にもう一度会いたい、と何度も言っていましたよ……」と洩らした。長滝氏はK氏がスパイ行為を働いたと疑ってはいなかった。せめてもの救いだった。

筆で生きていく以上、誰かを傷つけることがある。それを覚悟しなければならない、私はそういう仕事を選んだのだ。そう必死に言い聞かせた。そして、仕事を続けることがK氏への追悼になるのだ、と考えることにした。

また、この『死なう団事件』が刊行されたときは、ちょうど連合赤軍によるリンチ事件が明らかになった時期だった。浅間山荘を占拠した連合赤軍は機動隊と銃撃戦を行った。その三カ月後には赤軍派の三人がイスラエルのテルアビブ国際空港で銃を乱射した。そういう時代背景のもとで、当時東京12チャンネル（現テレビ東京）のディレクターだった田原総一朗氏は、過激派の最近の行状と死なう団事件には似たところがあるのではと思い、私と同じように死なう団の盟主の家を訪ねている。

田原氏に限らず、この昭和初年代を描いた『死なう団事件』は、図らずもそういった不気味さを抱えていた昭和四十年代の世相と重ね合わせて読まれることになった。そのために「保阪なる者はいったい何者なのか」「政治的な意図はあるのか」とある筋から調べられたりもした。故郷では高校教師だった父のもとにかつての教え子が突然現れて雑談をしていったり、私の在籍した出版社の同僚が、ある筋から私のことを尋ねられたとか……。いずれも私の行状を嗅ぎ回っていたのは公安関係に籍を置く人物のようであった。

一冊の書を書くことが、K氏の死を含めてこれほどさまざまな動きを引き起こしてしまう——そのことがまだ三十二歳だった私には予想できなかった。昭和史を調べる、あるいは聞き書きを行うことは、そうそう甘い考えで立ち向かえることではない。私はそのことを痛感した。

橘《たちばな》 孝三郎《こうざぶろう》との出会い

それでも、私は前に進もうとした。心の整理をしたうえで、次の題材に取り組むことにしたのである。

題材を選ぶきっかけは、前述の松本氏の推薦文にもあった。そこで『死なう団事件』と対比されて語られている大きな事件のひとつ、五・一五事件を扱おうと思ったのである。特に私が注目したのはまたも檄文だった。決起の主導者だった海軍士官の三上卓によって書かれたもので、テロリズムやクーデターを徹底して煽動《せんどう》するその檄文の末尾には「陸海軍青年将校　農民同志」とあった。この「農民同志」という語が気になったのである。

晩年の橘孝三郎（写真提供：毎日新聞社）

この「農民同志」とは、茨城県水戸市にある農本主義団体の愛郷塾の主宰者、橘孝三郎とその塾生たちを指していた。もとよりその程度のことは私も知っていたが、この橘孝三郎という人物が、もともとは人道主義者でありトルストイアンでもあったというのに、犬養《いぬかい》首相暗殺（橘とその塾生たちはこの暗殺には加わらずに東京郊外の発電所を襲うという挙に出たのだが）に加担したその理由を知りたいと思ったのである。

そこでまず、私は国会図書館に通って、大正末期から昭和三、四年ごろまでに刊行されている橘孝三郎の著作や雑誌記事、たとえば「西に武者小路実篤の新しき村、東に橘孝三郎の文化村」といった記事などをすべて読み、橘のことを頭にたたき込んだ。そして昭和四十七年の夏だったか、橘孝三郎の住所を探し当てると、以下のような趣旨の一文を認《したた》めポストに投函した。

「私は昭和という時代について興味を持ちはじめた者で、聞き書きを行って、改めてこの事件を見つめたいと思っている。しかし私は戦後の民主主義教育を受けているので、この事件そのものには批判的である」――。

私はこのころ、すでに出版社を離れ、組織には属していなかった。そのため自分が会いたいと思う人物には手紙で取材の意図を克明に説明する必要があった。鞄《カバン》にはつねに便箋《びんせん》と封筒が入っていて、取材したい人物がいれば喫茶店で手紙を書き、投函することもしばしばだった。

橘孝三郎からは数日後、返信が寄せられた。一枚の原稿用紙の中央にたった二字「諒解」とだけ書いてあった。私はその後、多くの人から返信をもらって取材を続けることになるのだが、これほど簡潔で、そして意が伝わってくる手紙をもらったことはない。

昭和四十七年の秋から四十八年の夏まで、私は平均すると月に二度ほど橘孝三郎のもとに通い、五・一五事件に加わることになった経緯を克明に聞いた。私は今でもこの橘孝三郎という人物を、人間としてこれほど尊敬できる人はいない、と思っている。とにかく博識であった。一高の卒業一週間前に、名誉栄達を求める自己を捨て故郷に帰り、「百姓が私の生きる道」と決めて水戸郊外の地を開墾しての農民生活に入った。日々の農作業のあとはラテン語や英語の原書を読み、聖書に学び、禁欲的な思索生活を続けた。それが昭和に入ってなぜ陸海軍の青年将校たちの非合法活動に加わることになったのか。私にはよくわからなかった。

なぜ発電所を襲ったのか

橘はその理由について丁寧に説明してくれた。私が橘を畏敬しているのは、和服姿で正座を崩さず、史実を話すときは正確に明確に話してくれる、その折り目正しさにあった。橘はそのころ八十歳であり、俗な言葉でいえば、〝右翼の長老〟という立場にあったが、それは「ひたすら思想右翼でありつづける」との意味をもっていたからだろう。私はひたすら目の前にいる橘の言葉に集中した。そして時に「君の質問は戦後民主主義に毒されている」「共産主義者は権力の亡者である」といった寸言で本音を語ってくれる橘に、奇妙な親しさを覚えるようになっていた。

「なぜ五・一五事件のあの日、塾生に発電所を襲わせたのですか」

この問いには、とくに詳細な説明をしてくれた。共産主義者の説く「地主と小作」という対立図式はあまりに乱暴で、農本主義者としては「都市と農村」という図式が望ましい。都市が栄えて農村が滅ぶのは人間の精神が堕落していくことだから、一晩電気を止めることで都市の住民に文明とは何か、農村をいかに救うかを考えてほしかった、だから発電所を標的にしたのだ、と。それでも私が「人道主義者がテロリストに加担するのはおかしい」と食い下がると、こう答えた。

「君は北一輝《きたいっき》を知っているだろう。あれの日本改造法案を読んでみなさい。あの法案は、日本の国体を壊そうとするものであり、社会主義に通じている。陸軍の将校が北にいかれているのがわしにはどうしてもわからない。海軍の士官には北の側に行ってほしくない、と思って彼らの（決起参加の）説得に応じたのだ」

こうした証言はメモに残しただけだったが、後に研究者と話すと、橘自身の証言でこの理由が確認できたのは非常に重要だ、まさに僥倖《ぎょうこう》だよ、と聞かされた。

橘は産業革命以後の人類史に批判的で、人間は「土」と接していなければその本来の性格を失うとも言い、当時、田中角栄が唱えていた日本列島改造論を引き合いにだして「田中によって日本社会と日本人は軸を失うだろう」と断定していた。

「軸」とは日本の共同体がもっているよき倫理観、道徳観のことである。田中角栄については「君と同じ年代の親類の者がジャーナリズムにいる。それが田中批判のレポートを書いた」とも話していた。

また「産業革命以後の人類史に批判的であれば、日々の生活は辛いのでは」と尋ねると「辛いに決まっている」と答え、和服から右手を出してこう言った。

「この皮膚の内側はそれを否定する血が流れているが、外側は矛盾との戦いだ」

私は、そんな表現をする人にはじめて出会った。〝日々矛盾と戦っている〟という心理は、老いてもなお橘の闘争心の源になっているようだった。

橘家を訪れるのは、だいたいが午後一時ごろで、三時間ほど話を聞いた。帰りには時折、橘家の前の道で三、四人の青年たちとすれ違った。のちに彼らは楯の会の会員だった青年たちで、橘のもとで農本主義理論や天皇論を学んでいたのだと聞かされた。橘は私には誰一人紹介せず、私もまた橘とだけ聞き書きを行った。そこに橘なりの配慮が感じられて、嬉しくもあった。

このときの取材の成果をまとめた『五・一五事件』を草思社から刊行したのは、昭和四十九年一月のことだった（現在は中公文庫に収められている）。その二カ月後、橘は老衰で死亡している。

『昭和史』をめぐって

私は昭和初年代に起きたふたつの事件を、当事者の口から確かめることで、史実というのは一般に語られているのとはかなり異なっていることに気づかされた。それ以前にも私は、昭和という時代に触れた書を学生時代から読んでいたが、彼らの証言はそうやって身につけた自分の歴史観とはまったく別のところにあったように思う。

いわずもがなだが、私が学生時代を過ごした昭和三十年代初期には、遠山茂樹、今井清一、藤原彰の『昭和史』(岩波新書)がベストセラーとなっていた。昭和三十一年度のランキングでは、石原慎太郎の『太陽の季節』、正木ひろしの『裁判官』につづいて三位に入っている。現在も売れているというから相当に息の長い書物でもある。私は高校時代にこの本を読み、また大学時代には改訂版を再読し、なるほど昭和史というのはこう見なければならないのか、と思っていた。

このころの日本では唯物史観を軸にした昭和史観が語られていて、『昭和史』に示された歴史観はまさにその代表格だった。ソ連は平和勢力、アメリカは帝国主義勢力であり、人類史は社会主義へと進んでいる〈ソ連など平和勢力が勝利する〉との前提で日本史をとらえると、昭和史は単にそのプロセスにすぎない、というのである。「労働者階級が戦争を欲する支配者階級を打破しなければならない」との立場に立つと、昭和史の個々の史実は、支配者階級打倒のための単なるツール（道具）でしかない、となる。

もとよりそういった硬直した見方に対しては、「たとえば『昭和史』という書には人間がいない」と指摘した亀井勝一郎をはじめ、文学者や研究者から疑問の声も上がっていた。竹山道雄も昭和三十一年五月に『昭和史』に対抗して執筆したと思われる『昭和の精神史』で「進歩主義の論理」を厳しく批判している。「歴史を解釈するときに、まずある大前提となる原理をたてて、そこから下へ下へと具体的現象の説明に及ぶ行き方は、あやまりである」と断じ、「上からの演繹」は必ずや間違った結論にたどりつく、とも主張した。

また、別の流れも生まれつつあった。昭和四十年代初めから昭和五十年にかけて、読売新聞は「昭和史の天皇」という連載記事を掲載したが、これは関係者の証言をそのまま記録したものだった。またこの時期には、児島襄《こじまのぼる》氏が戦争に行かなかった世代として『太平洋戦争』を著すなど、実証的な方向が徐々に模索されはじめてはいた。実証性——あるいは関係者に史実を語らせる、ということでは『日本週報』や『特集　人物往来』という雑誌もあったが、とくに『文藝春秋』は信憑性の高い回想記や関係者のもつ史料などを示し、昭和史の唯物史観的な見方に対して一定の批判を加えつづけていた。

しかし昭和四十年代半ばには全共闘運動が起こり、昭和史の史実や責任のさらなる書きかえも行われた。井上清の『天皇の戦争責任』や家永三郎に代表される太平洋戦争論などで、これらは『昭和史』の史観をさらにラジカルな方向に推し進め、一定の読者を引きつけた。やはりこの時点では、実証的に史実を検証する真摯なスタンスは、限られた研究者や作家だけが共有していた、といっていいだろう。

私はありていにいえば、はじめは『昭和史』で歴史を見る目を養ったし、これに対峙《たいじ》する側（「昭和史に人間の顔をもちこむ」派）に違和感をもった。ただ時代は「左」の全盛期で、私自身もそこにとどまりつつも、なぜソ連が平和勢力で人民こそが歴史の主人公といった大前提だけで昭和史を描けるのか、内心で納得しがたい感情をもつようになっていた。そして『死なう団事件』や『五・一五事件』を聞き書きによって検証し史実を確かめているうちに、私はあること、それもたったひとつのことに気づいてしまったのだ。

それは実に単純なことで、唯物史観的に昭和史を語ろうとする人びとは、個々の史実をまったく知らない、ということであった。史実などどうでもよく、ひたすら「日本軍国主義が中国を侵略した」「軍部が戦争を起こした」と口にすればその瞬間に昭和史通になれたのである。たとえ「軍部が戦争を起こした」としても、なぜ、誰が、どのようにして起こしたのかを具体的に検証することなく、それぞれが自らの論に酔いしれていたのだ。

そこで私は、多くの人の聞き書きを集め、事実を確認し、そのうえで「昭和史とは何であったか」を確かめる道を自らに課すことにしたのである。

私はこうしてようやく大きな目標にたどりついたが、昭和史を追いかけるだけでは生活はとうてい成り立たなかった。子供を三人抱えての生活もあった。それゆえ私は月のうち十日間は生活のために時間を使い、広告のコピーを書き、ゴーストライターなどで生活費を稼いだ。それでも足りないときは両親に借金をした。そして残りの二十日間の大半は国会図書館に通い、昭和史についての書のリストをつくり、それらの書を片っ端から読むことに費やした。この生活を二年余続けた。これによって私は、昭和五十年の終わりには昭和史に関する書を大体頭に入れ、昭和史全体の枠組みをつくることができた。

ちなみにこのころの国会図書館は、カードに読みたい書のタイトルを書き、それをカウンターに出すと、職員が書庫からもってきてマイクで名前を呼ぶ形を取っていた。連日通ううちに、長期間国会図書館に通っている人たちの名前を耳で覚えることになった。「ヤマシタコウタロー」は、顔は知らないが今も耳に残っている名前だ。逆にある大学の研究者から「あのころ国会図書館に通っていたでしょう」と聞かれたこともあった。

東京裁判か、東條英機か

このころになって、私は昭和史の聞き書きを続けていくにあたって、次はとにかく大きな事件や時代を動かした人物を題材にすべきではないか、と考えるようになった。そこで私は「東京裁判」か「東條英機」に題材を絞り、まず「東京裁判」を扱ってみようと思い立った。当時はまだ東京裁判について、当事者の聞き書きをもとに書かれたものはなかったし、児島襄氏が資料をもとに著した『東京裁判』が刊行されていただけだった。

しかし東京裁判の膨大な法廷記録(『極東国際軍事裁判速記録〈全一〇巻〉』雄松堂書店)を読みはじめ、すぐに「これは今の私には向いていない」ことに気づいた。まず期間の問題。おそらく十年はかかるだろう。それから個人で行うことの困難さ。各国の判事、検事、弁護人を取材するにしても、個人では費用の面で無理である。加えて語学力の問題。最低三、四カ国の言語を解さなければならない。それでもなお東京裁判に挑もうとするなら、人生そのものを賭ける覚悟が必要になってくる。また東京裁判を調べていくならば、日本では当然清瀬一郎弁護団副団長の話を聞くべきだが、清瀬はすでに死亡していた。さまざま考えて、心残りではあったがあきらめることにした。

では、東條英機はどうだろうか。その六十四年の人生を追いかけるのは、東京裁判ほど難しくはない。国会図書館で調べてみても、当時東條の評伝は二冊しかなかった。新聞記者によって書かれた一冊と、東條英機刊行会によって編まれた一冊である。そして翻訳書として、ロバート・J・C・ビュートー著、木下秀夫訳の『東條英機』（時事通信社）が唯一の本格的な著作で、私の世代、戦後教育を受けた世代の目で書かれた評伝はなかった。

東條英機（国立国会図書館蔵）

よし、東條英機に取り組もう——。草思社の加瀬昌男社長の勧めもあった。

まず私は、東條の六十四年の人生の履歴書をつくり、改めてそれを眺めた。すると、軍人として生き、軍人として死んだという以外に東條の人生には何の彩りも見えないことに気がついた。履歴書の行間から、東條という人間の顔が一向に浮かんでこないのだ。ただ一点だけ、昭和二十年九月十一日にGHQ（連合国軍総司令部）の将校が東條を逮捕に赴《おもむ》いたときの出来事（自殺未遂）などに、東條という人間の脆《もろ》さが如実にあらわれてはいたが、それだけだった。

次に私がつくったのは、東條英機という人物を歴史のなかで論じるにはどの人物に話を聞くべきか、というその人脈図だった。東條の家族、副官や秘書官、軍務の上での上司と下僚、新聞記者、行政機構の官吏や普通の市民など、書物や新聞記事などを参考に人脈図をつくりあげた。

これら基礎的な作業を三カ月で仕上げ、昭和五十年の春から取材を開始した。取材申し込みのために、何百通という手紙を投函した。

「あなたの東條英機像を教えてほしい。私は戦後教育を受けた世代だが、正直にいって東條英機という総理大臣については好感をもっていない。しかしそのことは別にして、すべて東條が悪いという見方に与《くみ》しているわけではない」——。

取材期間は六年余に及んだ。その間の昭和五十年から五十五年までの六年余は、田中角栄元首相がロッキード事件で逮捕され、世間は元首相の犯罪を糾弾するのに急であったが、私はひたすら「東條英機というのはどんな人物ですか」と尋ね歩いた。

この期間に出版された昭和史についての著作には、ある特徴が生まれていた。太平洋戦争に末端の兵士として従軍した人たちが、定年を迎え、職を離れた時期だった。彼らは自費出版であれ、とにかく自らの戦争体験を細々と綴りはじめていた。元兵士たちの集まりである戦友会が最も活況を呈していたころでもあった。

そこで私は東條英機についての元兵士たちの声を集めるため、幾つかの戦友会に入ったのである。一五余の会の会員たちとの交流は、敗戦から五十年を迎えて会が解散していくのを見届けるまで続いた。

しかし、取材には数多くの困難が伴った。まず突き当たったのは、東條英機を調べて評伝を書きたい、という私の手紙や口頭での依頼に「君は右翼か」と乱暴に決めつけられることだった。東條や日本の軍事の内実に関心をもつだけで、思想的に「右翼だ」というレッテルが貼られてしまう。また、そうした言葉で私を遠ざけようとする人からは、昭和史を自らの心情の枠内にとどめておきたいという強い意思を感じた。たとえば当時衆議院副議長だった社会党の三宅正一氏は、戦時下の議会では翼賛政治体制協議会の推薦を受けずに当選しているが、反東條の動きもしていた。そのことを確かめようと取材で「あなたの東條像は？」と尋ねると、氏は質問が終わるか終わらぬうちに「君はまだ若そうだ。どうしてあれほどくだらない人物の評伝など書こうとするのか。時間のムダだよ」と吐き捨てるように繰り返した。これほど明確に東條を嫌う人物も珍しかった。私はいつの日か、こういった言葉でしか東條を謗《そし》れない人に違和感をもつようになっていった。

日本の悲劇、東條の悲劇

東條英機の取材で話を聞いた人の数は延べにして二五〇人にのぼる。多くの人から聞き書きを行ったからといって、それで東條の実像に迫れるわけではないが、しかし戦時下を生きた人たちの東條像は、それなりにある輪郭をつくるのに役立った。紹介しておきたい人はそれこそ何十人といるのだが、残念ながら紙幅に限りがある。ここでは特に印象に残った証言者を何人か挙げておく。

東條が昭和十年代に陸軍次官、陸軍大臣、総理大臣と昇りつめていくときに秘書官として仕えた赤松貞雄。昭和十六年四月から十一月にかけての日米交渉で、陸軍省軍務局高級課員として主務的な役割をつとめ、この年の国策を決める最初の原案を書き続けた中佐の石井秋穂《いしいあきほ》。さらに東條が予備役《よびえき》編入も間近だといわれながら関東軍憲兵隊司令官に転じ、その後参謀長時代の副官を務めた泉可畏翁《いずみかきおう》。石原莞爾《いしわらかんじ》との対立は有名だったが、その石原の私設秘書を務めた高木清寿《たかぎきよひさ》。巣鴨プリズンで絞首刑の判決を受けた頃の東條の苦悩を知る教誨師《きょうかいし》花山信勝《しんしょう》——。

この五人は、自分にとって都合の悪いところを修正し、都合のよいところは膨らませて話す証言者が多いなかで、その証言がきわめて正確で、それぞれの視点から見た東條を的確に表現していると私には思えた。

さらに取材の過程で、新しい史料を得ることもできた。東條首相時代の三人の秘書官（赤松貞雄、鹿岡《かのおか》円平《えんぺい》、広橋真光《ただみつ》）が日々書き残していた「秘書官日記」はその一つである（注・後に『東條内閣総理大臣機密記録』に収録された）。この日記には東條の考え方がよく示されている。とくに印象に残るのは、昭和十九年七月のサイパン陥落のときの発言である。

「このくらいのことは予期しなければならない。蚊がとまったようなもの、泥道で泥がはねたようなものだ」

「マリアナ諸島の戦況は、天が我々日本人に与えてくれた啓示である。まだ本気にならぬか、真剣にならぬかといっているのだ。日本人が真剣にがんばらないと、もっともっと天の啓示があるだろう」

この発言を聞く限り、東條が現実を客観的に見ていたとはいいがたい。私は東條英機という軍事指導者が、昭和史の表舞台に立ってしまったことが昭和前期の日本の悲劇だと見ているが、それは東條自身にとっても同じく悲劇だったのだ。

カツ夫人の言葉

しかし、何といっても一番重要だったのは、東條英機の妻、カツ夫人の証言であった。

カツ夫人に私が会ったのは、昭和五十五年の夏であった。東京・世田谷にある令嬢の家で一〇回余取材を行ったが、夫人は当時九十歳。「徹底して調べられているようなので、あえて取材に応じた」と言い、丁寧に質問に答えてくれた。夫・東條のことを「タク」と言い、「タクは軍務だけの男でしたから、いろいろ誤解を与えたと思います」と評していた。

カツ夫人は図らずも、私が取材を通じて固めつつあった東條観を裏付けてくれた。それは「政治的、軍事的指導者として歴史的には評価できないが、人間としてはきわめて真面目な官僚タイプの人物」というものだった。特に夫人の証言は東條の人間としての「生真面目さ」を裏付けてくれる内容だった。

しかし私は何回かの訪問の後、夫人の歴史的証言がある枠内にとどまっていることに気づいた。たとえば開戦までの責任については「負わなければならない」と認める一方で「近衛文麿《このえふみまろ》元首相の責任まで押しつけられている感がある」と洩《も》らしたりする。実はこうした言い方は、東條を擁護する論者の共通点だったのだ。

「東條のことに関しては、皆様からいろいろ助言を受けて、取材の方には会わないようにしています。なかなか史実が正確に伝わっておりませんので……」

この言を聞いて「皆様」つまりかつての東條人脈の将校たちが、東條夫人に発言の枠組みを与え、そのなかで発言するように示唆していることが薄々わかってきた。東條夫人に余計なことを話させまい、対石原、対近衛の関係について、東條夫人に一方的な話をされてはならない、との東條系将校の戦後のルールがそこに垣間見えたように思えた。

しかしその枠組みのなかでなお私の取材に応じてくれたのはまさに僥倖だった。たとえば雑談をしているなかで、昭和十六年十二月六日の夜、東條が首相官邸の執務室でひそかに皇居の方を向いて正座し泣いていた、という話を夫人がポツリと洩らしたことがあった。「タクは戦争を避けることができなくなった事態に、昭和天皇に申し訳ないとの思いで泣いていた」と夫人は話した。この話を聞き、私は東條が、列強の指導者として並んで、この時代の近代国家の政治・軍事指導者であることをいかに重荷に思っていたのかが手にとるようにわかった。

カツ夫人はまだ尉官だったころの東條と、日本女子大の国文科の学生だったころに出逢い結婚しているのだが、夫人はこの軍人が陸軍の頂点にまで昇りつめるとは思ってもいなかったようだ。やはりこの夫婦は近代日本の波に振り回されての一生を送ったのではないだろうか。

泉可畏翁の書簡

東條英機という人物の実際の姿は夫人の証言によって肉付けされていったが、陸軍内部での軍人としての姿は、秘書官の赤松貞雄、井本熊男《くまお》、内務省出身で梨本宮《なしもとのみや》と縁続きの広橋真光、さらには陸軍省軍務局の幕僚、連隊長時代の将校の証言によって明らかになっていった。

ここでは、前述した泉可畏翁という軍人のことを記しておこう。泉は関東軍参謀部で三人の参謀長（岡村寧次《やすじ》、板垣征四郎、東條英機）に仕えた副官だった。私は熊本で過ごしていた老齢の泉を二度ほど訪ねた。東條とはどのような参謀長だったのか、参謀副長の石原とどう対立を深めたのか。泉は二時間ほどの最初の取材の後、それだけでは意を尽くせない、ということで後日「東條将軍史料、昭和五十一年一月」と題した半紙一五枚ほどの書簡を送ってくれた。関東軍の三参謀長の特徴、それもきわめて重要な史実を含む貴重な書簡だった。一部を引用しつつ、いくつか新事実を紹介しよう。

泉は「私は昭和八年七月以来満五年の間に三将軍に仕えたことは私の人生にとって真に幸いであったと思いますが、三将軍とも勝れた点を多分に持った人間だった事は確かです」と書いたうえで、「部下から見た怖い順序」として東條、岡村、板垣と順を示し、「カミソリ東條、俊敏岡村、大人板垣と云われた人がこんな順序で部下から怖がられ、逆に言えば下からの順序に親しまれた」と記している。

また「中国から見た怖い順序は板垣、東條、岡村」との記載もあった。板垣については「中国の情報で何時も虎と云って恐れられて居た」「私欲は全くないが大欲は大ありで内蒙自治政府や冀東《きとう》政府を作り日本政府さえ怖れて居たので中国人が一番恐れたのも無理はない」とある。一方岡村は中国人に知己も多く、対話もしやすいと記されていた。しかし東條は「両将軍と異なり中国人には知己も折衝もなかったので未知の将軍として取扱ったと思われる」と、まるで存在感がなかったことを記している。

また東條と石原の対立については、泉も「ふたりの性格はまったく合わなかった」として、こんな挿話を記している。

「ある文書案を初め副長のところに持っていき閲覧を乞うた。副長は数カ所自らこれを訂正し私はそれを持って参謀長の処に行き決裁を乞うた。すると参謀長は副長が訂正した箇所を全部消して元の案通りにして決裁した。私はこれは意見の対立ではなく、まさに感情疎隔だナーと思って困ったことがあった」

東條も石原もこうしてムキになって面子争いをしていたのだ。結果、彼ら二人の不仲が昭和十年代の陸軍人の人事を歪《ゆが》め東條閥の力を強めていったのだから、人間関係とは実に恐ろしいものである。

事実に近づく姿勢を

東條という人物の実像を追いかけている間、私は図らずも「今、生きた人間学を学んでいる」と強く感じていた。もとより証言を求める人は生者だから、その証言はつねに歴史的な流れのなかでチェックされるべきである。一方的に証言者の発言だけを信じることはできない。一人の証言者の背後に多くの死者の姿が浮かんでこなければ信じることはできない。そのことにも気づくようになった。また、この取材の過程で私は「聞き書き」の本質をようやくつかんだ気がしていた。この取材対象者がどんなタイプの人物で、どう史実を語るか、その話法によって彼らの性格も、おおよその地位もわかってくるようになった。

東條の実像にどれだけ近づけたかはわからなかったが、とにかく一〇〇〇枚あまりの原稿を書き、『東條英機と天皇の時代』（現在はちくま文庫所収）として出版した。赤松貞雄や石井秋穂は「われわれの接した東條さんの姿がよく書けている」と言ってくれた。無論嬉しかったが、同時に「東條さんにはこんな知らない面があったのかと初めてわかった」と言われた。実はその一言が私にとっての「昭和史入門」がようやく修了しつつあることを意味しているように思えた。昭和五十七年二月のことであった。

このあと私は聞き書きをもとにした昭和史のジャンルを確立したいと考え、日々、人びとに話を聞いてきた。三〇〇〇人近く、いや延べにすると四〇〇〇人近くの人びとと出会い、話を聞いた。そこには一期一会の関係が多いが、三〇〇人から五〇〇人ほどについては、たっぷりとそれぞれの人生の軌跡を確かめ得たと思う。そして今、改めて「昭和史を学問や思想の道具にするな」「昭和史を物語にするな」「事実に近づく姿勢を誠実に守ることで真に私たちは歴史を獲得するのだ」と強く思う。

人類史が体験したほとんどのことは昭和の六十二年と二週間の間に眠っているのだ。もう二度と日本はあのような時代を迎えることはないだろう。ならば、せめてあの時代――とくに戦争という時代を生きなければならなかった世代の人たちに特別の礼をもつのもまた当り前のことだろう。そのことに気づけば、昭和史が教えている教訓を身につけることで、つまり次代に語り継ぐことで、昭和という時代の重みを理解する道が開けるのではないだろうか。

そのことを児孫に伝えるべきであろう。

第三章 「昭和史の真実」の断片を求めて

薄れゆく戦争の記憶の中で

戦争の記憶は年々遠ざかる。昭和二十年(一九四五年)八月十五日に太平洋戦争が終結してから、七十年近くを経ているのである。真珠湾だ、ガダルカナルだ、それミッドウェーでの海戦だといったところで、そんな戦場での記憶をもっている人はもう九十代以上であり、戦争など同時代の感覚で受け止められない世代が増えているといって嘆くのであれば、嘆くほうこそ問題だということになる。

戦争の記憶は年々薄れていくだけでなく、実はその記憶そのものが次第に事実か否かといった次元で論じられたりするようになる。たとえば、九十代の老人がこんなことを言っていますのでコメントをくださいと、九月の敬老の日が近付くと新聞記者が訪ねてくる。しかし、こういう話は曲者だなという類が実は多すぎるのだ。この十年来、もっとも多かったのが、次のような話だった。

日米開戦の火蓋を切った真珠湾攻撃（写真提供：PPS通信社）

「わが県に住んでいる老人が、元首相で太平洋戦争を指導した東條英機とスガモプリズンで同房だったと言うんです。東京裁判の時期です。ときに一緒に風呂に入りながら背中を流してやったり、夕食をともに食べたそうです。そんなときに東條さんは、ああアメリカとなど戦争すべきではなかったよと愚痴っていたそうです……」

そうした話を持ちこんでくる新聞記者は、幾つかの地方紙、そして全国紙の支局の記者が主だった。彼らは一様にスクープだと喜色を浮かべ、「これはどこのメディアにも言わないでほしい」とも念を押し、私の意見を求めるのである。もしこんなスクープを漏らしたら、あなたを恨みますよといった風情なのだ。私は内心で苦笑し、「またか」と呟いたものだ。

東條はスガモプリズンでは別格扱いだった。アメリカを中心とする連合国は、東京裁判でこの男に絞首刑の判決を下して処罰しようとしているのだから、それより先に勝手に自決されたら意味がない。MPが二十四時間電灯を点けたまま独房の東條を見守っていた。もし頭まで毛布をかけて寝ていたら、すぐに入ってきて毛布から顔を出させる。東條らの食事に日本側が毒を入れることはないか、毎食徹底して調べられた。風呂は決まった時間に一定の枠内で洗面、体洗い、入浴が許された。「同房の者と背中を流すだって、とぼけたことを言いなさんな」と私は東條の獄中生活を説明した。

もう五年ほど前だったたか、やはりこういう話にもうひとつ妙な話を加えて、ある記者が訪ねてきた。彼は「ある人物が東條の房内の見取り図を私にくれたんです。同房の老人が書いたと言っていましたけど」と言って、一枚の紙を広げた。それを見て私は言葉を失った。

まるでサンルームのような陽当たりのいい部屋、書き物用の机もあり、二部屋の一隅にはベッドもある。何より私が驚いたのは、机の横の棚に一台の電話器が置いてあったのだ。おいおいこれでは東條は特別待遇ということではないか、外部にも自由に連絡がとれるというのか。私がその室内図の意図を次のように説明すると、記者は納得した表情に変わった。

「あなたは利用されたのかもしれないね。東條は自分の身はどうなってもいいからこの国を守りたい、お上を守りたいと言って、東京裁判ですべての罪を引き受けた。だからマッカーサーは感激して特別扱いをしたというストーリーだね。そうした神話をつくるために、特定の人物がこんな室内図をつくったのだろう」

戦争体験がこの社会から急激に薄れている、いや見えなくなっているというのは、こうしたいい加減で謀略じみた証言が出回ることでもあり、何らかの意図をもっている者が巧妙な〝神話づくり〟を始めているという意味でもある。

あり得ない「お話」

この三十年余、私は直接には太平洋戦争を体験していない世代として、意図的に「昭和史」の聞き書きを進めてきた。軍事上の指導者、政治家、文化人、さらには一般庶民まで、体験を聞いた数では延べ四〇〇〇人に及んだ。むろん詳しい話を拒んだり、辛い体験になると口をつぐむ人も多かったが、とにかく「昭和」という時代の実相はつかむことができた。

なぜそのような作業を続けたかといえば、「昭和」は人類史が体験したあらゆる事象の見本市であり、そこには戦争、勝利、敗戦、占領、被占領、革命、テロ、クーデター、さらには飢えから飽食まで、あらゆる史実と人間百態が詰まっていると考えたからだ。私たちの児孫は近代日本人の実像を確かめるときに、昭和に生きた人たちを格好の素材、対象として検証するはずだ。そう思っての聞き書きであった。

しかし五年ほど前から、この行脚《あんぎゃ》の相手となる人物は極端に少なくなり、核心のある話は聞けなくなったのである。時を同じくしてホラ話や作り話、果ては冒頭に紹介したような悪質で計算に満ちた偽りの史実が、表舞台に出てきかねない事態になっている。

いささか生意気な言い方をすれば、私はこうした〝神話づくり〟の妨害者たり得ようと覚悟しているのだが、これまでも偽《いつわ》りの史実に出会っている。いずれもまったくあり得ない、矛盾に満ちた「お話」にすぎない。思いつくままに並べてみることにしたい。

▽ニセ特攻隊員（自分は特攻隊の生き残りだと自称するが話を聞くと、部隊長の名前も忘れた、部隊名も覚えていないと言いだす。巧みな弁で、イギリスのテレビ番組にまで出演している）▽昭和十七年四月のドウリットル隊の本土攻撃時に高射砲部隊に属していて、一機を撃ち落としたと称する元軍人（よく聞いていると、その時はまだ十

六歳の少年のはず）▽大本営の参謀だったが表向きには人事表に載っていなかった、秘密戦略にかかわったからと、信じられないことを言う元軍人（自分の作戦計画が採用されなかったと言って怒っていた）▽昭和天皇から特別に頼まれて、軍内の天皇陛下に批判的な言辞をなす風潮を探っていたと称する元軍属（荒唐無稽で人びとを欺くための詭弁をもって、自らを大物と見せたがるホラ話のひとつ）

そのほかにも笑い出したくなる話がある。ポツダム宣言受諾の御前会議《ごぜんかいぎ》を、皇居の防空壕の空気穴から見ていたと称する兵士までいた。しかし、これはとても恐ろしいことなのだ。こうした意図的な〝史実〟は容易に見抜けるうちはまだいいとしても、この検証能力が著《いちじる》しく欠ける時代に入ったらどうなるか。やがて義経伝説のような話が幾つも出来上がっていくだろう。推測されうる昭和伝説（すでにそういうホラ話を口にしている人物もいると聞くが）をひとつだけ挙げておこう。

日本海軍の山本五十六《やまもといそろく》が実はアメリカのスパイだったというホラ話。さらに山本はフリーメイスンの一員であったので、真珠湾攻撃も初めから予定されていた。つまりフリーメイスンの思惑のなかで行われたのであり、だから山本は真珠湾攻撃では上陸作戦を行わなかったのだと、まことしやかに流布している。

こういう話が流布されるのを見ていくと、あることがわかる。「第二次世界大戦（太平洋戦争はこの大戦の後半に組み込まれる）」が終わってからの七十年近くは、日本社会に伝わる戦争観や戦争体験がいろいろな形に変質しつつ、さらに歪曲、肥大、捏造《ねつぞう》といった語に括《くく》られる形に変わっていく。しかしそこには相応の理由もあり、歴史に対する鈍感さもあるということになろう。とくに戦争のもつ本来の意味とか戦争をとらえる目などには、日本独自の視点があるとも考えられる。昭和を語る、昭和を記録するというのは、一面で戦争を語る、戦争を記録する、あるいは戦争そのものをどう理解したかを明かしていくということでもある。

昭和と戦争話の間には、次のような相関関係がある。

第一期（昭和初年代）この期は明治人から日清・日露戦争の自慢話が日本社会で語られていた。軍当局は、戦地から戻ったら悲惨な話をしてはいけない、手柄話をせよと命じていた。

第二期（昭和十年代）日中戦争での手柄話、そして太平洋戦争での苦労話が中心になっていた。この期は戦場体験について、従軍した兵士たちが故郷での講演などで話すよう求められ、「聖戦完遂」が話の中心になった。日本社会全体ではまだ戦争の記憶について語ってはいない。

第三期（昭和二十、三十年代）日中戦争・太平洋戦争の「侵略性」が中心になっている。この期は主に参謀たちの記憶や指導者の手記などが中心だが、戦争への自省が薄いと批判される空気があった。まだ一般兵士の証言は少ない。

第四期（昭和四十〜六十年代）少しずつ兵士による戦場体験の証言が増えていき、かなりの事実が語られた。しかし昭和の終わりになると、きわめて政治的に利用されることになる。

この第四期に、私は体験を聞いて歩いたことになる。昭和という時代の本質、つまり戦争の本質を語るのは、一定の時間を置いたこの期がもっとも兵士個々人の心理も冷静になっていて、多くが語られた時期だったように思う。

病のような心理状態

では戦場における真実は、どのように語られているのだろうか。以下は私が直接聞いた話の一部である。

「戦場で、二メートル先でアメリカ軍の兵士が便をしているのに気づいた。私も隊列から離れて小用を足していた。二人の目が合ったとき、私は恐怖の目だったろうか、相手もまた震えていた。しかし二人とも静かにそこから離れていった。鉄砲を撃つことなど考えずに逃げました。振り返ると相手も走って逃げていた」

「私は特攻機の整備兵でしたが、出撃のときには隊員の誰しもが震え、失禁し、茫然自失となり、そして身体を硬直させる。そういう彼らを強引に飛行機に乗せる役、それも私たちの役目でした。私は人を殺《あや》めたという思いに、戦後ずっと苦しめられています」

「私の大隊仲間のほとんどが戦死しました。インパールで、です。水を飲みたい、水を……と言って死んでいった者が多いのです。こんな作戦を考えた参謀を私たちは今も恨んでいますし許していない。それが死んだ仲間への供養なのです。戦後、司令官が畳の上で死んだと聞いたときは、腹が立ってたまらなかった」

「撤退のときに重傷で動けない兵士には、青酸カリを飲ませます。捕虜にさせないためです。衛生兵の私は、彼らの口を開いて飲ませましたが、彼らが口を開けまいとするその姿を思い出すと……辛いのです」

元兵士たちの戦場体験に耳を傾けていると、最終的に戦場にあっても人間の資質が問われることがわかる。平時でも狡猾《こうかつ》な人は、戦場でも狡猾ということだ。南方のある島にアメリカ軍が攻撃してくると予想されたとき、日本軍の病院船が幾つかの占領地を回り、傷病兵を乗せて引き揚げていった。そこに、ある将校が健康体にもかかわらず、特権的立場を利用して乗りこんでいた。その事実を証言した元兵士は、「彼のために何人かの傷病兵は取り残されたのです」と語り、その将校の実名を口にして、「もっとも卑怯な軍人です」と怒っていた。

こういう話を私はメモ帖から容易に取りだすことができるのだが、現実には戦場で実際に「敵国兵士」と生命のやり取りをした兵士たちはきわめて口が重い。非日常の戦場で生命のやり取りをするわけだから、平時の社会に戻ってきても戦争体験などすぐに語れるわけはない。

　私自身、何百人かの一般兵士と面談して、とくとくと戦場体験を語った人物に出会ったことは数少ない。これは断言できるのだが、茶飲み話のように戦場体験を語る人は大体が嘘話か、それとも他者の受け売りである。だからその痛みがどこか傍観者のそれであり、無責任である。

　その一方で、「生と死」の極限状態である戦場体験を経た人は、むしろ病のような心理状態を抱えている。視線が次第に平時から離れていき、「敵」という語を使い、思考は悲惨な回路に入っていくという特徴をもっている。

　学徒兵として戦場に赴いた大学教授で、取材中、突然怒鳴りはじめた人がいた。「冗談じゃない。バカにするな」と言いだし、「何が帝国陸軍だ。参謀だといって威張るんじゃない」と次々と罵倒の言を吐いた。私を見ているのではなく、その視線は宙をさまよっていた。彼は屈辱に満ちた陸軍の生活を思い出し、瞬間的に精神のバランスを崩したのである。

「戦場と平時は異なる空間だから、戦場の思い出は話したくない」「質問などしてほしくない」「見なくていいことを幾つも見たから辛い」などと言って語らない人が多いにせよ、少しずつ発せられるその言葉の端々に、戦場の本質はある。あるいは戦争の本質がある。それに気づくのは哀しいのだが、しかし記録として残しておく必要があると私は考えてきた。

ルソン島でアメリカ軍と戦った日本軍の兵士たちは、山中に追われて自給自足のような生活を送った。食糧こそ大切である。夜に食糧を求めて畑に侵入する日本兵と、自分たちの畑に入れさせまいとする日本兵との間に撃ち合いもあり、そして死者が出たケースもある。そういう経験を自ら口にする兵士は少ない。だが「戦争というのは敵と味方という分け方だけではなく、味方と味方という分け方もある」と証言した兵士は、図らずも食糧を巡る日本兵同士の戦いを裏付けていた。

語ろうとしないことで

私はこれまで昭和を動かした人物の評伝を何冊か書いてきたが、特に印象に残っているのは大本営参謀をつとめ、シベリアの捕虜収容所で暮らし、そして戦後社会では大手商社の役員という道を歩いた瀬島龍三《せじまりゅうぞう》氏である。

昭和六十二年三月、瀬島氏に計八時間に及ぶインタビューを行った。瀬島氏は七十五歳、一方の私は四十七歳だった。ホテルの一室での取材となったが、そのなかで瀬島氏は、こちら側が聞きたいことについては「もう忘れた」「知らない」「もう四十年も前のことだから」との言を吐き、首をヨコに振って話そうとしない。

「昭和十九年十二月にソ連にクリエール（伝書使）として行ったときに、対ソ連携の打診をしたのではないか」「ソ連のシベリア収容所で赤化教育の中心だったという説もあるが……」など、幾つかの質問にはまったく語ろうとしなかった。これらの質問内容は、これまで瀬島氏がほとんど話してこなかったことだった。クリエールの件はとくに伏せていた。この時期に瀬島氏は大本営の指導部などの命令を受けて、ソ連との間に何らかの打診工作（たとえば中立条約の確認とか、対米英戦に共同で対抗するといった高度の攻略だが）を行ったのではないかと予想された。しかし瀬島氏の口は固い。とりつくしまもなかった。

ところが取材の後の食事中に、私が「一九四五年八月十九日のジャリコーワのソ連との停戦会談では、幾つかの取引があったのではないか。まだ明かされていない事実があるように思うのですが……」と尋ねると、瀬島氏は口に運んでいたスプーンをカレーの皿の上に落としてしまったのである。瀬島氏は高齢であったから、私の質問などに関係なく手が震えていたのかもしれない。

しかし、私には心の動揺のように映った。実はこのことが、私の数多くの質問への回答ではないかと思った。

瀬島氏は部屋を出るときに、編集者や速記者を避けて私だけを呼び、「君はなかなかよく調べているね。これからもわからないことがあったら、直接、私のもとに訪ねてきなさい」と肩に手をかけて言った。ああ、この人はこうして人との距離を縮めて、自らに都合のよい戦争体験を宣伝させるのかとも理解できた。

やはり関東軍高級参謀だった草地貞吾《くさちていご》氏は、頑迷な反ソ反共論者で、そのためにシベリアの収容所でソ連側から考えられないほど酷い拷問を受けた。それをあまり語ろうとしなかった。「何時間も眠らされずに、箱の中で直立させられていたそうですが」と私が尋ねたときも、「あいつらに負けてたまるかと思った」と言うだけだった。「瀬島さんのことについてお話を聞きたい」と質問を向けても、「私は彼について知らないので話せることはない」との答えだった。しかし草地氏は戦争末期の関東軍参謀時代に、瀬島氏とは同じ時期にわずかとはいえ机を並べていた。

二人は同時期、シベリアの収容所にいたが、片方は対ソ協力の側に、もう片方は徹底して抗したのだから、そこには複雑な感情があるはずだった。「彼については知らない」というところに答えが潜んでいるようにも思った。私はその言葉から、ソ連に傾いていった参謀に対して今でも不信の念が拭《ぬぐ》えないのだな、と推測した。あるいは「何か」を知っている。拒否の回答のなかに真実があるのではないか、と私は考えたのである。

「昭和の真実」を求めるには、昭和が遠くなっていけばいくほど、それを探るノウハウがあると私は思う。だがそのノウハウに気づかなかったらどうなるか。こうした「真実」そのものが、昭和とともに消えていく、そして前述したように「義経伝説」に類するエピソードが語られていくことになる。とはいえ、そういうエピソードのなかに昭和という時代の「真実」は盛りこまれてはいないにせよ、「昭和史のもつ哀しさ」だけは含まれているのも確かだ。

この哀しさにこだわりつつ「真実」を伝えたい。せめて「真実」の断片は記録しておきたいと思いながらも、日々私の元からも離れていく「昭和の戦争」にただひたすら思いを馳せているのである。私に証言を託した人たちの怨念を思い出すのである。

第四章　日本軍「失敗の本質」は人事にあった

組織図を広げて、赤鉛筆をもって

昭和五十年代の初めである。私は、昭和前期の軍人宰相である東條英機の評伝を書こうと思って取材を進めていた。私の世代（戦後になって学校教育を受けた世代）では、この首相は驚くほど評判が悪かった。昭和二十一年（一九四六年）四月に国民学校に入学した私たちは、きわめて雑駁《ざつぱく》ではあったが、「アメリカは良い国、日本は悪い国」「その日本でもっとも悪い人は東條」という教育を受けていた。

私は三十代半ばになって、では東條のどんなところが悪かったのか、それを調べて評伝として著してみようと思ったのだ。その取材のなかで、東條の秘書・副官を七年余続けた軍人の赤松貞雄にたっぷりと時間をかけて話を聞くことができた。赤松は七十代半ばにさしかかっていたが、東條には好意的な見方をくり返した。そこで次のようなやりとりをしたのが、今も私のメモ帖に残っている。

「東條さんの欠点は戦後になって幾つも指摘されていますが、とくに人事権をフルに使って好き勝手なことをしたと具体的に書かれています。この点についてはどのように考えていますか」
「うん、そういう話はよく言われているね。私なんかは東條人脈の中心だと言われて戦時下でも戦後でもいじめられているよ。ただ軍人というのは、生死を共にする集団だから気心が知れていなければならない。東條さんが気心の知れている人を重用したというのは事実だから、東條人事ということ自体悪いとは思わない……」

東條内閣が成立し、事務引き継ぎを終えた近衛文麿前首相（左）と東條英機新首相。首相官邸にて。昭和16年10月20日
（写真提供：毎日新聞社）

そう言って赤松は、自らの知る範囲のことを幾つか証言した。東條は陸軍次官、陸軍大臣時代に、机に陸軍の組織図を広げて、赤鉛筆をもって、「こいつをここに持ってきて、こいつはこっちへやって……」と書きこんでいたという。赤松は、「やはり東條さんも人事を動かすのは好き

なんだなあと思ったよ。権力の座に就くということはこれが醍醐味なんだろうね」
とも洩《も》らしていた。

昭和十年代（とくに二・二六事件以後）の昭和陸軍の最大の誤り、あるいは失敗の本質はどこにあると思うか、と私はよく質問を受ける。陸軍大学校の参謀教育にあったとか、戦略が明確でなかった、いや情報を軽視した、などの答えを期待する人が多いのだが、私はそうは考えていない。赤松から聞いた光景を思い浮かべながら、次のように答えるのだ。

「重要な誤りは人事にある。とくに昭和十五年から十六年の東條人事にある。対米英戦を決意するというのに、米国や英国に駐在武官として赴いていて、客観的な情報分析のできる軍人をすべて省部（陸軍省・参謀本部）から追い出した。さらに、軍事は政治や外交に従属すると考える良識ある軍人を省部に入れず、政治や外交は軍事に従属すると主張する軍人だけで戦時指導を行った。この点に基本的な誤りがあった」

昭和陸軍を体系立てて調べていて、最後にたどりついた結論は、まさにこのことであった。〈人事を誤れば国を誤る〉、それが私の結論である。

重用された「納豆」

昭和陸軍の編制

将校	勅任官	将官	親任官	大将
			高等官一等	中将
			高等官二等	少将
	奏任官	佐官	高等官三等	大佐
			高等官四等	中佐
			高等官五等	少佐
		尉官	高等官六等	大尉
			高等官七等	中尉
			高等官八等	少尉
准士官	判任官		一等	特務曹長
下士官	判任官		二等	曹長
			三等	軍曹
			四等	伍長
兵				上等兵
				一等兵
				二等兵

参考文献：『事典　昭和戦前期の日本―制度と実態』

わかりやすい例を一つあげる。昭和十六年十二月八日に日本軍が真珠湾を叩いて、対米英蘭戦争が始まったとき、ワシントンに駐在していた武官は磯田三郎であった。磯田は大尉の時代にもアメリカ大使館付武官補佐官を務めているし、昭和に入ってはメキシコ公使館武官のポストにも就いている。昭和十四年十二月には少将として再びアメリカで武官の責任者になっている。

磯田はアメリカ事情を知りつくしているうえに、その報告書でもしばしばアメリカの政治状況について的確な情報を送り、戦争という選択を軽々に決めるべきではないとの立場を明確にしていた。常識的な駐在武官なら、日米の国力を比較して政策の選択を誤ってはならないとの電報を送るのが当然である。つけ加えておけば、磯田の前任者の山内正文もその立場だった。しかし東條は、そういう情報をまったく無視した。いやむしろ「皇国精神の足りない弱虫」ととらえたのである。

開戦前、東條はアメリカについて、自らの子飼《こが》いの軍務課長、佐藤賢了《けんりょう》からの情報だけで分析・判断していた。佐藤は確かに昭和五年にアメリカ駐在を経験しているが、それは大使館付ではなくアメリカ陸軍の野砲の部隊で砲術を学んだだけだった。その佐藤が東條に伝えたアメリカ観は（これは当時の軍務課の軍人たちの証言によるが）、「アメリカ軍では勤務が終わると上官と部下の関係はまるで友だちのようになる。あんなところに忠誠心は生まれない」とか、「彼らは訓練が休憩になると平気で砲門に腰をかけたりする。日本のように兵器はすべて天皇陛下のものという愛国心もない」といった、きわめて曖昧な精神論のくり返しだった。

佐藤は陸軍大学校の学生時代に、一時期、教官として赴任してきた東條に目をつけ、将来この男は偉くなるだろうと見て、そのあとをゴマをすって歩くタイプ（こういう関係は「納豆」と言われて他の学生の反感を買った）だったのである。佐藤のアメリカ観は、東條にとって快いがゆえに重用されたというわけだ。

前述の磯田が日本に戻ってきたのは昭和十七年八月、開戦後の交換船によってだった。本来なら磯田は、アメリカの国内事情を分析するために省部にあって、東條らに正確な情報を伝える役に徹していい。ところがしばらくの休養を取ったうえで第二二師団の師団長を命ぜられ、ビルマ戦線に赴いている。磯田の副官だった将校は、「磯田中将は東條陸相の部屋に挨拶に行ったが、わずか十五秒で部屋を出てきました。これから赴任します、よろしく、といった程度の会話です。磯田中将は、あの人に説明してもわからないから……と言っておりました」と私に証言している。

陸海軍の人事権は、大日本帝国憲法の第一〇条（「天皇は行政各部の官制及文武官の俸給を定め及文武官を任免す。但し此の憲法又は他の法律に特例を掲げたるものは各々其の条項に依る」）と第一二条（「天皇は陸海軍の編制及常備兵額を定む」）にもとづいて行われる。いわば天皇の大権を付与されている官職の者が案をつくり、それを上奏したうえで裁可を得るのが本筋であった。この憲法上の解釈では、陸海軍の統帥の責任者は天皇であるから、すべての人事（その任官、転職、退職など）は天皇の諒《りょう》解《かい》をとらなければならない。しかし現実にはこんなことは無理で、とくに編制が拡大していった昭和陸軍では、佐官や尉官の任官、転職、退職などは陸軍大臣へ委任されるという内規ができあがっていた。

陸軍に限って説明すると、佐官や尉官は陸軍大臣が自在に決められるというのである。もっとも陸軍大臣はすべての組織図を熟知しているわけではないから、実際には人事局長が案をつくり、陸軍大臣の承認を得るのが慣例であった。前述の、東條英機が自ら采配をふるって佐官クラスの人事にまで口を挟んだのはそうした慣例を破るケースでもあった。

ただ、昭和十一年二月二十六日の、いわゆる二・二六事件のあとに陸軍内部では、皇道派将校を予備役に追いこんだり、省部には決して着任させない、省部にあって事件に同情的であった将校はすべて省部、あるいは東京から離してしまう、との内規を決めていた。「粛軍人事」といわれるものである。

東條は二・二六事件後の新統制派の筆頭に祭りあげられるのだが、そのせいか異様なほど、皇道派将校あるいは皇道派寄りの将校を憎悪して、その排除にエネルギーを費やした。事件を起こした青年将校にとくに同情的ではなかったにもかかわらず、一方的に皇道派寄りと弾劾されて陸軍を追われた者も多かった。東條は自らの権力を拡大するためにこの内規をフルに用いたのである。

「東條人事」の本質

さて佐官、尉官は陸軍省人事局の管轄（最終的には陸軍大臣が承認する）になったにせよ、将官人事（大将は親任官、中・少将は勅任官）についてはそれほど簡単ではなかった。自らは末端の士官だったが、戦後になって陸海軍の人事はどうなっていたか独自に調べた軍制研究者の外山操《とやまみさお》は、十年をかけ、一〇〇〇万円余の資金をかけて膨大な資料集をつくりあげている。その一冊に『陸海軍将官人事総覧』という大部の書があり、その「陸軍篇」の中で次のような記述を行っている。

「(将官への) 進級および将官の人事については、あらかじめ大臣からいちいち内奏し、ご内意を伺った上でさらに書類をもって上奏し、御裁可を得ることになっていた。天皇の印のある御裁可書は『御裁可書綴』として厳重に陸、海軍省に保管された」

この綴は戦後一時期アメリカ軍に没収され、その後日本に戻されたともいう。この綴を見るとわかるといわれているが、こうした将官人事には政治の側はまったく容喙《ようかい》しないのが鉄則だった。「統帥権の干犯」という、陸軍がしばしば用いた脅しはこのような人事の上にも反映していたといわれている (いちど失敗したにもかかわらず再び要職に戻っているケースなどは、天皇の裁可を受ける際に巧みに責任のがれをしての内奏があったのではとも推測される)。

奏任官の佐官、尉官クラスは、人事の「考課表」でその資質や勤務ぶりなどが査定される。一般的には上位の階級へあがっていくためには、最低限必要な年限があるとされている。これを「実役停年」というのだが、内規では、少尉は一年、中尉二年、大尉四年であり、佐官は大体が二年程度、少将三年、中将四年であった。これだけの期間を経て「考課表」によって相応の評価を受けると進級するのが建前になっていた。だが昭和陸軍の将校の数はそれこそ万を超す状態になっており、こういうスピードで進級すると三十代後半には大将になってしまうが、さすがにそういうケースはなく、この期間が過ぎたころから、「さてそろそろあれも進級を考えなければ」と上官に思われるようになるというのが実際の姿であった。

陸軍士官学校を卒業して将校の道を歩む者には、この「考課表」が一生ついて回る。むろん考課というのは、それを評価する上官の人間性やその能力などによって異なるものである。たとえば石原莞爾《いしわらかんじ》のような昭和陸軍の逸材でも、評価する上官によって考課の点があがったりさがったりする。実は「考課表」を残すことには、その将校の能力そのものがわかると同時に、それを評価した上官の能力もわかるという二面性があった。きわめてバランスのとれた見方が採られていたといえるであろう。

昭和陸軍はこの二面性を昭和初年代には維持していたが、しかし昭和十年代に入ると、こうした考課それ自体が形骸化していくことになった。昭和十三年に新たにつくられた「考科要領及考科表記載」の規定によれば、考課に改めて「性格」「体格」「統制」「識見」「服務」の五つの枠組みがつくられ、これらの総合点が本人の人事上の評価となった。

こうした細目にわたっての考課は、むしろ考課を行う側の業務の繁雑さを増しただけになり、本来の軍務が軽視されることにつながった。

昭和二十年に最後の陸軍省人事局長となった額田坦《ぬかたひろし》は、その回想録（『陸軍省人事局長の回想』）のなかで、考課があまりにも細かなものになってしまったがために、評価をする者が形式的な記述に終始することになったことを認めている。

昭和十年代のこうした人事上の記録を俯瞰《ふかん》したときに、すぐに二つのことが指摘できるであろう。その第一は、二・二六事件のあとだけに、こうした細目の評価によって上官が将校個々人の言動に目を光らせ、大権干犯の挙に出ないように配慮したことである。第二は、このことが結果的に寺内寿一《ひさいち》、梅津美治郎《うめづよしじろう》、東條英機のような新統制派の権力基盤を固めることになったということだ。なかんずく東條はその性格上、こうした細目にこだわるタイプであり、一連の人事考課改革が東條の陸軍次官のころから進んでいることを思えば、結果的に「東條人事」の本質がどこにあったかが浮きぼりになってくる。

さらにこうした規定のゆきつく先として、不祥事を起こさないという名目で、それぞれの将校の血族、家庭環境、加えてどのような人脈に列《つら》なっているかなども参考資料として勘案されることになった。こうした事実は前述した赤松貞雄も認めていて、「なにしろ次に二・二六事件に匹敵するような事件が起こったなら陛下の御信頼を根本から失うことになるので、当然ながら反皇道派の人脈に組みこまれている将校などが安全なタイプとなったわけですよ」と証言している。客観的な評価基準が失われているという意味では、陸軍の人事は能力本位から人脈本位に変わっていったと指摘できる。

軍官僚の戦争

進級の基本的な枠組みは、日中戦争前後から大きく変化していった。前述の進級年数にしても大佐への進級は二年どころか平均して六年となった。そして、将来に将官に進級の見込みのない者は四年を限度として予備役に追いこまれた。この場合の「将来に進級の見込みのない者」とは、その人脈にも加わってないとか、覚えのいい上官に恵まれていなかったとか、はては陸軍内部にあってもゴマすりを行わなかった（すでに記したように陸軍大学校時代に有力教官にすり寄る「納豆」の如き行為）などというタイプ、あるいは軍中央の精神論に対して不満をもった理知的なタイプなどである。

さらに「将校は、尉官の階級では三年以上隊付を勤務せねば少佐に進級させせぬ。佐官の階級で二年以上隊付せねば少将にはさせぬという内規になっていた。また中将進級後一年間は師団長にはしないという内規があった」（『陸海軍将官人事総覧（陸軍篇』）という暗黙の諒解もあった。これは何を意味しているか。実に簡単なことである。陸軍の高級軍人は、「軍官僚」ではなく、実戦に役立つ「軍人たれ（指揮官・参謀たれ）」との意味である。軍官僚になるのではなく、実戦を指揮できる軍人であるようにとの方針は、それ自体は結構なことであるにせよ、こうした方針を定めた新統制派の軍人自体がいわば軍官僚として育ってきていて、戦場を熟知している軍人などではなかった時点で、その内規の有名無実化は容易に想像できた。

昭和十六年十二月八日の真珠湾攻撃で始まった太平洋戦争は、軍官僚が決定し、指導した、いわば「軍官僚の戦争」だった。それは、より実戦で能力の発揮できる軍人の養成をという掛け声とはまったく逆の展開になって推移したといっていい。

一般的に陸軍大臣は、一年に三回ほど各部門の責任者に対して、その年の進級、退職などについての将校名簿の提出を求めることになっていた。前述の考課表やさらにはそれぞれの将校の背景などを加味しての進級リストということになるのだが、陸軍大臣はこうしたリストをもとに再度自らの意向で手を加えて、天皇に届けて人事の発令となる。

このように見てくると、平時の陸軍の人事は、考課そのものがかなり主観的であり、将校の人間性や人脈が中心になっていることがわかる。軍人は「戦争」という事態がなければ勲功を立てることはできない宿命をもっている。日露戦争後、日本社会は平時の状態にあり、軍人にとって勲功は現実的なものにはなっていなかった。皮肉な言い方になるのだが、昭和十年代の日中戦争とその拡大、さらに太平洋戦争へと「戦争」が続いたこと自体、この勲功心理が働いていたという見方ができる。

たとえば、満州事変は関東軍の謀略で始まったのだが、そうした事実とは別に、司令官であった本庄繁《ほんじょうしげる》は、このときの勲功をもとに華族（男爵）に列している。勲功をあげたいという心理は陸軍全体に及んでいたとも言うことができる。

作戦参謀のすさまじい権力

軍人は「戦場」で勲功を立てる、という考えのかわりにというべきか、昭和陸軍には幾つもの不文律、内規がごく自然にできあがっていた。その一例をあげると、参謀本部作戦部には、陸軍大学校（定員は約五〇人）卒業生のうち成績の上位五番以内の者が配属されるという内規があった。恩賜組と評される軍人たちだが、この参謀本部作戦部への人事は、陸軍大臣の管轄ではなく、参謀次長直轄の人事であった。いわば特別の聖域だったのである。陸軍大学校での参謀教育で優秀な成績を修めた者のみの空間であり、この作戦参謀の権力たるやすさまじいものであった。

まだ佐官クラスの作戦参謀が、太平洋戦争下の戦場に参謀肩章をつけて赴くと、将官クラスの司令官でさえ、平伏するという光景が見られた。

日中戦争、太平洋戦争の敗戦のプロセスを詳細にたどっていくと、この作戦参謀の「戦場知らず」という弊害が如実にあらわれていると見ることができる。

独特のエリート意識のために、大本営の情報参謀が分析した情報なども無視すれば、兵站参謀の兵站計画なども一顧だにしない。ひたすら図面の上で作戦を考え、それを現場に押しつけるのだから、作戦と現実との乖離ははなはだしいものであった。ガダルカナルから始まってニューギニア、インパールなど、その現場を無視した作戦計画は、多くの兵士に餓死を強要する結果になったのである。

大本営の情報参謀だった堀栄三は、「作戦参謀はつまりは唯我独尊というタイプになる。そういうタイプでなくても結果的にそうなってしまう。それが作戦そのものの幅を狭くしていったのでしょう」と洩らしていた。堀は陸軍大学校の成績が六番であり、それで大本営の情報部に回されたのだが、その情報分析の正確さが結局は作戦に生かされなかったことを思えば、昭和陸軍の成績至上主義（この内容にも実はメスを入れなければならない。陸軍大学校の教育は独創性や計画性よりも、教官にいかに気に入られる答案を書くかに力点が置かれた成績至上主義であった）とその人事についていては、今後も精緻に検証を続けていかなければならないであろう。

太平洋戦争下にあっても、人事権をもっていた東條の例を見てもわかるとおり、

「依然として（平時のままの）学閥、私閥、風評、私見等に基づく偏狭な思想によって進退黜陟《ちゅっちょく》がおこなわれたことはいなめなかった」という、一下級将校である外山操の前述の書での指摘はあたっていたのである。

本稿では昭和海軍についてはふれてこなかったが、海軍にあっても人事の考課表があり、それは建軍以来なんどか練り直しされたが、昭和三年の「海軍考課表規則」をもとに人事が行われた。その考課表は、本人の身体、健康状態、過去の賞罰、任務に対する忠誠度などのほか、具体的な軍務のなかでつねに研究心をもち、なんらかの改善などに積極的に意見具申するか、などが考慮されていた。また性格については、艦艇のなかでの共同生活が長くなるがゆえに、協調性がとくに重視されてもいた。

ただ海軍でも、海軍兵学校や海軍大学校、さらには各種の士官養成学校の成績が重視されたことはいうまでもない。

海軍大学校出身のエリート海軍軍人は狭い集団内部での仲間意識があり、これがときに温情となって作戦に支障をきたしたというケースもあった。山本五十六連合艦隊司令長官が黒島《くろしま》亀人《かめと》や草鹿《くさか》龍之介《りゅうのすけ》に不必要に機会を与えて、結果的に失敗に至ったケースなどはその例といっていいであろう。海軍のエリート軍人たちには、海軍の人事（とくに上層部）は公平であり、陸軍のように私情に左右されるケースは少なかったと言う人もいるが、そういう論者たちも山本五十六の人事への批判はそれとなく洩らしている。

こう見てくると昭和陸海軍の人事は、近代日本の各様の姿をそのまま反映していることがわかる。あえて私が、昭和十年代の陸軍人事を誤りとし、海軍の仲間うち人事もまたそれに類すると説くのは、ふたつの組織ともきわめて「日本的」であるということの自省をこめてのことである。

これをいかに克服していくかは現代の日本社会に通じる課題であろう。

第五章 「情報軽視体質」は日本軍の宿痾

旧日本軍にも有能な情報将校はいた

私が、元大本営情報参謀の堀栄三を、奈良県西吉野村（現・五條市）の自宅に初めて訪ねたのは、昭和五十九年（一九八四年）春のことだった。その自宅は、南北朝時代の後醍醐天皇の「皇居」であり、もとよりそれは国の文化財に指定されている。

当時、堀は七十歳で現役生活（防衛庁での駐西独防衛駐在官など）を終えたあとは、故郷のこの地で余生を過ごしていた。といってもその秀れた語学力が求められて、大阪の私立大学でドイツ語の講師をつとめていた。太平洋戦争開戦の翌年に陸軍大学校を卒業してからは、主に大本営陸軍部第二部（情報部）第六課（米英情報担当）の米国班に属して情報分析活動を行っていた。大本営の情報参謀としてはもっとも内部、つまり大本営の情報活動の表と裏に精通していた。

堀はこのときまで自らの体験を外に向かって語ることはほとんどなかった。それが、たまたま昭和十九年十月の台湾沖航空戦で堀が新田原基地からの戦果報告のいい加減さに気づいて大本営の上司に要注意の電報を送ったのにそれが握りつぶされたという事実を大本営時代の作戦参謀だった朝枝繁春《あさえだしげはる》が公表したために、やむなく表に出ることになってしまった。この電報握りつぶし事件を正確に史実に残しておきたいと私が訪ねたことが、結果的に表に出るきっかけになったのだ。

私はその後、平成七年（一九九五年）に堀が逝去するまで、彼から大本営情報参謀の内実について話を聞いてきた。その著（『大本営参謀の情報戦記』）で触れられていることもあれば、まったく新しい史実も知らされた。なかでも私がもっとも強烈な印象を受けたのは、次の話だった。

――戦時下、大本営情報部の堀の机には、毎日アメリカの海外放送を傍受した記録が届けられる。主に戦時ニュースが中心であったが、なかにはドラマや社会的テーマのドキュメントなども日本語に訳されて届けられる。アメリカ社会が、〝敵国日本〟をどのように見ているかをさぐるためでもあり、アメリカ社会の戦意がどのような状態かを分析するためでもあった。こうして届けられる記録のなかに、株価もあったという。何の変哲もない株価のリストなど、当初はそれほど関心はなかった。

「ところが毎日この株価を見ているうちに、あることに気づいたんです。アメリカが南方要域で作戦を起こすとき、その二、三カ月前に缶詰会社と薬品会社の株価が必ず値上がりしています。つまり作戦を始める準備として、兵士の食料としての缶詰とマラリヤの薬を大量に発注しているということですね。それに気づいてからは、株価を見るだけで、ああアメリカは新しい作戦を始めるなということがわかるんです」

堀のこうした証言を幾つも私は聞くことができた。しかも、アメリカが準備している作戦地域はどこかについても、ある程度はわかったというのである。アメリカ陸軍、海軍、空軍の部隊の編成表や艦艇、航空機などのリストはむろん日本でも平時から収集されている。それを見ながら、今ヨーロッパで戦っているのは、アメリカ陸軍のどの部隊だとか、どの海兵隊だとかを、ラジオ放送の傍受記録をもとに推定していくという。

アメリカのラジオ放送のなかでは、「ノルマンディ作戦に従事していた陸軍の部隊がこのほどテネシー州に帰ってきて、地元で大歓迎を受けている」といったニュースがおおいに参考になる。こうした断片情報を組み立てていけば、アメリカ軍の部隊で今はどの部隊が休暇をとって次の作戦に備えているかがある程度わかり、上陸作戦を行う地域も一定の範囲で判明する。昭和十九年六月のサイパン上陸作戦やマリアナ海戦なども予想できたというのであった。

堀が具体的に指摘したこうした事実からは、大本営情報参謀のなかにも有能な情報解析の将校が揃っていたことが窺《うかが》える。

机に届けられる株価の無味乾燥な数字の羅列は、単なる〈情報〈インフォメーション〉〉である。近代日本での情報という訳語の語源は、「敵情報告」の略だという説もあるが、数字の羅列はまさに敵情報告にすぎない。この情報に独自の分析、解釈を加え、有効に現実に還元していくことが、今もっとも求められている「情報〈インテリジェンス〉」の本来の意味であろう。堀の例を見てもわかるとおり、このインテリジェンスの分野における有能な情報解析者は決して少なくなかったと思われるのだ。

それなのになぜ、こういうスタッフが十全な役割を果たせず、「戦争」というプロジェクトに有効な力とならなかったのか、そのことが問われるべきだろう。

「なぜ日本は情報を分析して現実に還元することができなかったのか?」という、私のあまりに素朴な質問に、堀は後醍醐天皇が政務をとったという南向きの和室の一室で、「それは簡単です。アメリカがよく知っていますよ。連合軍情報局がその質問の答えをまとめてアメリカ政府に提出していますよ」と自嘲気味に答えた。そして膨大な原稿をとりだして、ある一節を示した。堀は、あの戦争の敗戦後にこの西吉野村に戻り、まずは二年ほどかけて、日本軍の情報収集、分析能力はまったく弱かったとの自省をもとにこの原稿をまとめたのだという。ところが養父の堀丈夫《たけお》(二・二六事件時の第一師団長。この事件によって予備役になる)から、「負け戦で弁解がましいことを書くな」と一喝され、そのまま書庫にしまってあったという。

この原稿がのちに『大本営参謀の情報戦記』として刊行されることになるのだが、堀はある一節を読めと言って、その頁を示した。それは昭和二十一年にアメリカの連合軍情報局がアメリカ政府に提出した「日本陸海軍の情報部について」という文書で、そこに日本軍の五つの欠陥が示されていた。原文では、「軍部の指導者はドイツ勝利と断定し、連合国の生産力、戦意などを不当に過小評価した」「日本軍の精神主義が情報活動を阻害することになった。軍の作戦担当者は、神がかりともいうべき日本不滅論をくり返し国民に説明し、戦争に必要な諸準備を軽視して攻撃のみを過大評価した。その結果、彼らは連合国に関する情報に盲目となった」などがあげられているが、要は、①総合的な国力判断の誤り、②制空権の喪失による情報収集の不備、③陸海軍情報組織の不統一、④作戦主導部門の情報軽視、⑤精神主義への偏重――が失敗の本質というのであった。

「つまり、作戦に従属する情報分析、主観主義からくる独善に尽きるとの指摘ですね」との私の問いに、堀は「その通りだね」とうなずいた。

以来、私は堀から教示を受けた情報分析（これをインテリジェンスという言い方をするわけだが）をもとに太平洋戦争を見る目ももった。くり返すが、あの戦争において大本営は、まず作戦（戦略や戦術）があり、それにもとづいて情報収集・分析があるという欠陥を抱えこんでいた。加えて、主観的願望を客観的事実にすりかえるという傾向（精神主義）が、まさに大本営の二大特徴として指摘できるのだ。これはこの国のもともとの文化的特性なのか、あるいはある時代（たとえば昭和十年代）の、変調を来した姿なのかという本質を伴ったテーマに出会うという意味にもなる。

「不愉快な情報」は無視

もうひとつ、太平洋戦争下でのこのふたつの特徴を象徴するエピソードを紹介しておきたい。太平洋戦争の開戦時に、アメリカ駐在のアタッシェをつとめていた実《さね》松《まつ》譲《ゆずる》は、海軍の有能な情報参謀だった。私は実松にも何度も会い、彼の体験をつぶさに聞いてきた。少佐時代にアメリカのプリンストン大学に留学の経歴もあり、とくに情報分析には秀でた能力をもっていた。昭和十三年ごろに海軍大臣の米《よ》内《ない》光《みつ》政《まさ》、次官の山本五十六に秘書官として仕えていたこともあり、ふたりの素顔もよく知っていた。あるとき、山本が次官室で実松にむかって、「日本には本気でアメリカと戦争をしようという者がいるんだね」と言ったという。

山本も実松もアメリカ駐在が長いから、「正確な情報ももたずに口だけは達者な連中ですよ」と、ふたりは顔を見合わせたという。

実松から聞いたなかで、私がもっとも衝撃を受けたのは——実松も驚いたという意味で紹介してくれたのだが——以下の話である。昭和十九年二月、海軍大臣の嶋《しま》田《だ》繁《しげ》太《た》郎《ろう》は陸軍の東條英機にならって軍令部総長も兼任することになった。軍政と軍令を自らの手中におさめたのだ。大本営海軍部第三部（情報部）の第五課長だった実松は、アメリカ軍の動きを分析して嶋田の机にもっていった。日本軍の戦力が著しく落ちているので、大きな海戦には慎重を要するという内容の報告書であった。

嶋田は、それを一読するなり、「こんな不愉快なものはもってくるな」と実松にむかって投げ返したという。劣勢であると分析した報告書など読みたくないというわけだ。これなど主観的願望を客観的事実で崩されたくないとの典型的な態度である。私はこうしたエピソードを数多く聞いているうちに、嶋田に代表されるような軍事指導者があのころいかに多かったかを知ることができた。

太平洋戦争の三年九カ月のなかで、日本がいかにインテリジェンスに欠けていたかは、ほとんどすべての局面で見受けられる。私はこの三年九カ月の戦闘は、五つの段階を経て敗戦に至ったと考えている。五つの段階とは、「勝利」（昭和十六年十二月八日から十七年五月）、「挫折」（十七年六月から十八年四月）、「崩壊」（十八年五月から十二月）、「解体」（十九年一月から二十年二月）、「降伏」（二十年三月から八月十五日）である（拙著『大本営発表は生きている』参照）。

軍事的な流れはこの五つの段階で区切られるが、ことインテリジェンスという見方からすれば、この五つの段階のどの段階をとってもすべて失敗していたといえるだろう。情報の収集、分析、それにもとづく戦略の立案、そして現実の戦術への採用、その一貫した流れはどこにも見当たらない。まず、開戦の決定そのものが「ドイツが勝つ」という前提で下されているが、実際はこれは判断ではなく「陸軍の親ドイツ派の眼鏡を通しての願望」にすぎなかったのである。こういうお粗末な分析が堂々とまかり通った理由はどこにあるのかが、正確に史実として、教訓として語られなければ意味がない。

本稿では三つの局面について、日本の情報軽視とそのなかにあって歪《ゆが》みがどのように肥大化していったかを、私の視点で指摘しておきたいと思う。

第一は、日米開戦に至るプロセスである。この段階で、真のインテリジェンスは機能しただろうかという点だ。むろん今となっては、アメリカ海軍の暗号解読班は日本の外務省とワシントンの駐米大使館との暗号電報をすべて解読しており、野村吉三郎駐米大使への訓令は筒抜けだったことは知られている。国務長官のコーデル・ハルはその回顧録で野村が伝えてくる内容を熟知しながら、あたかも知らぬように装うのに苦労したと明かしているほどだ。

ルーズベルトもハルも、ヨーロッパ戦線においてイギリスをはじめとする国々への援助を強めるために、対ドイツ戦への積極的参戦を意図していた。しかしアメリカ国内には第一次大戦後のモンロー主義や非戦を望む国民の声も強く、なんらかの理由がなければ参戦する状態ではなかったのである。この年（昭和十六年）四月からの日米交渉は、その「何らかの理由」を見出すのにもっとも利用できる外交交渉であった。日本に理不尽な一撃を加えてもらうことで、結果的にアメリカは対日戦、対独戦も可能になる。そのような意図をもって、アメリカ政府は外交交渉に臨んでいたのである。暗号解読文（マジックと呼ばれた）は七人のアメリカ政府高官にしか回覧されず、それが日米交渉を自由に操作できる有力な武器となって機能したのであった。

昭和十六年十二月六日夜（アメリカ時間）、ルーズベルトの執務机の上に長文のマジックが届けられた。日本の外務省が駐米大使館宛てに送った「断交通告」の全文（一四部から成っているが、初めは一三部だけ）である。これを読んだルーズベルトは、「日本は戦争を始めるな」と直感している。そして十二月七日の朝になって、最後の一通（第一四部）のマジックが届いた。「帝国政府はここに合衆国政府の態度に鑑《かんが》み、今後交渉を継続するも妥結に達するを得ずと認むるほかなき旨を合衆国政府に通告するを遺憾とするものなり」という一節を読んで、ルーズベルトは戦争が目前に迫っていることを確信した。やはりマジックを読んだハルが陸軍長官のスチムソンに「さあこれからは君らの出番だ」と洩《も》らしたのは有名な話である。

さらに日本の外務省が、駐米大使らにこの断交通告を午後一時に国務省でハルに渡せと命じていることも、午前十時五十分に確かめている。これは、午後一時に日本軍がハワイかフィリピンを叩くことを意味しているが、ルーズベルトほかアメリカの政治・軍事指導者たちはまったく手を打たなかった。日本に一撃を加えさせればアメリカ国内は一丸となるという政治的判断を優先させたのだ。

真珠湾、ミッドウェーで露呈した情報感覚のなさ

このことでつけ加えておかなければならないのは、その一方で、アメリカ政府はアメリカ側の歴史的意思を年譜のうえに刻む工作も行っていることである。ルーズベルトは断交通告を読んだあとに、駐日大使のグルーにむけて天皇宛ての親電を送っている。両国の関係を円満にし、太平洋に争いの波を立てたくないとの希望を天皇に伝えているのだ。アメリカは最後の段階まで、和平を望んでいるとの意思を歴

史のなかに刻みこんだのである。

ところが日本では十二月六日のある時間から、海外からの電報は機密保持という名目で十五時間遅らせて届けるという一方的な決定を、陸軍部内の幕僚が決め、その電報がグルーのもとに届けられたのは十二月七日の午後十時半であった。日本海軍は真珠湾で奇襲攻撃を行う準備をとうに終えていた。

この不始末に加えて、ワシントンの駐米大使館も館員たちの緊張感のなさから「十二月七日午後一時（ワシントン時間）」に断交通告を届けることができなかった。真珠湾奇襲攻撃のあとに届けている。このために日本は、「トレチャラス・ジャパン（騙し討ちの日本）」の汚名を浴びつづけることになったのである。

開戦前のこうした恐るべき鈍麻した感覚こそ、日本の政治・軍事指導層の情報感覚だった。情報が盗まれていると考えない無神経さ、機密保持と称して十五時間も電報を遅らせるという独断的発想、そして電報の意味を正確に読み抜けない現地大使館員、そこに日本のインテリジェンスの欠如が集約的にあらわれている。

真珠湾奇襲攻撃が成功した十二月八日、首相官邸で東條英機首相は陸海軍の軍事指導者や幕僚を集めて祝宴を開いている。この席で東條は、秘書官から「それにしてもみごとにこの日の攻撃は伏せられましたね。まったく省部でも寝耳に水と受け止められています」との追従に「これは洩れたら大変なことだった」と得意になっ

ひそかに真珠湾をめざし、北太平洋を行く日本海軍の機動部隊。手前は空母「瑞鶴」（写真提供：毎日新聞社）

ている（「秘書官日記」）。さらに日本軍のこの戦果で、アメリカ国民は失意のどん底に陥り、「ルーズベルトはこれで失脚するだろう」と話しているとある。

確かに、十二月八日の未明に日本海軍の機動部隊がハワイに奇襲攻撃をかけるという計画を正確に知っていたのは日本で一二、三人ではないか。開戦に至る大本営政府連絡会議、御前会議《ごぜんかいぎ》の出席者でさえも、日本は戦争への道を選択したことは知っていても、それがいつ、誰がどこで戦端を開くかについては、「統帥権干犯」ということで大本営にただすことはできなかったのである。

それを裏づけるやりとりとして、十二月一日の大本営政府連絡会議で、東郷茂徳《とうごうしげのり》外相が大本営側にそれをただしたら、「では教えてやろう。十二月八日の未明である」と軍令部次長の伊藤整一に居丈高に言われた事実がある。

開戦を決定した指導者（つまりふたつの会議に出席していたということだが）は三〇人足らずだが、開戦の具体策となると一〇人ほどしか知らない。

ところがアメリカの指導者たちのほうが日本の政治・軍事指導層に位置する者よりはるかに詳しく知っていたのである。むろん戦争そのものは一定の秘密性をもつわけだから、何もあまねく知らせる必要はない。だがこの一〇人ほどしか開戦の内実を知らなかったという事実は、情報を収集、分析することよりもひたすら隠蔽する、秘匿するとの姿勢しかないことを示している。インテリジェンスの発想で開戦を決定する能力と識見がなかったうえに、知性も想像力も欠けていたことだけは指摘できるのだ。

さて、前述の五段階の最初の「勝利」の段階では、本来なら情報を分析してどのように戦争を終わらせるかを考えなければならないのに、ひたすら直進的に戦争を進め、主観的願望を肥大化させることにだけエネルギーを使っていたことがわかってくる。五つの段階の各段階での作戦行動についても、すべてこのことが指摘できる。

あえてここではミッドウェー海戦を採りあげるが、プランゲの『ミッドウェーの奇跡』が語るように、「日本海軍の慢心、増長に対する天の懲罰」という見方が的を射ている。開戦から六カ月、至るところで日本海軍は勝利をおさめたが、「アメリカ海軍なにするものぞ」という自省を忘れた増長が敗因だったとの意味だ。この点をより詳細に見ていけば、アメリカ海軍の情報収集力にみごとにしっぺ返しをくらったという意味にもなる。

日本海軍は、山本五十六連合艦隊司令長官の指揮のもと、兵力、戦備の大半を投入しての決戦を挑んでいる。それが戦力的に劣勢だったアメリカ海軍に敗れたのは、その作戦計画が日本国内の至るところで洩れていたほどの弛みによる（横須賀の芸者も知っていたとの説がある）。実際にアメリカ側は日本海軍の行動そのものの特徴をつかんでもいたし、一部の暗号を解読して、ミッドウェー上空で日本の機動部隊やそこから飛び立った攻撃機を待ち受けていて、攻撃を仕かけてもいる。そして空母四隻も失うという状態になった。

この敗戦のあと、海軍の指導部は密かに軍事機密の文書をまとめ、各艦隊司令官や各鎮守府の司令官に送っている。敗戦をどのように隠蔽するかという内容である。損害は「空母一隻喪失、空母一隻大破、巡洋艦一隻大破、飛行機三五機未帰還」でそれ以外は一切口にするな、そして政府側との連絡会議では「敵ノ大兵力進出セルニヨリ之ヲ撃破スル為攻略ヲ一時延期セルモノナリ。敵艦隊ニ相当ノ損害ヲ与ヘ我ニモ若干ノ損害アリ」という説明に一本化しろ、この公表以外を洩らせば、「軍機事項トシテコレヲ処理」ともある。

大本営報道部の発表する「大本営発表」はこのミッドウェー海戦からその内容が虚偽、そして誇大になっている。「大本営発表」は前述の五つの段階を通して八四六回行われている。戦況がよいとき（つまり勝利の段階）は二九七回になるが、戦況がわるくなると偽りの内容に、やがて降伏に近づいていくと発表そのものが行われなくなるのだ。そのことは、大本営情報参謀だった堀も驚いたというが、「報道部の発表を耳にするたびに、私たちはこんな発表をしていいのかと思ったけれど、むろんそんなことは口にできるわけではなかった」とも証言している。

主観的願望が、客観的事実と化していく情報空間、それが戦時下の日本社会の実態であった。やがて現実が次々にそういう虚像の空間を襲ってくる。昭和十九年十月からのB29による本土爆撃などがそうなのだが、そうなって初めて国民は現実を見つめなければならなくなった。しかしそれでもなお、「神国日本が負けるわけがない」「苦境になれば神風が吹く」という類の主観的願望が軍事指導者や国民の間にも広まっていったのである。戦争という現実から、次第に逃避していったのだ。

ソ連参戦を察知できず

終戦に至るプロセスでのインテリジェンスの欠如、そこからくる国家存亡の危機という事実をあえて指摘しておきたい。この段階でも具体例を幾つか指摘できるが、さしあたり対ソ関係を見てみよう。昭和二十年五月ごろから日本国内には、ソ連を仲介としてでもとにかく和平工作を進めるべきだとの動きと、ソ連の参戦がないとの前提で、本土決戦を行ってでも戦況逆転への活路を開くべきだとの論があった。鈴木貫太郎《すずきかんたろう》首相や東郷茂徳外相はむろん前者であったが、大本営陸軍部、海軍部、それに陸軍省などには後者の考えが広がっていた。

六月八日の御前会議では、ともかくソ連を仲介とする和平方針が大本営も是認のうえで決定した。すでにソ連は日ソ中立条約破棄の通告をしてきているが、それでも一年間は自動延長だから日本への宣戦布告はあり得ないだろうとの楽観的な見方を前提にしていた。ソ連に対して、大本営は一貫して敵視の姿勢にあったが、ここに来て「ソ連は対日宣戦をしないだろう」「いやソ連を日本の側につけてでも対米英百年戦争を企図する」との声が期待交りに囁《ささや》かれていた。

今にして思えば、なぜこれほどソ連を頼るのか、いったいソ連情報を正確に分析していたのかと呆れるほどの見通しの甘さであった。実際には、この年二月のヤルタ会談でルーズベルト、チャーチル、スターリンの間では表に明らかにされた声明とは別に、秘密議定書《ぎていしょ》もつくられていた。そこにはソ連はドイツ降伏後三カ月以内に日本に宣戦、そして日露戦争で失ったソ連の権益はすべて旧に復すとの内容があったが、むろん日本はそんなことは知らない。しかしソ連のヤルタ会談以後の動きを見ていると、四月五日に日ソ中立条約の破棄通告など日本との敵対が明確になっているが、むしろその事実よりソ連とアメリカとの対立のほうが大きいと一方的に判断していたのである。

七月二十六日、日本へ無条件降伏を勧めるポツダム宣言がアメリカ、イギリス、中国の三国の指導者名で発表された。ソ連のスターリンやモロトフ外相もこの会談の重要な出席者だったが、まだ対日戦に参戦していないのでこの宣言には加わっていない。日本は軍部の本土決戦派の圧力もあってこの宣言を「黙殺」している。そして八月六日の広島への原爆投下、八日のソ連の対日宣戦布告（ドイツ降伏からほぼ三カ月後である）、九日の長崎への原爆投下と事態は悪化し、日本は九日から十四日にかけての二度に及ぶ御前会議やら最高戦争指導会議、閣議などを経て、ようやくポツダム宣言受諾を決定している。

この間、大本営や陸軍省などの本土決戦にこだわる幕僚は、敗戦を甘受できないとしてクーデターまがいの計画を進めようと企図している。大本営参謀のなかには、ソ連の宣戦布告にもかかわらず、ソ連と手を結んでの対米英戦にこだわる者もいて、実際にそのような動きも起こしている。

私は平成三年（一九九一年）にソ連が崩壊した後、何度かモスクワに行って幾つかの公文書を見る機会があった。さらにシベリア抑留者でつくる民間組織・全国抑留者補償協議会の故・斎藤六郎会長が集めた記録にも目を通している。そこでわかったことは、スターリンが八月十六日以後、北海道の一部分割、さらには北海道への進駐を執拗にトルーマンに訴えていることだった。トルーマンは、そうした要求を拒否しているが、それは日本のためというよりソ連の南下に歯止めをかけたいとの思惑からだった。

八月十六日以降、ソ連はカムチャツカ半島から千島列島を南下し、二十八日には択捉島を、九月一日に国後島、二日に色丹島、そして九月五日に歯舞諸島を占領している。ソ連は九月二日ですべてが終わったように主張するが、少なくともこの四島にはアメリカ軍が来ないことを確認して進軍してきたこともわかる。つまり、もし八月十五日に日本がポツダム宣言を受諾しなければ、根室から、あるいは樺太から稚内に上陸して、北海道を占領することもあり得たということだ。現在明らかになっている資料を分析する限りでは、スターリンにその意思はあった。

実際、アメリカ国防総省には、八月十六日の段階でスターリンの申し出（このときは北海道の留萌と釧路を結ぶ線の以北をソ連領とする）を受け入れようとの案もあった。もしポツダム宣言を受諾せずに日本が戦闘を続けたならば、スターリンの命令で極東ソ連軍は北海道に侵攻したであろう。アメリカも三発目の原爆を投下したかもしれない。十一月からの、日本本土への上陸作戦（オリンピック作戦）も、ソ連を牽制するために早まったかもしれない。

作戦上位、情報軽視の体質

日本は「昭和二十年八月十五日」という存亡の限界の段階で敗戦を受け入れたのである。この間の動きについて、最近になって少しずつ資料が明らかになっているが、本土決戦を唱えた陸軍や海軍の強硬派指導者は、主観的願望に溺れ、危うく国を滅ぼすところであった、と弾劾していいのではないか。いや私はそのような理解をもつことで「情報分析の弱さ」を改めて自覚すべきではないかと思う。

冒頭のエピソードに戻るが、インテリジェンスに欠ける当時の日本軍の組織は、「作戦に従属する情報」という形になっていたのだが、それは大本営陸軍部や海軍部の作戦部には、陸軍大学校や海軍大学校の上位一割（五人から六人）の、いわゆる軍刀組しか入ることができず、そのために作戦参謀はとくべつな存在だとしたためであった。情報部には作戦部の参謀より成績が下の六番から一〇番といったグループが入ることが多かったという。このため、作戦部にはあらゆるセクションより優秀な軍人がいるとの錯誤が生まれたのだ。

作戦参謀が上位にいて、情報部を一段下に見る。その情報部とてエリートゆえに他の参謀を低く見る傾向があった。大本営報道部を軽視したのはその例である。作戦参謀が自らに都合のいい情報しか採用しないというのはそれゆえだったのである。この度しがたい官僚主義こそが情報軽視の本質だったことになる。

私はこれまで多くの軍人に会って話を聞いてきた。そのなかには作戦参謀も情報参謀もいたが、情報を定期的に、そして多角的に収集し、それを分析して、現実に役だてていくとの教訓を口にする者は少なかった。情報と諜報との区別も定かでない軍人もいた。前述の堀栄三のような冷徹な分析眼をもつ情報将校は少なかった。その堀がしばしばつぶやいていたのが、「軍人でも情報を分析する能力をもっていた者は、一様に人間や歴史に興味をもっていたし、勘も働いた」ということだった。確かに私の見るところ、インテリジェンスは、人間味をもたない官僚主義からは決して生まれないということは断言できる。

堀は小さな新聞記事からどのようなことがわかるかを教えてもくれた。たとえば当時、札幌で開かれた冬季アジア大会で、韓国選手が優勝したのに北朝鮮の国歌がテープで流れて問題になったことがあった。新聞は「事務局の不手際」と報じていた。

「しかし情報を分析する者（著者注・つまりはインテリジェンスをもつ者はということだろうが）は、そうではないことはすぐにわかる」と、堀はこんな謎解きをしてみせた。

——これは事務局の不手際などではない。あらかじめテープを用意し、北朝鮮国歌が流れるよう工作した者がいるはずだ。そのうえで、新聞記者に対してはあくまで「不手際」と発表するよう、二重の工作が行われていたはずだ——。

私はなるほどと思ったことを今もよく覚えている。

第六章　太平洋戦争下の「勅語」の研究

不透明なままの重要な視点

太平洋戦争が終結してから六十年近い時間が経過しているが、未だにあの戦争が充分に吟味されたとはいいがたい。確かに個々の史実は相応に明らかにされたといい得るし、その経過やそれぞれの政治・軍事指導者の言動についても資料や証言によって明らかにされてきてはいる。

だがもっとも重要な視点は不透明なままに推移しているように思える。私がここでいう「重要な視点」とは、ひとつには次代に対して何を教訓として残しているかの確認であり、もうひとつは二十世紀前半のあの戦争時に戦時指導の名のもとにつくられていた権力空間がどのような内実であったかを正確に理解することである。とくにこの権力空間を理解しておくことは、現在にも通じる。昨年来（平成十四年）の有事関連三法案の審議のプロセスで明らかになったことだが、戦時状態の判断にしてもそれに対応する組織・機構にしても、実に曖昧《あいまい》な認識での論議であった。またイラクへの人道的支援という語はそれなりに説得力をもつのは事実だが、自衛隊の具体的な派遣という事態を進める政府側の理解は、軍事から切り離してのきわめて甘い内容ではないかと思えるほどである。

今、本稿で改めてなぞっておきたいのは、ひとたび軍事の領域に踏みだしてしまうならば、たとえ人道的支援という建前があったとしても引き返すことはできないという事実である。私は、太平洋戦争について私なりの視点で検証を続けていて、あの戦争下でも軍事を進めるための権力空間をもち得なかったと結論づけているのだが、それは実は私たちの国の重要な教訓である。この教訓に立ち返れば、国際社会のあらゆる軍事行動に私たちの国は安易に踏みこむべきではない。たとえ人道的支援という名においても、である。軍事衝突が終息したと、私たちの国が判断してからは別だが、その終息の確認は私たちの国の過去の教訓をもとに緻密に行われるべきだと、私は考えているのである。

不安と悔恨にさいなまれていた昭和天皇

太平洋戦争は、昭和十六年（一九四一年）十二月八日から二十年八月十五日（国際社会での理解では、九月二日となるが）までの三年八カ月にわたって続いた。この

対米英開戦後の帝国議会開院式を終えて、議事堂を出る昭和天皇の車列。昭和16年12月（写真提供：毎日新聞社）

三年八カ月から学ぶ教訓は前述のようにあまりに大きい。この教訓を歴史的知恵と名づけてもよいと思うが、本稿ではその知恵の一端として、この間に天皇によって発せられた勅語について考察を加えてみることにしたい。天皇は大日本帝国憲法下では、統治権、統帥権の総攬者であり、その大権は軍事に限れば、陸軍大臣、海軍大臣、参謀総長、軍令部総長に付与されている。法律上は大権を付与されていた者が責任を負うことになっていて、天皇自身はその責任を問われないとされる。したがって、天皇はこれらの軍事指導者に負託した大権の名目上の存在となるのだが、天皇自身、太平洋戦争の戦時下でどういう戦争観をもっていたかを確認しておくことは意味をもつ。

むろんこのことは、天皇の「戦争責任（この語は曖昧すぎるが）」をどう理解するかということにもかかわりをもつが、私は戦後の天皇の言辞をつぶさに検証する限り、開戦責任から終戦責任まで含めて、歴史的・道義的責任を痛感していると理解している。しかし本稿はそれを論じるのが目的ではないので省くことにするが、天皇はこの三年八カ月の期間に戦争をどのように理解していたか、臣下の者にどういう意見を披瀝《ひれき》していたか、そして戦争の見通しについてはどのような考えをもっていたか、を見ることで、当時の戦争指導のなかに巨大なエアポケットができあがっていたことを説きたいと思う。

各種の資料（『木戸幸一日記』『東條内閣総理大臣機密記録』『機密戦争日誌』をはじめとする基礎資料）や側近の回想録（藤田尚徳の『侍従長の回想』や侍従武官の日記など）を丹念に読んでいくと、大仰にいうなら、天皇は太平洋戦争の期間、〈不安〉と〈悔恨〉の感情にとらわれていたことが感じられる。この戦争はどう推移するのか、どのような形で決着をつけるべきか、を考えていたように思う。何人かの侍従たちからの直話では、政務室で「誰を信用すればよいのか」とか「どうしてこのようになってしまったのか」とひとり言を口にしながら現実と戦っていたことは、すでに

太平洋戦争序盤で攻略したシンガポールを視察する杉山元参謀総長(左)と山下奉文第25軍司令官(写真提供:毎日新聞社)

明らかになっている。

むろん戦時の折々の感情は、素朴に戦勝を祝ったり、日本軍の撤退に悔しさを顕《あら》わにしたりもしている。参謀総長の杉《すぎ》山《やま》元《はじめ》などにも、戦況の悪化の因を執拗に尋ねたりもしている。だがそうした言とは別に、内大臣の木戸幸一には早い機会から戦争終結の方向をめざすように促してもいる。

こうした実像を通して、私は〈不安〉と〈悔恨〉にさいなまれていたと評しているのである。ところが、現実にあの戦時下でも、天皇は国民には直接にメッセージを発していないために、国民は「天皇のために」と言いながら、その実、天皇がどういう考えをもっているかを知らなかった。大権を付与された者が、天皇をベールのなかに隠し、かすかに国民に洩《も》れてくるのは、毎年の歌会始の御製と勅語だけであった。この勅語が、それだけに歴史的意味をもっているといえる。

初めに、『昭和天皇独白録』のなかの次の部分に注目していただきたい（原著の改行箇所も改行していない）。

「戦時中国民を鼓舞激励する意味で詔書を出して頂き度いと云ふ事を、東條内閣の末期、それから小磯〔国昭〕、鈴木〔貫太郎〕と引続き各総理から要望があった。が、出すとなると、速やかに平和に還れと云へぬからどうしても、戦争を謳歌し、侵略に賛成する言葉しか使へない、そうなると皇室の伝統に反する事になるから断り続けた。木戸も同意見であった」

もとよりこの独白録は、宮内省御用掛の肩書でGHQ側と接触にあたっていた寺崎英成が、アメリカ政府（あるいは東京裁判の検事団）に示すために作成したと思われるのだが、そのために天皇の言を巧みに言いかえたということはありうる。だが戦後に侍従次長についた木下道雄（天皇が占領初期にもっとも信頼していた）に、戦争についての自省の言をなんどか洩らしている。昭和二十一年一月十三日の木下の記述のなかにも次の言がある。

「今、幸いなりしと思うこと一つあり。そは宣戦の詔書以外に詔書を出さざりしこと。出せば侵略的用語を用いざるべからず。さすれば平和の端緒を失う故に、歴代首相これを願い来たりしも、朕と木戸とで極力反対、これを食い止めたり。こは唯一の幸いなりと。（以下略）」

つまり天皇は、内閣から「戦況が悪化している今、国民を鼓舞する詔書を出してほしい」となんども頼まれたが、それはすべて断った、これは今となっては幸いであった、と洩らしているのである。詔書、勅書、あるいは勅語、御沙汰、優諚《ゆうじょう》など天皇の意思を臣下の者や国民に伝える語は幾つかあるが、詔書とは「大権の施行に関する勅旨を国民に宣誥（宣布）せられるもの」（『増補　皇室事典』、昭和十三年六月）で、総理大臣が年月日を記入して副署した文書である。勅書は「文書をもって発せられる勅旨にして国民に宣誥せられるもの」（同）だし、勅語というのは「天皇の御言葉を申上げる。また文書に宣して宣《のた》まはせられる」（同）といい、これには御名御璽《ぎょめいぎょじ》はないと定められている。つまり、天皇は詔書は出していないという事実に重きを置いているが、その責任感は勅語に関してはそのままあてはまらないとの見方もできるということになるだろう。

誰が勅語を作成していたのか

詔書にしても、勅語にしても、もとより天皇自身も目を通すが、詔書には総理大臣やときには国務大臣も副署する重要な文書との思いがあることがわかる。昭和十六年十二月八日に発せられた「米英両国に対する宣戦の詔書」では、天皇自身が本来の意思を伝えたく、「豈朕《あにちん》カ志ナラムヤ」という語などを挿入したことはよく知られている。しかし勅語は、内閣や参謀本部、軍令部が作成してくる文案をほとんどそのまま承認して発表していたことがわかる。

これは陸軍省軍務局の佐官（開戦時）の証言なのだが、「勅語、つまり陛下のお言葉ということになるが、大体は侍従武官にこうした勅語をいただきたいと伝えておくと、それが陛下に伝わり、およろしい、という形でわれわれの側におりてくる。それで文案はこちらで作成して、それをお見せして諒解《りようかい》をもらう。とくべつに御名御璽がないわけだから、きわめて事務的に進んだということになるでしょう」というのが実態であった。参謀本部の幕僚とて、勅令とか勅語というのは、われわれが下書きをしてそれを侍従武官のもとに届けておけば大体はそのまま発表することができたという。ときには東條首相、嶋田繁太郎《しまだしげたろう》海相、それに杉山参謀総長、永野修身《ながのおさみ》軍令部総長などが、戦況がよいときに「勅語をいただきたいのですが……」と草案を示して、その諒解を得るやすぐに発表という形になる。

そこで三年九カ月の間にどれだけの勅語が発せられたのか、それを調べてみることにしよう。まず、勅語は「大本営発表」時に発表されるのが一般的だが、この

「大本営発表」を調べて勅語がどれほど発せられたかを見ると以下のようになる。昭和十六年＝四回（十二月のみ）、昭和十七年＝六回、昭和十八年＝二回、昭和十九年＝三回。

そして昭和二十年はゼロとなっている。大本営発表は三年八カ月の間に、八四六回行われたのだが、そのうちの一五回が勅語の発表だったということになる。第一回の勅語は、昭和十六年十二月八日午後三時の「陸海軍省発表」（このときはまだ大本営発表として一本化されていなかった）のものである。これは次のような内容であった。

「曩ニ支那事変ノ発生ヲ見ルヤ朕カ陸海軍ハ勇奮健闘既ニ四年有半ニ彌リ不逞ヲ膺懲シテ戦果日ニ揚ルモ禍乱今ニ至リ尚収マラス朕禍因ノ深ク米英ノ包蔵セル非望ニ在ルニ鑑ミ朕カ政府ヲシテ事態ヲ平和ノ裡ニ解決セシメムトシタルモ米英ハ平和ヲ顧念スルノ誠意ヲ示ササルノミナラス却テ経済上軍事上ノ脅威ヲ増強シ以テ帝国ヲ屈服セシメムト図ルニ至レリ／是ニ於テ朕ハ帝国ノ自存自衛ト東亜永遠ノ平和確立トノ為遂ニ米英両国ニ対シ戦ヲ宣スルニ決セリ／朕ハ汝等軍人ノ忠誠勇武ニ信倚シ克ク出師ノ目的ヲ貫徹シ以テ帝国ノ光栄ヲ全クセムコトヲ期ス」

この勅語は、陸軍省軍務局の将校によって草案がつくられた。開戦の詔書と同様の表現も多いが、天皇が陸海軍の将兵にむけて呼びかけた内容といってもよい。とくに最終の二行が天皇の意思、つまり戦争目的とされた。「帝国ノ自存自衛」「東亜永遠ノ平和確立」という二大目標、そしてその目的にむかって、「汝等軍人ノ忠誠勇武ニ信倚シ克ク出師ノ目的ヲ貫徹シ」というのである。第一回の勅語は、なぜ戦うのかという戦争目的を将兵に示したことになるが、ここには「東亜の解放」などなかったことが注目されていい。

この第一回を機に、「大本営発表」で伝えられる勅語は、戦果を讃える内容である。第二回（十六年十二月十日午後四時）と第三回（十二月十二日午後七時半）は、いずれも連合艦隊司令長官に出された。

「連合艦隊ハ開戦劈頭善謀勇戦大ニ布哇方面ノ敵艦隊及航空兵力ヲ撃破シ偉功ヲ奏セリ／朕深ク之ヲ嘉尚ス将兵益々奮励シテ前途ノ大成ヲ期セヨ」

「連合艦隊航空部隊ハ敵英国東洋艦隊主力ヲ南支那海ニ殲滅シ威武ヲ中外ニ宣揚セリ／朕太タ之ヲ嘉ス」

当初はこのように戦果を讃える勅語であったが、しだいに勅語の数が減っていく。むろん戦果がまったくあがらないためである。昭和十八年には「大本営発表」では二回だが、そのうちの一回は「昭和十八年十一月十一日十一時三十分」となっていて、その内容は次のようになる。

「連合艦隊航空部隊ハ今次『ソロモン』海域ニ於テ勇戦奮闘大ニ敵艦隊ヲ撃破セリ

朕深ク之ヲ嘉ス／惟フニ同方面ノ戦局ハ益多端ヲ加フ汝等愈奮励努力以テ朕カ信倚ニ副ハムコトヲ期セヨ」

山本五十六の後任だった古賀峯一《こがみねいち》連合艦隊司令長官は、感激の面持ちでこれを受けたというのである。十一日の読売新聞夕刊は「就任以来初の勅語を拝した古賀連合艦隊司令長官以下前線将兵はいふも更なり、全海軍挙げてこの光栄に感激し、いよ〳〵捲土重来を策す敵米英撃砕に眦を決して直進するであろうとはいふまでもない」と報じている。勅語は、陸海軍の将兵に異様な緊張をもって迎えられたのである。しかし以後の勅語は、それ以前と大きく変わった。それまではすべて「朕深ク之ヲ嘉ス」で終わっていたのに、「惟フニ同方面ノ……」という具合に、天皇の戦況の認識がつけ加えられるようになったからだ。このことは、勅語は国民や陸海軍の将兵にむけて、戦況は芳しくない、各自奮闘して聖慮にこたえてほしいとの意を含むことになったのである。天皇は勅語に対して、大権を付与している下僚に一任する形をとったが、その下僚が天皇の名を用いて国民に戦争への協力が足りないと叱咤激励する構図ができあがっていたともいえるのだ。

勅語作成プロセスが語るもの

実は、勅語は「大本営発表」以外にも幾つか出されている。『昭和天皇発言記録集成』という書（侍従や侍従武官、それに政治・軍事指導者たちに対して天皇がどのような発言をしたか、各種の資料から集大成した書）をもとに、改めて勅語の数を調べてみる。ここには議会の開院式の折に発せられる勅語も含んでいるので、その数はふえるが、以下のようになる。昭和十六年＝六回（十二月のみ）、昭和十七年＝九回、昭和十八年＝四回、昭和十九年＝六回、昭和二十年＝五回。

前述の「大本営発表」の数を引くと、こうして発せられた勅語は、ほとんど公開されなかったり、個人的に与えられた言葉だということになる。戦況の悪化につれ、軍事指導者は、天皇の「言葉」が欲しいと要求し、天皇もまたそれに応じることがあったという意味である。戦時指導が国民の運命やその存在とはかかわりなく、まったく別の空間を生んでいたということだ。換言すれば、天皇も軍事指導者も相互に不安になり、とにかくお互いにその存在を確認することに必死になっている光景が浮かんでくる。

その一例を挙げれば、昭和十七年十月、ガダルカナルで日本軍は悲惨な戦いを続けていた。すでに一木支隊は玉砕し、新たに川口支隊をはじめ第二師団も投入されている。このとき侍従武官長の蓮沼蕃《はすぬましげる》は、将兵を励ますための勅語を出してほしい旨の伺いをたてている。ところが天皇は、「（ガダルカナル増援の）ソロモン方面の作戦目的達成に一段と努力すべき意味を勅語に入れ起案せよ」と命じている。

十月二十九日、連合艦隊司令長官へ勅語が出されている。次のような内容だ。

「連合艦隊ハ今次南太平洋ニ於テ大ニ敵艦隊ヲ撃破セリ朕深ク之ヲ嘉ス／惟フニ同方面ノ戦局ハ尚多端ナルモノアリ汝等倍々奮励努力セヨ」

天皇は、この勅語を軍令部総長の永野に下賜するときに、

「此の際付け加へて申置き度は今の勅語の後段に関する事であるがガダルカナルは彼我両軍力争の地でもあり、又海軍としても重要なる基地なるに付、小成に安んぜず速に之が奪回に努力する様に」と伝えたとある。

この勅語が作成されるプロセスは何を物語っているのだろうか。ひとつに、大本営から勅語の下賜を託された侍従武官長の蓮沼が、現実に敗戦という事態にあるガダルカナルでの戦いに勅語を出してもらうわけにはいかないと判断したことがある。あるいは参謀本部や軍令部の参謀たちが、このような敗戦には勅語をもらうわけにはいかないと考えて、勅語はガダルカナルを側面から支援する連合艦隊に下賜するように意図したとも推測されるのである。

もうひとつは、天皇自身が敗戦という事態におちいっている将兵に勅語を発するのは、本来の趣旨に反すると考えたともいえる。その反面、天皇が永野に伝えた言からは、陸軍が天皇に正確に情報を伝えていない節も窺《うかが》える。この段階では、天皇のような見通しがなりたたないわけではないが、しかしアメリカ軍の反攻が大がか

りになっているとの認識は、大本営の作戦参謀たちはもっていたわけだから、天皇の見解はあまりにも楽観的すぎるともいえるのだ。

昭和十八年一月四日に、ニューギニア方面への戦闘が予想されるころ、陸軍と海軍は協定を結んで、海軍による陸上戦の将兵支援が進むが、このときも天皇は勅語を発している。第八方面軍司令官と連合艦隊司令長官へ発せられた勅語は、一般には公表されていない。戦況が必ずしも良い方向にむかっていないことと、日本軍が重点的とする作戦がアメリカ側に洩れることを恐れたからであろう。

昭和十九年五月、日本軍の戦況は悪化の一途をたどっている。本土防衛も考慮されてくるが、この防衛司令部を任されることになった東久邇宮《ひがしくにのみや》に対しても、勅語は発せられている。むろんこれも一般には知らされていない。「朕卿ニ委スルニ隷下諸部隊統率ノ任ヲ以テス惟フニ現下ノ戦局ハマコトニ重大ナリ卿深ク戦勢ヲ達観シテ国土ノ防衛ヲ完フシ以テ朕カ信倚ニ副ハムコトヲ期セヨ」という内容である。東久邇宮は、「優渥ナル勅語ヲ拝シ、マコトニ恐懼感激ノ至リニ堪ヘマセン、現下ノ戦局ニ鑑ミ臣稔彦微力ヲ尽シテ国土防衛ニ努メ、誓テ趣旨ニ副ヒ奉ランコトヲ期シマス」とこたえている。

昭和十九年、二十年と戦況が悪化していくと、勅語は極端に減る。昭和十九年十月の台湾沖航空戦での虚報にもとづく勝利のときは、勅語が出されている。この虚報の大戦果は、その後の日本の作戦計画にも影響を与えるが、海軍側がこの戦果の誤りを認めなかったのも、勅語が出されたためであろう。この勅語は「朕カ陸海軍ハ緊密ナル協同ノ下敵艦隊ヲ邀撃シ奮戦大ニ之ヲ撃破セリ／朕深ク之ヲ嘉賞ス／惟フニ戦局ハ日ニ急迫ヲ加フ／汝等愈協力戮力以テ朕カ信倚ニ副ハムコトヲ期セヨ」とあり、いかにも大本営の参謀が都合のよいように書いた一文だということがわかる。

勅語は正直である。天皇に勅語を出させようとする軍事指導者は、開戦からまもなくのように「勅語を――」と口にすることはできなくなっていた。天皇もまた自らはそのことを軍事指導者に促すことはなかった。昭和十九年、二十年、日本がすでに戦闘に敗れているのは、たとえ情報が途絶されていても、「大本営発表」によって公式に勅語が発せられないことを見れば、誰にも容易に理解できることだったのである。

この国に軍事のシステムはなかった

勅語という一語を通して、私たちが今理解しなければならないことはあまりにも多い。天皇は確かに戦争に消極的であった。これはさらに検証が必要といえる事実なのだが、「石油の備蓄量がない→自存自衛体制の確立」という戦争への選択とて、陸海軍の強硬派の幕僚が意図的に「石油がない」とさわぎたて、この国は存亡の危機にさしかかっていると天皇を追いこんだ節もある。加えて、天皇自身は「戦争」についてくわしくは知らなかった。東宮御学問所での軍事知識、皇太子時代のヨーロッパでの第一次大戦の戦跡視察で得た知識は、むしろおだやかな戦争観であった。

あの太平洋戦争を戦った日本の権力空間は、天皇を含めて、戦時指導の「資格」をもっていなかったといえるだろう。日本の戦時指導者は、軍事が政治の片面を担《にな》う政治的行為だということも、国際社会では戦争のルールができあがっていることもまったく考慮せずに、日本国内を兵舎のごとくに理解し、軍部がすべてを決定し、天皇を国民の戦意昂揚に利用して、自らの歴史観の欠如や国民への責任を曖昧にしてしまったということだろう。天皇は、詔書を出さなかったことを歴史上の重要な意味としたが、勅語の場合は、軍事指導者たちによって作成された恣意的な文案に応じただけとの理解をもったのだろう。

近代日本がなぜ軍事で解体したか。その設問に真摯にむき合ったとき、私たちの国は軍事を選択するシステムをもっていなかったこと、そしてそれは現在に続く歴史的流れであることを改めて自覚すべきである。

第七章　「大本営発表」の教訓から学ぶもの

「大本営発表」という語は、今や虚偽、誇張、責任回避の代名詞として受け止められている。あるいは、官製報道の無責任さを示す代名詞と言ってもよい。マイナスのイメージで歴史に刻まれているわけだ（本稿収録にあたっては執筆時の事象について原文そのままにしている）。

もともとこの語は、太平洋戦争の期間に、大本営陸軍報道部や海軍報道部から、国民に向けて発せられた軍事上の報告の意味をもっている。昭和十六年（一九四一年）十二月八日の第一回発表（「大本営陸海軍部発表　帝国陸海軍は今八日未明西太平洋において米英軍と戦闘状態に入れり」）から、昭和二十年八月二十六日に発表になった第八四六回（このときの発表文は、「大本営及帝国政府発表　本八月二十六日以降実施予定の連合国軍隊第一次進駐日程中連合国艦隊相模湾入港以外は夫々《それぞれ》四十八時間延期せられたり」）までを大本営発表と称するわけだが、これだけの数を誇りながら、その内容を検証してみると、確かに「事実」を語る期間は短く、戦況が悪化すると虚

対米英宣戦布告の大本営発表。昭和16年12月8日（写真提供：毎日新聞社）

偽になり、さらに悪化すると黙して国民には一切の事実を伝えなくなっている。

本稿では、この大本営発表の特徴にふれながら、ひとたび官製報道のみという情報管理の時代に入ったら、国民の悲劇は倍加していくという教訓を明らかにしたい。加えて、大本営発表という偽りの情報でつくりだす虚偽の空間では平衡感覚が失われ、人心の荒廃を生むという現実にもふれておかなければならない。そのようなある時代の歪《ゆが》みは、現代の日本社会にどう反映しているのか、あるいは反映していないのかも検証してゆかなければならない。そうした作業を無視するならば、私たちはいつかまた虚構の情報空間に身を置くことになりかねない。

つまり私たちは神経質にある時代の誤

りを見てゆかなければ、歴史はくり返すことになりかねないとの恐れをもつべきなのである。

初めに一三一頁の図を見ていただきたい（拙著『大本営発表は生きている』からの引用）。これは、八四六回の大本営発表が、太平洋戦争の期間、毎月どの程度発表されたのかを図に表したものである。きわめて顕著な事実に気づくはずだ。

まず昭和十六年十二月八日から十七年三月までは、大本営発表の数は他の月と比べて極端に多い。次にカーブは高原状態が続くが、昭和十七年九月、十月などは月に二回の発表しかない。昭和十八年七月に二四回と突出しているのが目につく。十八年の十二月もまた突出している。そして昭和十九年の前半は高原状態にあるが、後半になればなるほどその回数はふえてくる。昭和二十年三月は二六回に達しているが、その後は極端に減少していき、終戦時の八月は一三回とふえている。

大まかに言って、この図からは以上のような特徴が指摘できる。この特徴をもう少し詳細に分析してみると、次のような事実が浮かんでくる。箇条書きにしてみよう。

太平洋戦争は昭和十六年十二月八日から二十年八月十五日（国際法上では九月二日）までのおよそ三年八カ月続いたが、いうまでもなく、緒戦は日本軍が真珠湾に奇襲攻撃をかけ、香港、マレー、フィリピン、グアムなどにも日本軍は兵力を進めた。まだ態勢の整っていなかったアメリカをはじめとする連合国は有効な軍事的対応はとれなかった。その間隙をついての日本軍の「勝利」だったのである。このことを理解することで、次の箇条書きの意味がわかるのではないかと思う。

①日本軍の勝利の時期には大本営発表も多い。それも日によっては一〇回以上もの発表を行い、「軍艦マーチ」（海軍報道部発表）や「抜刀隊」（陸軍報道部発表）のメロディーにのせて国民の士気を高めている。

②昭和十七年六月のミッドウェー海戦、八月からのガダルカナル地上戦は、いずれも日本軍が致命的な打撃を受けている。大本営発表の数は極端に減少している。

③昭和十八年に入ると、連合国は中部太平洋を中心に日本への攻勢を強める。戦線の伸びきった日本軍は国力の差も歴然となってしだいに敗戦の道を進んでいく。大本営は絶対国防圏を構想したが、物資の不足や兵站の困難を国民の精神力に頼る以外になくなり、十八年十一月、十二月には戦線が思わしくないことをにおわせつつ、局地的な勝利を誇大に伝えた。

④昭和十九年前半は南方の要域を次々に失い、ビルマ戦線などでも敗北となるが、そうした戦況は詳しくは伝えない。昭和十九年後半に回数が増えるのは、サイパンを失って本土爆撃が始まったり、絶対国防圏死守の作戦（捷《しょう》一号作戦）が失敗

大本営発表月別発表回数の変遷

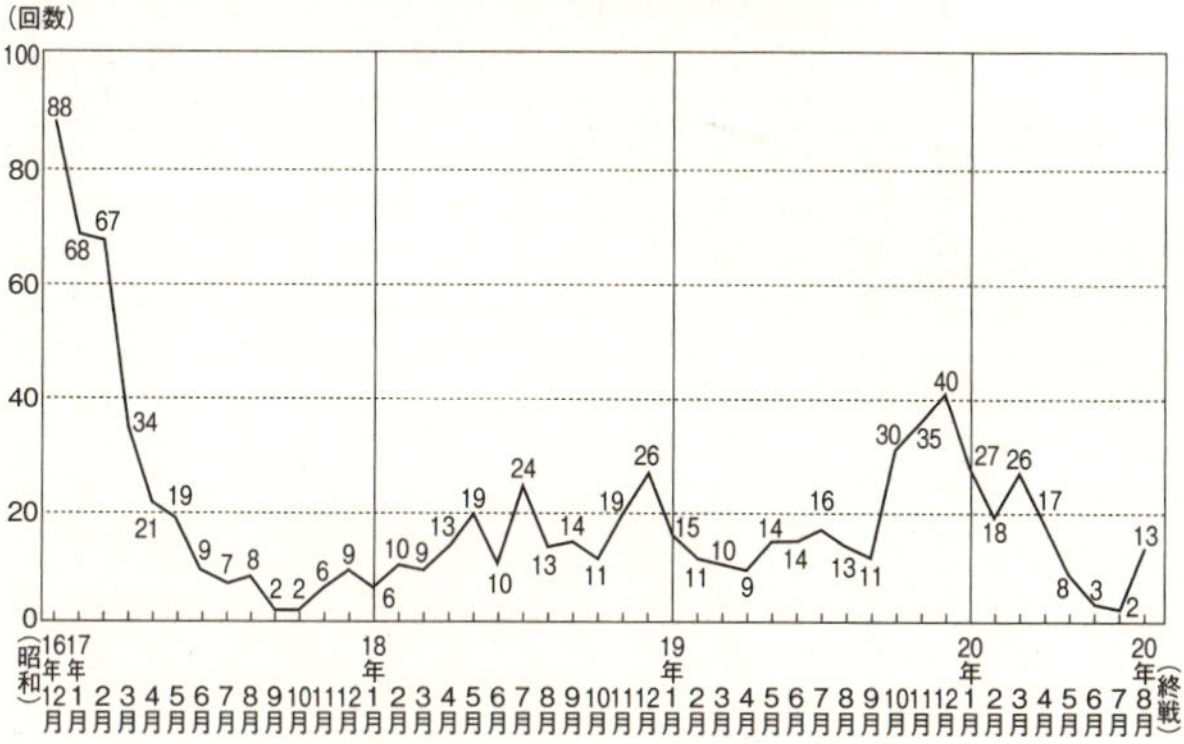

したり、特攻隊攻撃が始まって、国民の士気を鼓舞するために虚偽の発表をくり返さざるを得なくなったからである。

⑤昭和二十年三月に突出しているのは、硫《い》黄《おう》島での日本軍の玉砕、アメリカ軍機による日本本土爆撃などがあり、一定の範囲で国民に向けて情報を発表しなければならなかったためである。ところが六月、七月になると大本営陸軍報道部と海軍報道部が合体し、内閣情報局に組みこまれたとはいえ、その発表はわずかに二〜三回である。

⑥昭和二十年八月十五日に太平洋戦争は、敗戦という事態になるが、このことを大本営発表は伝えていない。それ以後は、大本営及帝国政府発表として、アメリカ軍の進駐を伝える内容に変わってくる。

こう見てくれば、大本営発表は、戦時下

にあって戦争の推移などなにひとつ知らされていない国民に向けて、都合のいいときは執拗に発表を行い、状況が悪くなるとそれを隠そうと嘘を用いるか、誇大に発表するか、になり、状況全体が悪化（つまり敗戦必至という状態）すると、沈黙してしまうという図式をもっていることがわかってくる。饒舌《じようぜつ》、虚偽、沈黙のサイクルが大本営発表の特質である。

大本営という組織は、大日本帝国憲法下で統帥権を有する天皇を補佐する専門機関といっていいが、戦時には陸軍（参謀本部）、海軍（軍令部）を統一した統帥補佐機関と定義づけられる。ひとたび国策が戦争を選択したら、この大本営が戦時指導を担うことになる。昭和十二年七月七日に日中戦争が起こると、大本営が設置（十一月二十日）されて、陸海軍の統帥が一元化されることになった。現実には一元化は難しく、陸海軍がそれぞれ独自に戦略をもち、情報収集を行い、作戦行動を発動することが多かった。この大本営は、政府が軍事に口をはさむと統帥権干犯だと脅かし、正確な軍事情報を隠蔽するのが常であった。

大本営発表は日中戦争時には行われず、太平洋戦争が始まってから国民の協力を仰ぐために行われるようになった。当初は大本営陸軍報道部、大本営海軍報道部がそれぞれ独自に発表していたが、それではお互いの面子やナワバリ意識で発表内容も混乱するというので、大本営発表と一元化することになった。しかし両者の間に

マリアナ沖海戦。日本艦隊を攻撃する米艦載機。昭和19年6月
（写真提供：毎日新聞社）

はつねに「真実は明かさない」というセクト主義があり、発表文をめぐっては大本営陸軍部と大本営海軍部の参謀たちが互いに自らに都合の悪い事実は隠しているために、発表文そのものが曖昧《あいまい》な表現になりがちだった。

たとえば、昭和十九年六月の「あ号作戦」の失敗によって、日本軍のサイパン守備隊が玉砕し、さらに民間人も多数死亡するのだが、さらにサイパン基地から日本本土爆撃がくり返されることになる。日本が敗北するのは自明のこととなる戦いである。このときの発表文（昭和十九年六月十六日）は以下のようになっている。

「『マリアナ』諸島に来襲せる敵は、十五日朝に至り『サイパン』に上陸を企図せしも前後二回之を水際に撃退せり　敵は同日正午頃三度来襲し今尚激戦中なり」

実際に日本軍はこの期には敗戦という事態になっていたが、「今尚激戦中なり」というのは明らかにごまかしであった。しかも陸軍は日本軍の戦果を誇るかのように、「二回撃退」という文字を入れるよう説くと、海軍は応じない。正直なところ「二回撃退」などという戦いではなかったからだ。陸軍と海軍でなんども面子をかけて応酬し、前述のような発表文になった。海戦と地上戦はこの発表の内容とは大きく異なっていたのである。

戦いに敗れて撤退するのを部隊が転進と称したり、戦果をあげて他の戦線に移動などというごまかしとは別に、発表文そのものを軍事指導者たちが面子をかけて朱を入れているうちに敗北が勝利になってしまうようなケースも多かったのだ。ここからは組織上の欠陥や日本語の表現を逆手にとって、事実を糊塗するケースも多かったという事実が浮かび上がってくる。これは昭和十九年十月から二十年に入ると、より顕著になっていった。

大本営発表という語を単に虚偽、誇大、責任回避というレッテルだけで見ていると、この語がもっている本質的な問題点が見えてこない。私自身、小泉純一郎内閣によるイラク自衛隊派遣での報道規制や派遣に伴う法整備と称しての特別措置法の成立など軍事上の動きに批判の目をもっているが、その一方で各メディアや識者が政府の動きを「大本営発表そのものだ」と通弊的に語るのも、やはり歴史の教訓に学んでいないのではないかと考えてきた。拙著（『大本営発表は生きている』）を刊行したのも、大本営発表のもつ怖さをあらためて認識しておくことが必要ではないかと考えたからである。くり返すことになるが、六十年余も前の大本営発表という語が現代社会に発している意味は充分に汲みとっておかなければならない。軍事に関する情報は、それを発する側は常に隠蔽したがるものであり、発表するときも、虚偽や誇大、そして責任回避はつきまとうものであり、国民はその発表文を単純に鵜呑みにしてはいけないということである。加えて、情報を発表する側もその内部では、面子をかけて正確な内容を教えまいとする官僚主義に毒されているという事実である。

あえてもう一点つけ加えておかなければならないのだが、大本営発表の文章はせいぜい一〇〇字から三〇〇字程度で、決して全体を伝える文字数ではない。太平洋戦争の期間、このさして長くない大本営発表文にさまざまな粉飾を施して国民を情報の虚構空間に閉じこめたのは主に新聞の役割であった。言論が統制されていることもあり、たしかに新聞や月刊誌などの活字メディアには報道の自由がなかったのも事実だが、大仰な見出し、虚構を真実と思わせるような表現を用いて、国民に正確な情報を与えなかった。

作家の高見順が、自らの日記（昭和二十年八月十九日の項）に「新聞は、今までの新聞の態度に対して、国民にいささかも謝罪するところがない」と怒っているのを見ても、そのような批判は国民各層に広まっていたとも推測できるのである。

現代社会で、大本営発表が抱えていたような問題が再びシステムとして利用されることなどあり得るだろうか。大本営発表のシステムや内容など、とうに消滅したと考えるべきではないかとの論もあるだろう。あるいは、表現の自由は保障されているわけだから、情報が秘匿されていてもそれを必ずやあばくだろうとの見方もある。国民だってそれほど愚かだろうか。今は情報処理能力や情報の判断は、太平洋戦争時とは比較にならないほど高まっているはずだとの声もある。

だが果たしてそうか。たしかに国民の「知る権利」は固有の権利としてこの社会の諒解《りようかい》となっている。だが武力攻撃事態法の成立（平成十五年六月）から始まり、その後の国会での国民保護法の成立までの一連の有事関連七法の審議内容や国民の関心を見ていると、大本営発表のからくりは必ずしも歴史のなかの過ぎ去ったこととはいえないのではないか。とくに「有事」を理由に国民の権利が侵害される危険性が高いように思えるが、そうした危険性について充分な国会審議が行われたようには思えないのだ。

一般的にいえることだが、国民が情報途絶空間に追いやられ、多角的に判断する条件を失ってしまったなら、政府は自在に政策を自らの考える方向に進めることが可能だ。とくに軍事にかかわる情報は、いかに民主主義的な資質をもつ指導者にとっても隠したいものであり、国益の名のもとに自らに都合のいい情報のみを送りがちである。これが前述したように大本営発表には極端なまでにあらわれていたとみることができる。

私見になるが、国民に正常な判断を失わせ、政治指導者に都合のいい国民をつくりあげるためには――つまりは民主主義体制を崩壊させるにはといいかえてもいいのだが――四つの条件が意図的に行われればいい。その四つとは、「教育の国家統制」「情報発信の一元化」「基本的権利を制限する立法」、そして「言論の暴力的封殺」となるのだが、こういう枠組みのもとでは国民は正確な情報を知らされないだけでなく、批判も許されず、ひたすら政府の言い分のみにうなずくことだけが要求される。大本営発表を聞かされていた国民の心理は、この内容が事実か否かを確かめることなどできずに、たとえ疑問をもったとしてもそれを口にすることはできなかった。ひとたび口にしたならば、国益に叛《そむ》くとしてさまざまな弾圧立法により身柄を拘束されることになる。

ジャーナリストであるならば、流言飛語を撒《ま》き散らすとして、あるいは国益を妨害する者として、生活権を奪われ、自らが属する共同体から放逐されることにもなる。正直に言って、大本営発表が国民に偽りの情報を流しているとして、一身を賭して抵抗したジャーナリストはいない。日本のジャーナリズムがそのようなジャーナリストをもっていなかったことは屈辱ともいえるが、事実の前に謙虚であるよりも大本営がつくりあげた国益に忠実であるよう要求され、それに従ったというのが正直な姿だったのである。

武力攻撃事態法案の審議から、国民保護法の成立までの間（それは平成十四年四月から十六年六月までの二年二カ月の期間に及んだが）、メディアの側からは報道の自由との関係で政府による報道機関への規制などにより、実質的に「国民の権利」が侵害されることにはならないかとの懸念がなんどもあがった。それに対して政府側は「報道を規制するといった言論の自由の否定につながることは考えていない」となんどか明らかにしている。

しかしだからといって、それが守られるかとなると疑問である。有事という状態であると政府が判断すると、当然ながら軍事にかかわる一切の情報は秘匿されるだけでなく、住民の保護や避難、救援の名目のもとに一方的な情報が流され、国民はそれに協力するか、従うしかないというのが実際の姿である。とくにそのような情報が特別にチェックされたり、検証されるシステムがない場合は、まさに大本営発表と同様に国民は受け身で自らの生命と財産を守る以外になくなる。有事の場合の軍事にかかわる情報は、国民の生命、財産を守るために秘密が守られなければならないと言いつつ、その実、国民の生命と財産を犠牲にすることによって、政府の面子とその権力を守ることが優先されるというのも歴史の教訓として確認しておかなければならないことだ。

内閣府編集の『時の動き』（平成十六年七月号）は、国民保護法の成立に伴って、「武力攻撃事態等において国民の生命・身体・財産を守る」として、この法の内容やこれまでに成立した有事法制関連法などについての解説を八頁にわたって掲載している。全体の頁数が三二頁だから、四分の一はこの関連法についての説明である。ところがこの解説のなかで、「国民の保護」とか「国民の安全を守る」といった語が数多く使われているにもかかわらず、国民の「知る権利」とこうした法制とはどのようなかかわりをもつのかはただの一行も記述されていない。さらに報道機関に対してどういう役割を課し、有事での関係がどう変わるかについてもまったく説明がされていない。

政府側の答弁やこうした資料を分析していくと、政府は国民の保護にあたって、「次のことなどに配慮することとしています」と言って、「国民に対する正確な情報の適時・適切な方法による提供」、あるいは「基本的人権の尊重」という項目が目につく程度で、具体的に「知る権利」との関係でどのような説得を行うかを明確にしてはいない。「知る権利」は今や国民にとっては生存権ともいうべき意味があり、「国民の生命・身体・財産を守る」は「知る権利」と一体化しているのであり、この点では著しく配慮に欠けているといってもいいであろう。

国民保護法は、有事の際に日米安保条約に基づいての在日アメリカ軍への支援を義務づける「米軍支援法」とも一体化している点があり、政府は「指定公共機関・指定地方公共機関」に対して「情報の提供、避難措置の指示、救援の指示・支援」を行い（前述の『時の動き』）、こうした指定の公共機関はそれに協力しなければならないと謳っている。この指定公共機関には、運輸、医療といった関係機関だけでなく、ＮＨＫや民間放送などの「放送事業者」も含まれるとの説明が行われている。この場合、政府が放送事業者に依頼するのは限定された情報だけだとの説明もされているのだが、実際には有事の際に設置される対策本部の責任者（内閣総理大臣）の指揮下に入っての情報伝達機関の役割を担わされる構図になっている。

建前としては、放送事業者をはじめとする報道機関もそれぞれの編集権は保護され、国民の「知る権利」への政府の介入はあり得ないとの説明があるのだが、しかし現実には政府が判断した有事という体制に協力することは避けられない。政府が提供する「武力攻撃事態の状況」という情報について、疑問を呈したり、独自に取材しての報道などは実際には行えないとの含みが一連の有事関連法からは感じられる。

あえていえば、建前の通りに実行されることなどあり得ないというのが有事の折の報道内容である。政府が有事と判断し、認定するや、放送事業者やそのほかの報道機関は、政府に編集権を託さなければならなくなるのではないかとの懸念をもたざるを得ない。

大本営発表にあたった大本営陸軍報道部は、「（大本営発表の）発表の内容及時期、方法等は慎重顧慮、常時幕僚と緊密に連絡し、以て軍機の秘密を保持すると共に我が国民の志気を鼓舞し、敵の戦意を失墜せしむるものとす」という方針をもっていた。現在の有事関連法とて、基本的にはこの方針そのものを踏襲しようと考えているのではないかと思えるほどだ。なにより有事という意味が、小泉内閣のもとでは充分に明らかにされていないがゆえに、有事関連法はいつでも自在に解釈を拡大させたり、設置される対策本部の恣意的な判断に委ねられる危険性を含んでいるようにも思えるのである。

私たちの国は、かつて軍事主導国家の道を選択し、国益を軍事によって獲得し、軍事によって守ることを政策の柱としてきた。その柱を支えるために、報道機関は存在し、政策の宣伝に努めることが重要な役割とされてきた。大本営発表とは、その役割を担ったという意味であり、その役割以外の存在理由は許されなかった。日本のジャーナリズム史のなかでは、汚点といえる歴史である。

この認識をもとに、あらためて現在の有事法制が定めている枠組みを考えてみるべきではないか。「情報発信の一元化」は、「知る権利」という基本的人権を阻害するという意味だけではなく、私たちの生存権を脅かす暴挙であるということをあらためて自覚すべきである。大本営発表はその期が草創期から発展期へと移行するラジオというメディアを効果的に用いて、国民に伝えられたが、テレビはいまだそのような体験をもっていない。この未体験という財産をいかに守っていくか、個々の放送従事者に課せられている役割は大きいといわなければならない。同時に、放送関係者にとっても真の有事とはどのような状態をさすのか、そのときに「国民の生命・身体・財産」を守るために果たすべき役割は何かという構えは想定してゆく必要があるだろう。そういう構えのなかに大本営発表の国民無視を乗りこえる強い意思がこもっていることがなにより大切だと、私には思えるのである。

第八章　日露戦争と太平洋戦争ではどこが違ったのか

日露戦争が訴えるもの

日本がロシアとの開戦を決定したのは、明治三十七年（一九〇四年）二月四日の御前会議においてである。この御前会議には、伊藤博文、山縣有朋《やまがたありとも》、大山巌《いわお》、松方正義、井上馨の元老と桂太郎首相、小村寿太郎外相、曾禰荒助《そねあらすけ》蔵相、山本権兵衛《ごんべえ》海相、寺内正毅陸相の一〇人が出席し、明治天皇を前にして国策の最終決定を行った。この御前会議で決定した基本方針は、わずか五〇〇字足らずの文書にまとめられているが、その末尾では次のように軍事行動発動の意思を明確にしていた。

「……帝国政府はこの談判（著者注・対露外交交渉をさす）を継続するも、妥協にいたるの望みなきを以て、これを断絶し、自衛のため並に帝国政府の権利及正当利益を擁護するため必要と認むる独立の行動をとるべきことを露国政府に通告し、併せて軍事行動をとることを緊要なりと思考す」

つまりロシアとの間でこれまで清国、韓国へのそれぞれの権益をめぐってなんども話し合いを続けてきたが、しかしロシアは自国権益のためだけに終始し、日本がどれほど譲歩を重ねても交渉妥結の姿勢を示さない以上、もう話し合いは無理であるとして軍事行動にふみきることにしたという内容である。前年十月の第一回以来、五カ月近くも対ロシア外交交渉を続けてきたのに、その努力はまったく意味をもたなかったという虚しさもこの行間からは感じられるのだ。

こうして日露戦争は始まるが、そしてこのときから百年が経過したことになるのだが、この日露戦争は現在の私たちに何を訴えているのだろうか。あるいは私たちはどのような歴史的姿勢を学ぶべきか。あらためてそのことを問うてみようというのが本稿の狙いである。正直なところ、一世紀前のこの軍事行動に比べるとそれ以後の世代のほうが先達の智恵を学ぶ姿勢に欠けていたのではないか、と私は考えている。歴史的謙虚さに欠けているといいかえてもいいかもしれない。

日露戦争にはさまざまな局面がある。明治に入って三十七年目のこの戦争は、当時の軍事大国、政治大国に極東の小国がその存在を賭けて戦ったという側面もあれば、欧米列強の覇権争いにアジアの側から加わったという見方もできる。もし日本がこの選択肢を選ばなかったら、他のアジア諸国と同様に欧米列強の植民地と化す可能性もあった。むろん欧米列強やロシアに侵食されている中国や韓国と連携して反帝国主義の戦いを選択する道もあったが、この場合にはその連携がどのていど可能であったかの条件を検証する必要があった。当時の政治・軍事指導者はその条件ができあがっていないと見て軍事行動に走ったという言い方もできるだろう。

教訓の宝庫

二十世紀に入ってまもなくのこの戦争を、たとえばイギリスの歴史家であるポール・ジョンソンはその著（邦訳『現代史』）のなかで、日本は日清戦争によって獲得した旅順などの権益を三国干渉により失うことになったが、「これに対して日本は、軍隊を二倍に増強すること、軍事面でも自立することを目標に努力し、一九〇四年にはそれを達成した。そしてただちにロシアに最後通牒をつきつけ、旅順を奪い、一九〇五年五月の対馬沖の海戦では海軍が圧倒的な勝利を収める。これにより日本は満州における商業面の優位を確固たるものとし、講和の一部として樺太を手に入れた」と分析している。ポール・ジョンソンによるなら、この期の日本では「領土の拡張は近代世界に仲間入りするための不可欠の条件だと、大半の日本人が信じていた」とも言い、ただその後、日本はせっかく明治維新が「独立を守るための反植民地運動だった」のに、獲得した領土にどのような大義名分を与えるかに失敗したという言い方もしているのである。

私はこの見解に必ずしも同意しているわけではないが、日露戦争は日本が中国や韓国の独立を保障するための反植民地戦争に転化できる素地があったのに、その道を選ばず、自国の生存のために「領土拡張」を求め、欧米の植民地主義に追随することになったのは、世界史の流れでは否定できないだろう。とはいえ、極東の小国が軍事大国のロシアを破ったというのは、世界史的な転回点になったのも事実であった。インドの独立運動を指導していたネルーは、「アジアの一国である日本の勝利はアジアのすべての国ぐにに、大きな影響を与えた」と認めているし、大国に支配されている国々の独立運動家たちを励ますことになったのである。

ネルーの『父が子に語る世界歴史』は、アジアのナショナリズムが鼓舞されたとも語り伝えている。日露戦争の日本の勝利は、それぞれの国のナショナリズムに火をつけることになった。当然日本にも後述のように新たな形でのナショナリズムが起こった。

一方で、当時の日本の政治・軍事のシステムや軍事行動へのプロセス、そして実際の軍事行動の内容にはきわめて日本的な知恵を生かした特異性があったのも事実であった。その特異性こそ私たちの国の歴史そのものだったという見方が必要である。そして現在に至るまでの「教訓の宝庫」であるとも考えられる。そのことをまずは私たちは謙虚に受け止めなければならない。

前述の対ロシアとの開戦を決定した御前会議の五〇〇字ばかりの方針は、その末尾を見てもわかるとおり昭和十六年（一九四一年）十二月八日に対米英戦にふみきったときの勅語や帝国政府声明ときわめて類似している。勅語（昭和十六年十二月八日午後三時、「陸海軍省発表」）を例にとるなら、そこには「事態ヲ平和ノ裡ニ解決セシメムトシタルモ米英ハ平和ヲ顧念スルノ誠意ヲ示ササルノミナラス却テ経済上軍事上ノ脅威ヲ増強シ以テ帝国ヲ屈服セシメムトス図ルニ至レリ　是ニ於テ朕ハ帝国ノ自存自衛ト東亜永遠ノ平和確立トノ為遂ニ米英両国ニ対シ戦ヲ宣スルニ決セリ」とあるのだが、日本は外交交渉に誠意をもって対応したのに、米英はまったくそれにこたえない、それゆえに自衛のため軍事行動を選択するというのであった。

日露戦争の折の「露国」を「米英両国」に置きかえただけともいえる。この勅語の草案を作成した陸軍省軍務局の高級課員からの直話では、日露戦争開戦前の各種の文書を参考にしたと認めていたが、軍事行動にふみきる理由は、三十七年前の日露戦争時とほとんど同じだったことが汲みとれるのだ。しかし表面上はそうでありながら、日露戦争は太平洋戦争よりもはるかにバランスのとれた指導者で担《にな》われた。

ナショナリズムの検証を

明治三十七年二月四日、御前会議に出席した伊藤博文は、枢密院議長公邸に戻るや、すぐに貴族院議員の金子堅太郎を呼び寄せている。金子は四度にわたる伊藤内閣で農商相や司法相を経験しているが、青年期にアメリカにわたり、ハーバード大学でルーズベルト大統領と同期生だったという経歴をもち、加えてアメリカに多くの知己をもっていたのである。伊藤は、金子に対してアメリカに行って、日本の軍事行動の正当性の訴えや講和の働きかけなどを行うように依頼し、「アメリカ政府やアメリカ世論が日本に格別の配慮をするように働きかけてほしい」とも命じている。金子は思案したあげくに引き受けている。伊藤は本来なら自分が行きたいのだが、この歳（このとき伊藤は六十三歳）では行くことができないから君に頼むのだとも言っている。

金子は伊藤の意を受け、アメリカでとくべつに日本政府の肩書きももたずに各界に働きかけ、明治三十八年九月のルーズベルトの仲介によるポーツマス条約締結まで身を挺して働いている。金子はその役を終えて、日本に帰るときはルーズベルト大統領から明治天皇への親書が託されるほどアメリカ政府にくいこんでいた。のちに天皇は枢《すう》密《みつ》顧《こ》問《もん》官《かん》に命じている。

日露戦争の指導者たちは、軍事行為が政治や外交によって支えられる一局面だと理解していたのがこの一例をもってしても窺《うかが》える。昭和という時代の戦争では、伊藤博文や金子堅太郎が存在しなかった。軍事のもう一面である外交交渉による講和をめざすシステムはもっていなかった。そこに致命的な欠陥があったということになる。本来、私たちの国はこのような智恵をもっているということ、それがなぜ昭和という時代には生かされなかったのか、そのことは今なお問われなければならない歴史的課題として、私たちに回答を迫っている。

日露戦争頃の伊藤博文。明治37年撮影
（写真：近現代PL／アフロ）

日露戦争の個々の局面にはそれぞれ近代日本の重要な萌芽が見られる。その局面とは、ロシアの東アジアに対する膨張とそれに対峙《たいじ》する日本の対外政策、そして日本国内にあっては前述のように政治・外交と軍事とのバランスをどのように保つのかの判断、個々の戦闘（たとえば旅順の二〇三高地攻防戦、奉天会戦、連合艦隊によるバルチック艦隊撃滅など）における日本軍将兵の戦闘方法、大本営の戦略とそれにのっとっての実際の戦術、明治天皇と大本営との関係、情報・謀略活動と作戦のかかわり、軍事費捻出のための高橋是清《これきよ》らによる国債募集、そして世論が政策決定にどのような影響を与えたか、非戦論の登場とその許容の度合いなど多様な面がある。日露戦争について記述されている書（小説類も含めてということになるが）は、明治・大正・昭和前期にも幾つかあるし、戦後にあっては近代史の研究対象としてそれなりに数は揃っていることは指摘できる。

しかしあえて今、問うておかなければならないのは、こうした局面のすべてに通じている〈ナショナリズムの検証〉である。日露戦争は、近代日本が大国ロシアに敗戦さえも覚悟しながら、国難として挑んだ初めての試練だった。それゆえに国論の統一こそが望まれ、それを武器に戦争が戦われたといえる。私がここでいう「ナショナリズム」とは素朴な国家主義、そして国民国家への意識の収斂《しゅうれん》などを含んでいるが、このナショナリズムがどのように培養され、そして大正、昭和とつながっていったのか、その系譜を確認しておかなければならない。

その視点を前提にするとき、まず昭和十四年二月十一日に東京日日新聞から刊行された徳富蘇峰《とくとみそほう》の『昭和國民讀本』に書かれている「三百年間、日本は世界の歴史に向って、三猿主義（著者注・見ざる、聞かざる、言わざるのこと）を確守した。然も更らに三十七八年役の一件を以てしても、三百年の沈黙を償うて余りある一大衝動を世界に寄与した。その効果の得失は自らも幾許の意見があらう、然も其の効果の広大無辺なるに至ては、否でも応でも之を認識するの他はあるまい」という見方である。蘇峰は、日本が日露戦争の伏線としての日英同盟（明治三十五年）を結んだのは、世界史の上からは文明の遅れている者が文明の進んでいる者に甘言を弄されて有頂天になったごとくにみられるかもしれないが、この受け止め方こそ「所謂る有色人種は白人の為めに侮蔑せられてゐたからだ」と喝破している。

この書は当時の日本では、とくに国民の各層に読まれてベストセラーになったのだが、日露戦争から三十五年を経た段階では、このような受け止め方をされていた。

つまり日露戦争のころは直接には気づかなかったのだが、あの戦争前は日本が有色人種として軽侮されていたが、イギリスが日清戦争や義和団の乱鎮圧のための出兵（北清事変）を見て日本の軍事力に目をつけ、それゆえに同盟を結んだのであって、そのことを日本はへりくだって喜ぶ必要はまったくなかったというのである。むしろ日本は「国際政局に如何なる動揺を来すも、それが白人の運命に如何なる変調を招くも決して頓着する所ではない」という姿勢を堅持すべきであるとも指摘する。

徳富蘇峰（国立国会図書館蔵）

蘇峰のこの視点は、日露戦争のなかにひそんでいたナショナリズムが到達した論でもあった。そしてこのナショナリズムは、日露戦争がかかえていた国権的な国家主義の枠内に押しこめられた論点でもあった。蘇峰は、昭和十年代にこのナショナリズムの鼓吹《こすい》者として言論界に重きを成した。さらに補足すれば、この国権的国家主義は当時の日本の政治・軍事指導者に引き継がれていた国益主義ということもできる。

この視点は日露戦争に至るプロセスでの政治指導者の理解に通じていた。もとより日露戦争を政治・軍事の側で担ったのは、冒頭に記したように明治三十七年二月四日の御前会議に出席した一〇人の歴史観のなかに源流を見いだすことができる。しかし確認しておかなければならないことは、この一〇人の歴史観にひそんでいるナショナリズムは蘇峰の指摘そのものとは必ずしも直結していなかったことだ。むしろ蘇峰の指摘は、山縣や伊藤らの国権的国家主義が冷徹に国益のみを重視し、自己陶酔にも似た感情や偏頗《へんぱ》な道徳倫理とは距離を置いていたことを無視していた。

昭和十年代はそのことに気づいていなかったのである。

日露戦争までの国権的国家主義の流れをなぞってみよう。

〝軟弱の徒〟伊藤博文

日露戦争の因のひとつは、日清戦争によって日本が獲得した旅順などの遼東《りょうとう》半島の割譲、韓国の独立と保全などに対しての三国干渉にあった。とくにロシアは遼東半島の放棄を求め、それを受けいれなければ武力行使をにおわせて威圧を加えた。日本国内には三国干渉に対して抗する力はなく、結果的にそれを受けいれた(明治二十八年四月)。ここから臥薪嘗胆《がしんしょうたん》という語が日本国内で叫ばれるようになったのである。

枠組みから脱けでるために日本が選んだ国策は軍備の拡充である。明治二十九年以後、国家予算は膨張し、それは重税となって国民を苦しめ、とくにロシアに対しては国民の間に不満が高まった。これが日本の反ロシア感情のひとつの側面である。

明治三十年代、ロシアは清国に迫って鉄道利権の獲得をめざし、ドイツ、フランス、イギリスなども中国での利権を拡大した。いわば中国の分割競争であった。とくにロシアは遼東半島に照準をしぼっていることが明らかになる。こうした分割競争に抗するように義和団の乱が起こり、八カ国の武力干渉が始まった。この八カ国の干渉時にロシアは大軍を満州地域に送り、明治三十三年には実質的に満州を占領する状態になった。しかし他の国々の抗議などもあり、ロシアは清国政府と条約を結び漸次撤退することを約束した。日本がイギリスと同盟を結んだのはむろんロシア牽制のためだった。イギリスもまたその意図を含んでいた。

日露戦争に至るまでの特徴は、伊藤博文が日英同盟に消極的だったことだろう。伊藤は日英同盟がそのままロシアとの軍事衝突につながると予想していたからである。ロシアの膨張政策には不満をもちつつも、その反面で強大な軍事力を恐れたのだ。それゆえ伊藤は国内では軟弱の徒として批判を浴びた。伊藤はむしろ日本とロシアが満州と韓国で互いにその権益を認め合う日露協商に主眼を置いていた。

伊藤内閣が倒れたあと、桂太郎内閣が成立している（明治三十四年六月）。桂は外相に駐清公使をつとめたことのある小村寿太郎を据えたが、小村は伊藤の政策を捨てて満州と韓国とでロシアとの対決を辞さない考えをもっていた。それで日英同盟を結ぶ一方で、清国とロシアが結んだ満州還付条約の実行（三期に分けての満州からの撤退）を迫るという強硬姿勢を続けたのである。しかしロシアは満州から韓国に名目をつけて進出を明らかにする。

明治三十五年四月のロシアの満州撤退は守られていないとして、日本国内でも参謀本部や軍令部、とくに中堅幕僚の間にはロシアとの開戦論が大きくなっていく。幕僚たちは、元老の伊藤らの考えに批判的であることを明らかにしていく。彼らは、「決心が一日遅れると一日の不利になる」と強硬姿勢を崩さなかったが、外務省の強硬派を加えて、「帝国は今の時を以て一大決心をなし、戦争を賭して露国の横暴を抑制するに非ざれば、帝国の前途憂慮すべきものあり。而して今日の機会を失しては将来決して国運回復の機に会せざるべし」という方針で意思を統一している。

桂太郎（国立国会図書館蔵）

こうした動きは指導者を動かし、明治三十六年六月二十三日の御前会議で、今後の対露交渉にあっては「韓国は如何なる事情あるも、その一部たりとも露国に譲与せざる方針」を決定して戦争の決意も顕わにした。ただこのことを桂から上奏された明治天皇はこれを許していない。伊藤が天皇の側近や内閣からはなれているために、天皇は不安に思い、枢密院議長のポストに就いてほしいと要望し、伊藤はそのポストに就いた。山縣、松方も枢密顧問官に就任することで挙国一致体制ができたという意味で、天皇は六月二十三日の決定を認めている。

明治天皇にとってのナショナリズム

こうしたプロセスをなぞっていくと、日露戦争にいきつくまでの流れには、昭和十六年十二月の太平洋戦争のプロセスときわめて類似していることが改めて確認される。開戦論そのものは陸海軍の中堅幕僚を中心にできあがり、たとえば参謀総長の大山巌や参謀次長田村怡与造《いよぞう》などの指導部は容易にそれに応じていないのだ。伊藤、大山、それに山縣らはすでに六十代に入っていて、幕末維新を担った世代である。反して桂や小村らは四十代後半から五十代半ば、そして強硬論を唱える陸海軍の中堅幕僚は四十代初めであり、幕末維新の動きには加わっていない。日露戦争の指導部には、維新を経てこの国家をつくったと自負する伊藤、山縣らに対して、この国家を土台に欧米列強に伍するという段階にひきあげようとする世代の理念や思想の違いが見え隠れしている。

伊藤や山縣、そしてその路線にいる明治天皇にとってのナショナリズムとは、国権の枠組みを固定化し、そして国益そのものを国際社会のバランスのなかで図っていこうという思惑がある。このことは日露戦争終結後に山縣がなんどか天皇に提出する意見書のなかに示されている。いや開戦前に山縣と大山が連名でまとめた「大本営条例改正及軍事参議院条例制定に関する奏議」などを読んでも、陸海軍は「陛下ノ股肱タリ其能ク護国ヲ発揮シ協和奮動シテ帝国全般ノ精鋭ヲ致スハ斉シク此名誉ニ基クモノトス」とあり、政治的に一線を外さないように注意しているかのような表現がある。

こうした考えの根底にあるのは、この国の体制を根底から揺るがす冒険は避けるべきだとの懸念が含まれている。それは天皇にも共通している。天皇は、開戦決定のあとに伊藤に率直に国家崩壊の不安を洩《も》らしているほどである。

日露戦争を担ったこれらの指導部が抱えこんでいるナショナリズムは、陸羯南《くがかつなん》が著した『近時政論考』（明治二十四年）の国権論派の考えに通じている。国権論派の実践者といっていい明治政府の指導者は、「中央集権の必要を説き、陸海兵制の改正を説き、行政諸部の整理を説き、主として法制上の進歩を唱導せり」という側に立ち、陸の論を用いるなら欧米思想を実践しているともいうのだ。こうした思想の実践者は、対外政策ではむしろ穏健派に立ち、国内体制拡充のために対外政策を二義的に考えるという意味になる。

これに反して、日露戦争開戦強硬派の立場は、やはり陸が指摘していた分け方に従えば、国富論派ということになるだろう。ただこの国富論は陸の指摘したすべての分析にあてはまっているわけではなく、むしろ「空理を後にして実用を先にす」という本質をもっていて、現実の政治状況にあわせて論をたてるということになるが、「国富」の公益を優先して考える一派ともいえるだろう。もとより国富論派と分析する私の見方は、陸の論理とは必ずしも一致しているわけではないが、「国富」の価値や基準についてはこのころに参謀本部総務部長で開戦論の中心にも立っていた井口省吾の記述（谷寿夫『機密日露戦史』）のなかにあらわれている。井口は、桂首相が山縣や伊藤、さらに大山の意見に動かされて「開戦」の決議を鈍らせているのを批判しているのである。

「優柔不断遂に国家の大事を誤らんことを恐る。加うるに山縣元帥の意気銷沈して復た昔日の慨なし。（略）大山参謀総長また戦意なく、加之陸海軍協和を欠き、陸海軍両大臣就中山本海軍大臣、海軍あるを知りて国家あるを知らず、機を見るの明なく、戦を決するの断なし」

帝国にとって国益とは何か。そのことをいささかも考えていないという怒りは、軍事に対する信頼感をもっていないからだとの理解に端を発している。天皇、元老・政治指導者に抗する陸海軍の中堅幕僚は、参謀次長の児玉源太郎のもとに結集して開戦の意思を強めていったのだが、彼らのナショナリズムは大日本帝国勃興の現実の姿として国益を獲得（日清戦争によって獲得した権益の再確保）することから出発していたといえるのではないかとも考えられるのである。

陸羯南や三宅雪嶺《みやけせつれい》、池辺三山《いけべさんざん》などの明治期の知識人は、欧米の言語、文化、思想に通じていて、彼らの主張したナショナリズムは昭和十年代にみられる偏狭なナショナリズム（これは排外的で閉鎖的な国粋主義）とは本質的に異なっている。欧米思想と対峙しながら、立論していったナショナリズム論は日露戦争を分析するときのもっとも有効性をもつ尺度たり得ている。ただ強硬派の国富論派的開戦論のなかに軍人のもつ偏狭な国家主義は垣間見えている。

新聞が国民感情をあおった

開戦論のなかに垣間見えるこうした偏狭な国家主義がその後の歴史に浮上してくる原因は、それを支える民間の側にあった。

対露外交交渉で日本側の要求はそのつどロシアによってつき返され、譲歩を重ねてもロシア側の態度に変更はなく、むしろロシアの要求は日本の権益を根本から揺るがすという事態になった。こうしたことは、当時の新聞でも比較的つぶさに報道されたのだが、当時の新聞は政論中心の大新聞が報道に重点を置く方向に移行するときで、こうした外交交渉の内容は政府の規制の枠内とはいえ、総体的に国民感情をあおるように報道されたのである。

黒岩涙香の萬朝報《よろずちょうほう》、秋山定輔《ていすけ》の二六《にろく》新報などのほか福沢諭吉の流れを汲む時事新報、徳富蘇峰の国民新聞、大阪から進出してきた東京朝日新聞、東京日日新聞などは一時期非戦論を主張した論者もいるが、多くは対ロシアへの強硬姿勢を支持する形に推移している。重要なことはこの時期は各紙とも報道合戦のなかで号外を執拗に出しつづけたことで、そうした号外には外国の動きもこまかに報じられたことだった。とくに明治三十七年一月に入って、ロシア側の強硬姿勢が伝えられてくると、各紙の号外は「日露開戦必至」とあおりたてた。一月十三日の大阪毎日新聞の号外は、ロンドンからの電報でイギリスの首相は、「英国は同盟国（日本）との総ての条約上の義務を十分に履行するが故に日露両国の意見の相違については最早論争するの要なしといへり」と伝えるなど開戦近しを伝えた。二月四日の萬朝報の号外では、「露の戦意決す」と大きく報じ、ロシアはすでに戦争体制に入っている旨を報じてもいた。それを受けて、「本日午後御前会議開かるべし」とも伝えられているのである。

こうした新聞報道の背景には、明治三十年六月ごろから日本社会には「ロシア討つべし」の声が満ちていたことが背景にある。もっとも知られているのは、東京帝国法科大学教授七人が、桂内閣に建議書を提出して開戦を促したことであり、中国の上海に東亜同文書院を設立していた貴族院議員近衛篤麿《このえあつまろ》が対露同志会を結成して世論工作を行ったことである。彼らが主張したのは、「満州からのロシア軍撤退」であり、日本国民に必要なのは今や交渉ではなく武器をもって戦うことだとの檄をとばした。さらに韓国にロシア軍が森林伐採を名目に入ってくることに強い不満を洩らし、韓国での日本の利権がほとんど無視される状態にあるとの言も論じられた。

明治三十六年、三十七年に内村鑑三や幸徳秋水らの非戦論は庶民の批判にさらされ、彼らは「ロシアの回し者」「ニコライの手先」と謗《そし》られた。平民社には投石を行う者もあった。

開戦への世論は高まったが、原敬《たかし》がいみじくも日記に記していたように、国民の多くは当初は戦争に反対していた。しかし社会にしだいにその空気が薄れていったというのが確かな事実であろう。実際に開戦となった翌日（明治三十七年二月十一日）の原の日記には、「我国民の多数は戦争は欲せざりしは事実なり、政府が最初七博士をして露国討伐論を唱へしめ又対露同志会などを組織せしめて頻りに強硬論を唱へしめたるは斯して以て露国を威圧し、因て以て日露協商を成立せしめんと企てたるも、意外にも開戦に至らざるを得ざる行掛《いきがかり》を生じたるもの丶如し」とあるのだが、政府の世論工作が逆な方向に進んでしまったという言い方がなされている。

素朴な郷土愛から国富論派へ

こうした世論工作は、伊藤内閣と桂内閣の時代には大きな違いがあり、伊藤は世論に対してむしろ開戦意欲を抑制する動きを示したのに対し、桂内閣では、たとえば小村のように「日本人はなかなかやりにくい。どうやっても苦しめられる。但し日本人は、鉄砲玉一つ放ったら後からついてくるのは確かだから心強い。ところが鉄砲玉を放つまでなかなか容易ではない」と洩らしていたという（谷寿夫『機密日露戦史』）。ここに見られるのは、日本国民はまだ充分にこの日露戦争にとくべつのナショナリズムの感情をもっていないことだが、開戦論の形成には国権派論、国富派論、あるいは攘夷論といった区分けができないほど澎湃《ほうはい》とした怒りの感情が底辺にあったということになるだろう。

日露戦争前の国民感情をナショナリズムの視点でどう分析するかは明確な像が浮かんでこない。いわば大衆ナショナリズムは確立してなく、知識人の側の国富論派的ナショナリズムにもとづく煽動とそれを新聞の拡張に結びつける新聞資本が先導になったと理解することができる。むしろ日露戦争のナショナリズムは一年六カ月弱の戦闘の期間に、そして戦争に勝つという現実に対して昂揚していったと見ることができる。そのナショナリズムこそ、近代日本を支配した攘夷という側面と家族共同体、郷土共同体の感情によって形づくられたということになるだろう。

日露戦争の軍事衝突、そして講和に至るプロセス、その勝利の一段階ずつにナショナリズムは素朴な郷土愛から国富論派に着実に変化していったといえるし、多くの僥倖《ぎょうこう》があったにせよ、極東の小国がその全存在を賭けて巨大な軍事大国に勝利することで、一等国意識が形成されていったということにもなろう。日露戦争の勝利のあとの日本人は、まったく別な人種になるほどの変化をとげた。尊大で傲慢になったという見方もされるし、事実そのような指摘は容易に可能なのだが、この変化のなかにひそんでいる国民感情が、その後の近代日本にとってどのように作用したのか、それはより深く分析される必要があるだろう。

日露戦争の勝利は、国権論派に立脚する伊藤や山縣に、より深刻な恐怖感を与えることになった。山縣は、明治天皇にあててなんどか意見書を提出しては、軍内の改革を訴えている。そうした一連の意見書に通じているのは、「国情恢復セハ報復ノ思念迸発」するのは当然だとして、今後の日本の仮想敵はロシアであるとし、そのための軍事力を拡充することを訴えつづけた。ここには対露恐怖病があった。伊藤にしても日露戦争の軍事的勝利、そしてポーツマス条約の締結後に元老、重臣、閣僚、軍事指導者を集めて満州問題にどのような対応をしていくかの国策決定会議を開き（明治三十九年五月）、軍事指導者たちが満州を自国の領土扱いをすることを批判している。伊藤は、「満州は決して我国の領土ではない。純然たる清国の領土の一部である」とも論じているのである。

国権派ナショナリズムの側に立つ政治家は、明治期に自らがつくった国家がどのような形で、どういう政治戦略をもったときに解体するのかを理解していた。それは彼らが現実のなかで身につけた智恵でもあった。この智恵は彼らの世代が歴史から消えていくときに、一気に崩れ去ったということがいえるのではないか。

明治三十九年四月に日露戦争に従軍した下級将校桜井忠温《さくらいただよし》によって、『肉弾』という戦記が刊行された。乃木大将の部下でもあった桜井が、自ら従軍した旅順攻城戦の体験を綴った内容である。この攻城戦で負傷しながらも辛うじて生きのこった一中尉が、犠牲になった戦友たちにかわって書いた戦記であり、国民にむけての戦場報告を兼ねた読み物でもあった。この書にふれた乃木は感激して、明治天皇にも献呈している。明治天皇も感動して桜井の拝謁を許している。この書はすぐにベストセラーになった。

アメリカ、イギリス、フランス、ドイツ、それにロシアでも翻訳出版されている。現に私の手元にある大正三年一月の第一一一版には、アメリカのルーズベルト大統領の謝辞も掲げられている。国際社会でも異例の売れゆきを記録することになった。なぜこれほど売れたのか。むろんこれほど直截に、そして精緻に書かれた戦争の記録はなかったからである。加えて、戦友の死が炳々《へいへい》と描かれていて、戦争の悲劇も伝わってくる。なにより日本軍の兵士の心情が、正直に語られているのである。生きのこった兵士の心中も決して喜びではないとも描かれている。旅順、奉天での戦いで一〇万人余の死傷者をだしたが、桜井はその思いを代弁し、国民はそれを受けいれたのである。

この書の末尾で桜井は、「大戦に際し　わが　大皇の御為に身を捧げ、わが祖国の為に命を殞《おと》したる、幾萬かの忠勇義烈なる将卒の偉勲は、永遠に青史を照らし、其の英霊は萬づ代にわが豊栄のぼる日の本の国の礎を護るものである」と綴っている。この意識は、明治三十九年に二十八歳の軍人によって明らかにされたのだが、それは生きる者への「死者からのナショナリズム」を含んでの訴えということにもなる。

昭和にはいって、桜井は少将に進級して予備役となったが、昭和という時代にはこの「死者からのナショナリズム」を鼓吹しつづけた。太平洋戦争下では戦意昂揚に努めたのである。

日露戦争のそれぞれの局面から窺えてくる日本ナショナリズムのなかに、もっとも重い位置を示していたのは「死者からのナショナリズム」ではなかったかと思う。だから今なお靖国神社が存在するということであろう。

日露戦争から百年、私たちはこの戦争に示されていた真の意味を問わないで歴史を編んできた。多様な意味をもつのにほとんど無視してきたのはなぜか。それは伊藤や山縣の示した国権論派のナショナリズムと国富論派のナショナリズムの衝突という現実から浮かびあがってきた大衆ナショナリズムを自立したものと受け止めてこなかったためではないか。このナショナリズムはむろん単に民族主義、国家主義、国益などという枠にとじこめるのではなく、史実の伝承を含めてある世代から次の世代へと語り継ぐ姿勢といってもよい。

私たちが気づくべきことはそのことである。

第九章　「三笠艦橋の図」――三人の「昭和」

旗艦「三笠」の艦橋の人々

『坂の上の雲』（司馬遼太郎）には、日本海海戦時の旗艦「三笠」の艦橋の光景がなんどか描写されている。バルチック艦隊と出会ったときの艦上の光景は当時の海軍軍人の性格やその生きる姿勢が適確に語られていて、きわめて印象的である。

艦橋では、この艦隊が視界に入ったときの軍人たちの様子を「三笠の艦橋では、『来た』とも呟いた者はいない」と書く（これらは改行して三行になっている）。バルチック艦隊と対峙《たいじ》するときの興奮も、あるいは緊張も、司馬さんの筆にかかるとすべて抑制されている。この抑制こそが日露戦争時の日本軍人のひとつのスタイルだったといっているのであろう。

この艦橋にいる連合艦隊司令部の司令官や艦長、参謀長などの動きの描写も、私には印象深い。簡潔に表現していくのだが、なるほどこのとき艦橋にいて国の浮沈を担う軍人たちは近代教育の枠内でつくられた「指導者」というより、幕末や明治初期の空気のもとで完成された人格との感を受ける。司馬さんもそのことをもっといいたかったのであろう。

連合艦隊司令長官の東郷平八郎以下の首脳陣の描写のなかで、私の気に入っている部分を以下に引用しておきたい。

「艦長の伊地知彦次郎は、赭《あか》ら顔に剛《こわ》いあごひげをはやし、ほんの最初に双眼鏡をのぞいたきりで、目を遠目に細めて敵の艦影を見つめつづけている。

羅針儀のそばにいる航海長の布目満造中佐は海図をのぞきこんで敵味方の位置をはかり、そのややうしろに砲術長の安保清種少佐は弾道の時間をはかるためのクロノグラフ(秒時計)をにぎって敵をみつめていた。

参謀長の加藤友三郎少将は望遠鏡を目にあてたままほとんど微動もしなかった。

東郷平八郎はこれら幕僚たちよりも半歩ばかり前に出て立っていた、という意味ではかれは連合艦隊のたれよりも敵にもっとも近い位置にあってその肉体を曝《さら》していたということになるであろう。東郷はくびからつるしたその自慢の双眼鏡をほんのすこしかざしただけで、あとは人並はずれて視力のいいその肉眼によって敵をとらえようとしていた」

さらに東郷について、「かれは両脚を休メのかたちにしてわずかにひらき、左手

「三笠艦橋の図」（東城鉦太郎画、財団法人三笠保存会蔵）

に長剣のつかをにぎり、身動きというものをまったくしなかった」と書くのである。

むろん司馬さんのこうした一連の描写は、東城鉦太郎が描いた「三笠艦橋の図」を参考にしながら描きあげたのであろう。私自身、横須賀にある記念艦「三笠」でこの艦橋の図にあるようにその艦橋に立って、往時をしのんでみたことがある。もっとも記念艦の三笠は実際にはある時期に復元されたのであり、往時とは異なっているのだが、それでも東郷が立っていたのはこの辺り、参謀長の加藤はここ、さらに作戦参謀の秋山真《さね》之《ゆき》はこの辺りかなどと、パンフレットに印されている艦橋の図をもとにその立ち位置を確かめてみると、「明治三十八年五月二十七日早朝」の艦隊決戦が想起されたりもするのだ。

いうまでもなく東郷の連合艦隊と司令長官ジノウィ・ペトロウィッチ・ロジェストウェンスキー中将の指揮下にあるバルチック艦隊との日露海戦は実際には三十分ほどで決着がついた。少々史実をなぞるなら、この日午前五時半に、「三笠」は「敵艦見ゆ」の報を確認し、「敵艦見ゆとの警報に接し、連合艦隊はただちに出動、これを撃滅せんとす。本日天気晴朗なれども浪高し」の電文を大本営に送っている。

これは秋山真之が起案した電文であった。

この「天気晴朗」、しかし「浪高し」は、視界はよいにしても、波の揺れが激しいのでこの場合は日ごろの訓練に秀れていて、命中確度の高いわが軍のほうが有利だとの意味を含んでいた。この辺りにも秋山という参謀のすぐれた智恵があり、むろん大本営参謀のなかにもこの電報で「わが軍有利」と胸を撫でおろした者がいたのだ。

この日本海海戦の戦闘内容についてはここではふれないが、旗艦三笠の艦橋で指揮をとった東郷をはじめとする日本海軍の軍人が、バルチック艦隊の参謀たちより一歩すぐれていたとの事実は指摘できるだろう。そのすぐれた指揮官や参謀たちが、「艦橋の図」に描かれているのである。

「艦橋の図」には正確には一三人の軍人が描かれている。主要な人物は再度記しておくと、東郷、加藤、伊地知《いじち》、安保《あぼ》、秋山、布目《ぬのめ》、ほかに尉官としては測的係の長谷川清、砲術長附の今村信次郎、航海士の枝原百合一《えだはらゆりかず》などである。これらの軍人は、日露戦争の明治末期から大正、昭和期に日本海軍を担った軍人たちであった。

この「艦橋の図」から二十年余を過ぎて、「昭和」という時代に入ったとき、彼らはどのような足跡を残していたか、どういう人生行路を歩んだのか、そのことを改めて検証してみることにしよう。とくに彼らにとって日本海海戦の旗艦にあってそれぞれの役割を果たしたことがどのような意味をもったのかを考えていきたいのである。

海軍の「神」東郷

東郷は、世界最強といわれたバルチック艦隊を破ったとあって、日本だけでなく、国際的にも名の知られた存在となった。このとき日本に凱旋した東郷は、国民の熱狂的な歓迎を受け、新橋駅には十数万ともいわれるほど人びとがつめかけた。

東郷の名は海軍内部では神格化されていったが、昭和の海軍という目で見れば、

東郷平八郎（国立国会図書館蔵）

その神格化されたことがマイナスに作用したとの言い方もできる。たとえば昭和五年（一九三〇年）一月のロンドン海軍軍縮会議では、一貫して海軍部内の強硬派（いわゆる艦隊派）を支持し、海軍部内にいる穏健派（条約派）の勢力をそぐ役割を果たした。財《たから》部《べ》彪《たけし》、堀《ほり》悌《てい》吉《きち》などこの期に条約派が追いだされて、海軍内部がしだいに艦隊派の時代にかわっていくときに、東郷はそのシンボル的存在ともされた。

もっとも東郷は生来性格は温厚で、無口なタイプであり、篤実な生き方を求めていたのだが、艦隊派の幕僚たちに祭りあげられたとの説もある。

とはいえ東郷の名は、海軍内部の人事にも利用されるときがあり、昭和七年に軍令部長に伏《ふし》見《みの》宮《みや》博《ひろ》恭《やす》王《おう》が就任する折には、東郷が指示しているとの評が陰に陽に囁《ささや》かれていた。東郷はその意味では海軍立国という信念、そして天皇の軍隊の忠臣としての自らの立場を崩すことはなかった。

その私生活は質素、生真面目であり、それはまさに艦橋に立っているときの、司馬さんの表現そのものといってよかった。そういう生真面目さが、一面では庶民の間に東郷神格化の広がりとなったがゆえに、昭和六年には骨董商の偽筆の専門家による「東郷元帥偽筆詐欺事件」が起こった。これら詐欺師の一団は偽筆を売りまくって数万円を儲けたといわれる。むろん東郷にはなんの関係もなかったが、この偽筆が将来にわたって流布するのではと、東郷自身は気にしていたとの証言もある。

東郷は昭和九年五月に八十六歳で死去している。

大正三年から十年までは、東宮御学問所の総裁を務めただけに、昭和天皇が明治天皇の遺訓を継ぐような君主であることを望んでいたが、その思いが昭和前期には逆になってあらわれたとの評もあった。海軍内部には、東郷元帥は戦時の軍人であり、平時に海軍内部に口を挟んだケースはすべてうまくいかなかったとの評も生まれた。だが東郷を抜きに日本海軍を語るわけにはいかないとの評はまちがいでなく、東郷という日本海軍の「神」のどの部分を継承するかについては、昭和海軍に生きた軍人の間でもその評価がわかれるのである。

首相となった加藤

「三笠」にあって東郷を支えた連合艦隊参謀長の加藤友三郎は、大正十二年（一九

加藤友三郎（国立国会図書館蔵）

二三年）八月に六十二歳で亡くなっている。しかし加藤の生き方、考え方はさまざまな意味で昭和史の海軍軍人に引き継がれている。加藤は単に海軍の軍人としてではなく、首相を経験することで政治家としての能力をいかんなく発揮して名を残している。

「艦橋の図」では、加藤よりもむしろ秋山真之の参謀としての能力が目立っているが、加藤は秋山に存分に活動の場を与えるなど、自らは表に出なくても人の使い方にすぐれた能力をもっていた。軍令ではなく、軍政の人だったのだ。

加藤は、大正四年に海相のポストに就任したが、そのときは第一次大戦下である。イギリス、フランスなどの連合国からさまざまな援助要請があっても、それにはケースバイケースで応じ、日本の国益につながらなければすべて断わるといった態度を貫いている。この第一次大戦後のワシントン会議では海軍の軍縮問題がとりあげられたが、国内にある対米七割の声をなだめるようにして対米六割を受け入れている。国力を正確に理解する理性派であった。

このワシントン会議のあとに首相に就任するも、関東大震災の直前に死亡している。加藤の体質は海軍的リベラル派ともいうべきで、この点では東郷平八郎とも親しくはなれなかったが、海軍は国家の枠内にあるのだとの信念はつねにこの軍人政治家の生きる姿になっていた。

旗艦「三笠」の艦長伊地知彦次郎は、その経歴を見ると「三笠」のあとはそれほど重要なポストは歩いていない。伊地知は司馬さんの小説のなかでもそれほど重視される描き方をされていないが、軍人としてみれば鷹揚で人を魅きつけるタイプではなかったのかもしれない。

伊地知は明治四十五年（一九一二年）一月に亡くなっていて、いわば「三笠」艦長は、彼の人生にとってもっとも輝いていたときであった。もう少し長生きしていれば海軍の軍政、あるいはほかの部門でも相応の働きを示したというべきかもしれない。

秋山が昭和まで生きたら

首席参謀の秋山真之については、これまで多くのことが語られてきた。『坂の上の雲』でも、秋山のその包みこむような人間性や軍人としての能力、知力、さらに

秋山真之（国立国会図書館蔵）

は他者の範となるその生き方は、近代日本の軍人の枠を超えて私たちに多くのことを教えている。「艦橋の図」では、東郷の後ろに控えて作戦図を見ているポーズで描かれている。秋山はこの海戦時にはまだ中佐であった。

秋山は明治元年生まれだから、日本海海戦のときは三十八歳だった。海軍兵学校を卒業したあとはアメリカに留学し、アメリカ海軍のシステムやその実務、さらには海軍の戦闘がどのように変化するかなど、それこそ丹念に海軍の歴史とその全体図を学んだ。とくに戦場における人間心理がどういう戦術を操らせるかなど、ふつうの海軍軍人とは異なった分野にも精通するほどになっている。

このことは秋山が他の分野で生きても、相応の業績をあげたであろうことを物語っている。そういう軍人ばなれをした能力をもっていたために、変人との噂《うわさ》もあったほどだ。実際にその種のエピソード（たとえば上官の前でもとくにマナーに気をつけることがなかったという類のことだが）には事欠かない。

しかしその頭脳はすぐれていて、作戦を考える能力は他の軍人よりはるかに抜きんでていた。日本海海戦の丁字《ていじ》戦法などは秋山の発案になるとされている。東郷が南西に進んでいた艦隊を突然「東北東」に進路を変更させたときには、艦長の伊地知は、一瞬とまどったという。バルチック艦隊の前方を横切るような命令であり、バルチック艦隊の砲撃の餌食になってしまうからだ。バルチック艦隊もそう見越して砲撃を浴びせてきたが、やがて丁字戦法に気づいたときは致命的な打撃を浴びていたのだ。

秋山はこの日露戦争の戦闘詳報も記述したのだが、その書きだしは「天佑ト神助ニ由リ、我ガ聯合艦隊ハ五月二十七八日、敵ノ第二、第三聯合艦隊ト日本海ニ戦ヒテ、遂ニ殆ド之ヲ撃滅スルコトヲ得タリ」となっていたという。これは東郷の好んだ表現（「天佑ト神助」）を用いていたのだが、秋山はこの手柄を正確に連合艦隊司令長官のものとして記録に残したのである。

その後、秋山は海軍大学校教官、第一艦隊参謀長なども務めている。大正時代に入ってからは軍令部参謀、さらに海軍省軍務局長などを務めた。

こういう軍歴のなかでも、秋山は他の軍人とは異なっていて、部下や下僚の意見も妥当性があればそくざにとりあげ、旧来の非効率的な慣習はためらいもなく取り止めた。この秋山の経歴のなかで特筆されるのは第一次大戦下の一九一六年にヨーロッパ戦線の視察を命じられたことだ。ヨーロッパを歩いているうちに、秋山はこの大戦はきわめて複雑な力関係が原因になっていることを知ったし、兵器も格段に新しくなっていることがわかった。秋山はすぐにふたつの予測をしている。

ひとつはヨーロッパ各国は、この大戦は短期間で終わるとしているが、実際にはかなりの長期戦になるであろうということ、もうひとつは、アメリカが参戦して連合軍を支援するだろうということ、である。表面上は当初はドイツが優勢であったが、一皮めくれば各国の思惑が入り乱れていて、いずれこの戦いは長期化し、そこにアメリカが参戦するだろうというのであった。

そして現実はそのようになった。

大正七年二月、盲腸の手術を遅らせ腹膜炎を併発して危篤状態になり、四十九歳で病死している。その最期のころには、国防を重視し、思想の統一こそ重要だと説いていたというのだ。秋山は胸中では、この国の現実が芯がしっかりしていないために、しばしば混乱状態になることを見抜いていたといえるだろう。

もし秋山が昭和という時代に生きていたら、どのようなタイプの軍人になったであろうか。変人という意味では、連合艦隊司令長官・山本五十六に目をかけられた黒島亀人《くろしまかめと》に、理詰めに考えつつ度胸のある指揮を行うという意味では、山本五十六に似ているともいえる。だが「艦橋の図」という絵画を見れば見るほど、秋山は他の軍人たちと異なって思索型の参謀であることが強調されているように思うのだ。

しかもほかの参謀たちは一様に東郷の後ろに控えて、東郷を視界に入れるように描かれているが、秋山は独自のポーズをとっているところにこの軍人の個性も生き方も凝縮させていたのだろう。

こうして見てくると、東郷を除いては加藤も、伊地知、秋山もいずれも昭和という時代を迎えないで亡くなっていることに気づく。決して老いる年齢ではないのに亡くなるということは、この日露戦争のときに全エネルギーを使い果たしたとの見方もできるのではないかと思える。

彼らは自らのエネルギーを国家危急のときに使い果たしたのだ。

では航海長の布目満造《みつぞう》、砲術長の安保清種《きよかず》らはどうだったただろうか。

布目の経歴を追いかけると、その後も一貫して艦上勤務を続けている。明治四十四年十二月には「橋立」艦長、そのあとは「相模」「薩摩」「榛名」などで艦長を務めているが、大正五年には少将となり水路部長などを務めた。大正十年十二月には将官会議議員となっているが、十二年三月に予備役になり現役を退いている。昭和海軍にはとくべつな動きはない。

この段階で軍人としての役割は終わったということだろう。

プリンス安保の弱さ

安保清種は、昭和二十三年に亡くなっているが、昭和に入って、とくに初年代には相応に重きを成した軍人であった。安保は、実父や養父も海軍の草創期に重要なポストを占めていたためか、海軍内部でも栄達は早かったのだという。日露戦争時に旗艦「三笠」に乗り、東郷のもとで仕えることができたのはそのゆえだとの説もある。

日露戦争後は駐英武官を務めるなど国際的な舞台での活躍がめだった。大正末期に至るまでに軍令部次長、艦政本部長、海軍次官などのコースを歩む。昭和五年のロンドン軍縮会議には顧問という立場で出席しているが、統帥権干犯で揺れて財部が身を退いたあとは一時期海相にも就任している。いわば人格温和ということでまとめ役を期待されたが、しかし結果的に海軍部内をまとめるだけの力量には欠けているとの評がある。

「三笠」の砲術長という経歴のため、東郷に対しては正面切って意見がいえなかった。そのために艦隊派と条約派をまとめる器ではなかったのである。昭和九年から二十一年までは貴族院議員を務めているが、特筆されるべき活動はない。昭和二十三年六月に病死している。

以上が「艦橋の図」に見えてくる佐官クラス以上の参謀たちのその後なのだが、前出の尉官の三人についてもふれておくことにしたい。

砲術長附の今村信次郎は、大正期には第一艦隊の首席参謀、連合艦隊の参謀、さらに大正十四年十月からは侍従武官を務めている。昭和での目立った経歴は、舞鶴要港部司令官、第三艦隊長官なども務め、昭和十一年三月に予備役となって海軍を離れている。現実に昭和の海軍を動かしてはいない。

航海士の枝原百合一は、東郷の近くにあって参謀たちを補助する役割を行っているが、大正期には軍令部参謀のほか、「大井」「磐手」「陸奥」などの艦長を務めている。昭和に入ると昭和七年四月に航空廠長《しょうちょう》を務めたり、八年七月からは旅順要港部司令官のポストにあった。中将になったあと、昭和十年十二月に予備役《よびえき》となっている。

旗艦「三笠」の「艦橋の図」では、わずかに東郷の後ろの測的機の上に帽子と顔の一部が見えるのが少尉だった長谷川清である。長谷川の軍歴を見ると明治期には海軍大学校で学び、大正期に入るとアメリカ駐在が長くアメリカ通だったことがわかる。

昭和四年には第二潜水戦隊司令官を務めているが、九年には海軍次官のポストにあった。いわばリベラルな海軍の軍人といえた。昭和十年代に入ると第三艦隊司令長官などを務め、昭和十五年には大将として軍事参議官に就いている。そのあと台湾総督のポストにもあった。太平洋戦争末期は海軍高等技術会議の議長に就任している。

その長谷川が、昭和三十年代にこの旗艦三笠での思い出を語っている（『帝国海軍提督達の遺稿（上）小柳資料』水交会、二〇一〇年）。

「日本海海戦のときは、私は艦橋測距儀の測手であった。（略）当日は薄い霧があって、敵を発見したときの視界は一万米くらいで、六〇〇〇米位から測距が出来たように思う。例の敵前一六点の大転舵は秋山参謀の進言によったもののように思う。秋山参謀は戦前海軍大学校の教官で、始終兵棋演習ばかりしていたから、ああ云う咄嗟の場合すぐに適切な考えが浮いてくるのであろう。日露戦争中の連合艦隊の作戦は秋山参謀が一人でやったようなものだ。まことに不世出の天才であった。秋山参謀は日露戦争で心身をすり潰したようなものだ。晩年振るわず、短命に終わったのも之れがためだ」

長谷川はこのような体験を通して、昭和の海軍、そして昭和という時代には何か不透明な動きがあったと指摘している。この表現はなかなか含蓄に富んでいる。結局、昭和時代には、秋山のようなタイプが表にでてくる機会がなかったことが致命傷なのだろうとも示唆している。

「昭和」に生き残った参謀たち、たとえば安保は良識派でも性格が弱く、この長谷川にしても政治的軍人となった昭和の海軍参謀を苦々しい目で見つめるだけだった。

三笠艦橋の一三人の絵画は、近代日本の頭脳と精神、そしてその人格が極度に高揚していた時代の瞬間をあらわしている芸術ではないか。そう思えばあらためて司馬作品が問うている近代のある断面が見えてくるのではないか。

第二部

太平洋戦争をめぐる五つの人物論

第十章　山本五十六愚将論を考える

〝もっとも偉大な戦略家〟

太平洋戦争下で連合艦隊司令長官のポストにあった山本五十六は、戦後社会でもっとも悲劇性を帯びて語られてきた。もともとアメリカ、イギリスとは戦ってはならないとの避戦論者でありながら、ひとたび国策が戦争に傾くと実働部隊の責任者としてためらいもなく戦いに進んでいく。

このときの山本の心情は、「之が天なり命なりとはなさけなき次第なるも、今更誰が善いの悪いのと言った処ではじまらぬ話也。……個人としての意見と正反対の決意を固め、其の方向に一途邁進の外なき現在の立場は誠に変なもの也。之も命というものか」（半藤一利著『山本五十六』からの引用）という点にあり、海軍兵学校同期で親友ともいうべき堀悌吉《ていきち》にこの書簡を送っている。このような心情それ自体、いわば日本人好みであり、加えて緒戦の真珠湾攻撃では世界の海軍史上で稀《まれ》に見る電撃作戦を成功させて、太平洋戦争そのもののシンボル的存在となった。

山本自身はすでに戦争となれば、全海軍兵力を挙げて一年か一年半は暴れてみせると豪語したといわれているのだが、その本音は軍事とは別に政治（外交）がアメリカ、イギリスとの間で和平の手続きを進めてほしいという点にあった。しかもそのことは、政治が軍事の上位に立つシビリアン・コントロール（文民支配）を確立すべきだとの意味をもっていたとも推測されるのである。

イギリスの軍事史家ジョン・キーガンが編んだ『第二次世界大戦人名事典』（原題は、WHO WAS WHO In World War II）があるが、ここには昭和天皇、東條英機など三二人の戦時指導者が収められている。むろん山本も収められている。他の指導者より記述ははるかに長いのだが、それだけ山本の名は国際社会ではよく知られているということだ。その記述はとくに目新しい視点はないのだが、全体に賞揚の筆

山本五十六（国立国会図書館蔵）

調であることはまちがいない。たとえばその書き出しは次のようにある。

「山本は日本の最も偉大な海軍戦略家であり、指揮官である。一九三六年から海軍次官、三九年からの連合艦隊司令長官で、日本帝国海軍と海軍航空隊の戦前の大拡充と改良に責任があった。アメリカのような強力な相手と長期戦をやれば必ず負けるという理由で対米戦に反対したが、ただし冒頭に先制攻撃をかけて米艦隊を半身不随にしてしまえば唯一のチャンスがあると見た。（以下略）」

山本についてきわめて的確に評価している。その記述は次いでミッドウェー海戦についてふれて、「日本の空軍艦隊指揮官南雲《なぐも》（忠一）は自信過剰で、完全に裏をかかれて空母4隻を失い、空軍力を失った日本軍は退却せざるを得なかった」と書いている。山本の責任よりも、南雲の側に敗戦の因があるかのような筆調である。

そして次のようにしめくくる。

「一九四三年四月米軍は山本の西部ソロモン諸島への視察旅行の予告を傍受した。彼の乗機と2番機は一九四三年四月十八日ガダルカナルを飛び立った米機に撃墜された。飛行計画を故意に洩らして『機上で戦死』した形にしたのではないかとの疑惑もあった。ともかく山本の死は日本軍の士気にかなりの打撃となり、彼は国葬の名誉を受けた。山本は早くから航空力を認識し、長距離機を開発して海軍戦略に重大な貢献をした」

各国の軍事事典では、大体がこのような記述に終始している。戦時下にあっては山本はアメリカ・イギリス社会でももっとも憎むべき「敵」のシンボルとされていたが、しかし戦後になっては山本の名は政戦略にすぐれた日本の軍人という見方に変わっている。とくにその姿勢は日本軍の軍人には珍しく、欧米並みの文民支配に深い理解をもっていたとの見方で語られているのは、山本にとってはきわめて満足なことであろう。

山本についての人物論は、反町栄一の『人間　山本五十六』（昭和三十一年）をはじめとして、阿川弘之、半藤一利、実松《さねまつ》譲《ゆずる》など幾つかの名著がある。山本びいきという共通点がある。このあとも田中宏巳著『山本五十六』（二〇一〇年五月）が刊行されているし、歴史系雑誌では山本五十六の特集がこれまでなんども組まれ、それはいずれもきわめて多くの読者を獲得してきた。山本が関心をもたれる理由は冒頭に記したとおりだが、近刊の田中著は元防衛大学教授らしく冷静な山本論が生まれるべきだとしている点が注目される。

山本が責任を負う作戦は、ミッドウェー海戦など国民の期待にこたえることはできなかったとして、「にもかかわらず国民の間で人気があるというだけでなく、名提督として称賛されている。その理由がよくわからない」と書いている。過剰な顕彰はむしろ危険だとして、「軍人の正確な生い立ちや経歴を知るには顕彰色を払拭し、歴史的背景の中に軍人を置いて、言動の意味や目的を客観化して見つめ直す必要がある」と書いている。

田中は、山本の生涯を綴った伝記は意外に少ないとも言い、それもある時期に焦点をあてているのでそれほど深くは参考にならないと断言する。山本のその全生涯の像は未だ不十分だと言うのである。

なぜそんなことになったのか。「山本には書翰《しょかん》が多いが、公的報告書、日記やメモ、備忘録の類がないため、これが山本を研究対象にすることを困難にしている」と田中は言い、山本は高級軍人として日記をつけていたはずだが、それも今はないという。

新たな視点で見る「山本論」

どうやらそういう事情は、海軍の体質そのものに因があったようだ。海軍軍人が現役で死亡した場合、海軍省から係官が来てその留守宅を家宅捜索するという。海軍にかかわる資料はすべて持ち去るとの内規があり、山本の場合もその留守宅からすべて持ち去った節があるというのだ。つまりそれらはすべて〝処分〟されてしまった。処分の意味は焼却ということであろう。それゆえに田中の次の指摘は、軍人の評伝を書くことの難しさを訴えていると理解できる。

「杜撰な情報管理のために山本を死なせてしまった海軍が、山本家にある書類から機密情報が流出するのを恐れ、すべて押収していくのは、何とも身勝手な行動である。戦死後の山本について海軍が考慮しなければならなかったのは、情報管理ではなく、歴史の中に山本の名をとどめるように記録を保存することではなかったろうか」

山本を歴史のなかに位置づける必要性は、今こそ重要だとの指摘だ。田中は元防衛大学教授という経歴だけあって、山本を知っている世代がその偉大性を強調してもそれはそれなりに重要であるとしつつ、山本を知らない世代が「負けた戦争の軍人に高い評価を与えることに抵抗感があっても不思議ではない」との立場に立つ。こういう論にふれてみると、山本五十六論は今新たな視点で見つめなければならない段階に入っているということだろう。私はこの田中論に与《くみ》するわけではないが、山本の軍人としてのその軌跡がもとより賞揚とか賞賛だけではなく、冷静に見られなければならないと思う。同時に阿川、半藤、実松書が一様に指摘しているように、山本の人間的魅力は日本社会の指導者論に通じるし、志と反する行動を迫られたときの身の処し方は日本人論にもなる。いやもっと重大なことは、あの戦争は確かに負けたのだが、負けるには負けるだけの理由があり、それを山本の言動はよく示しているとの分析が可能なのである。

山本の人物論が今後はこれまでとは異なる視座で見つめられる段階に入っているとの前提で、山本の周囲にいた軍人、あるいは山本を知る世代で、山本を批判的に見る論者の、まずはその批判の内容を確かめておくことにしたいのである。たとえば連合艦隊の参謀たちが日米開戦時には真珠湾奇襲攻撃を行うべきだと主張したのに対し、軍令部の参謀たちはこれは日本海軍本来の作戦とは異なるというので一斉に反対したことはよく知られている。そのために軍令部の参謀の山本批判は開戦前から、そして開戦時、さらに戦後になるとより声高に続いた。その代表格は軍令部作戦部の作戦課長だった富岡定俊《とみおかさだとし》だが、富岡は戦後になって著した『開戦と終戦』のなかでもさりげなくそのことを強調している。

海軍では、戦後すぐに米内光政《よないみつまさ》元海軍大臣の意向で、次代の者のために史実を正確に記すという名目により、戦争指導にあたった軍人たちを集めて討論会を行っている。これが昭和二十年（一九四五年）十二月から翌年一月のことだ。この会談の議事録は昭和五十年代に入って『海軍戦争検討会議記録』として刊行されている。ここでは海軍首脳が本来は戦争に消極的だったのに陸軍に引きずられたとの構図をつくろうとしているかに見えるが、そうしたときも山本が開戦に反対であり、それが後に周辺にいる部下たちが軍令部に異動になるとたいてい戦争推進派になるとのエピソードで語られている。たとえば吉田善吾《よしだぜんご》元海相は、昭和十六年八月十日に山本に会ったときに、「福留（繁・開戦時の作戦部長）が中央にかわる時、日米戦争はやらぬようにたのんだのに、近ごろその手紙を見ると、戦争やむを得ないという風に見える」と聞かされた話を紹介している。

つまり軍令部の富岡らの参謀は、なんとしても日米戦にもっていこうとしつつ、その作戦も軍令部主体で進めるべきだと考えていたのだ。これに反して山本は、戦争そのものには反対だがやむなく日米戦争になるなら、こちら側が考えている真珠湾攻撃の戦術を採れと連合艦隊あげて軍令部につめよったことがあらためて確認される。

米内光政（国立国会図書館蔵）

富岡ら軍令部参謀を軸とする山本批判については、その背景を正確に理解していないと、ともすれば私たちは山本がエゴイズム丸だしで自らの戦術を軍令部に押しつけたかに受け止めてしまう。しかし、その見方は浅薄なのである。

海軍軍人の集まりである水交会は、昭和三十一年から三十六年にかけて存命している将官四七人に聞き取りを行っている。日本海軍の歴史を正確に残そうとの意思のもとに行われたのだが、これは小柳富次元中将が主に同じ仲間の将官たちにそれぞれの体験を聞いて歩いたのである。この聞き書きの全文は水交会で非公開のまま五十年近くを経て、二〇一〇年四月に『帝国海軍提督達の遺稿（上下）』（副題『小柳資料』）と題して刊行されている。あらためてこの書を分析していくと、確かに海軍史の一部書き替えは必至だとも思われる。

この『小柳資料』のなかで、富岡定俊は真珠湾奇襲攻撃について次のように語っている。少々長くなるが引用しておこう。

「真珠湾攻撃は山本連合艦隊長官の発案だと言われている。（中略）軍令部内で総合作戦を始めたのは三月で、連合艦隊から真珠湾攻撃の相談をうけたのはそれ以後のことである。私は、連合艦隊の黒島先任参謀から真珠湾攻撃の企てがあるのを聞いて、『これは甚だ投機的だ。敵がいなければそれまでだ。おっても隠密に奇襲をかけることが難しい。味方に損傷艦が出たら捨てるより外ない。それに南方作戦には艦も飛行機も相当沢山要る。兵力を二分することは虻蜂とらずにならないか。寧ろ南方作戦に重点をおいて邀撃戦法を採った方がよい（以下略）』と不賛成の意見を述べた」

「十月に入って永野軍令部総長は連合艦隊の全母艦航空兵力を以て真珠湾攻撃をや

真珠湾攻撃（写真提供：PPS通信社）

ってよろしいと決裁された。（中略）山本長官は真珠湾奇襲攻撃には極めて熱心で、これをやらされなければ辞めるとまで言われたそうだ。永野総長は熟慮の末、出先指揮官を羈絆《きはん》せず自由にやらせることが我が海軍の伝統だとして、遂にそれに同意されたようである」

ここで富岡が言わんとしているのは、山本のゴリ押しが海軍の基本的な戦略を崩してしまったということだ。もっとも富岡も有能な海軍の軍官僚だから、山本への批判を巧みに組織上の欠陥、あるいは軍令部総長の判断、といった方向へもっていって、自分たちの責任は回避している。よしんば山本が強大な権力をもち、連合艦隊参謀たちの作戦に拘《こだわ》ったとしても、軍令部の権力はそれよりはるかに大きい。その権力を充分に使いこなせなかったことを山本のせいにしていることがわかってくる。

山本愚将論の系譜

これまでの山本批判の大部分は、軍令部主導の作戦が〝出先〟の一機関である連合艦隊司令長官により破られたことに端を発しているが、こうした批判は、正鵠を射た批判といえるだろうか。むしろ責任のがれというふうに聞こえてくる。これを土台にした山本凡将論とか山本愚将論という旧軍人たちの山本批判はこの系譜につながっているともいえるだろう。

つけ加えておくが、戦後になって山本の書簡類がしばしば公開されている。山本は確かによく手紙を書いていたが、なじみの芸者に宛てても何通か書いたりもしている。こうした書簡が公開されること自体、山本の飾らない人間性を示しているといえるが、同時に緊急時の最高指揮官がこうしたエピソードを残すこと自体に反感を示す反山本派の原稿もある。半藤書は山本びいきの山本五十六論だが、それでも「わたくしにも、恋文にかんする限り啞然とさせられる。（略）きびしい現実からの逃避にひとしいと評さねばならないか」と書いて苦言を呈している。

あるいは山本がバクチ好きであったとして、軍人としての行動もバクチ打ちに通じているかのような姑息な人物論の展開もあった。先の『小柳資料』のなかで、富岡らと同じ考えの海軍省軍務局第二課長の石川信吾は、「山本連合艦隊長官の作戦には多分にバクチ的の閃きがある。なぜ好んでこんなバクチをするのか。山本大将は航空のことはよく知っていたであろうが、堅実な戦略家であったとは思えない」と性急なミッドウェー作戦に批判的であった。

このような山本論は、その人間性が社会に受けいれられるのに対して、それに反比例するように書かれたり、引用されたりもしている。とくにバクチ好きの性格のために開戦初頭の山本が考えたり承認した作戦（真珠湾奇襲作戦、ミッドウェー海戦など）はいずれも日本海軍の正統派作戦とはいえないとの見方がだされているが、しかしこれとて山本が限られた戦力のなかでアメリカと戦うために考えだした作戦と見れば、山本びいきの人たちにはさして痛くもないという批判だろう。

前述の『小柳資料』では、全体に山本に対して将官たちはきわめて身近な意識をもっている。とくに米内海相、山本次官と共に日独伊三国同盟に反対して、陸軍とだけではなく、海軍部内に勢力を広げていく枢軸派とも対立を続けた軍務局長の井上成美《しげよし》は、山本の人間性について「山本さんは話が豊富でかくしだてもせず、ごまかしがない。ハラハラするほどズバリズバリと核心に触れたことを言われるので、記者連中は次官室に来るのを楽しみにしてた」と語っている。さらに米内が山本の人物評を行い、次のように語ったと証言している。

「米内さんが大臣のとき、私に『山本はネ、怖ろしいと云うことを知らない男だよ。深い崖の上の細道などを歩くときには、大抵の人ならば余りよい気持はしないが、山本と云う男は、のそっとその崖縁へ行って、平気で谷底を覗くような男だよ』と言われた」

昭和十三年五月に、日中戦争下の渡洋爆撃隊の指揮官が次官室に報告に来て、部下の死を伝えたという。山本は次官室で涙を滝のように流した。井上の述懐である。

「山本さんはよく『感激性のない奴は駄目だよ』と。山本さんは情味豊かな人で、何《いず》れかと云えば、元来が情の人であるが、これを理性の衣でうまく包袋しておられたのではないかと思う」

親友の堀悌吉は、山本五十六について「山本とは極親密にしていたが、会ったとて別に親しく長話をする訳でもなく『うんそうか』と云った具合で多くは以心伝心であった」とこの『小柳資料』では語っている。

将官たちの間にもこうした山本論が幾つもあり、戦後もたしかに表だって批判できない空気はあるようだった。批判といえば、作戦面で軍令部参謀を無視したという富岡型の批判と、先任参謀の黒島亀人を優遇しすぎて、その欠点に目をつぶったために黒島が横暴になりすぎたといった類のことである。

しかし前述のように、田中宏巳の『山本五十六』はそのような人間論と切りはなしての軍人論で見ていく書なのだが、田中は昭和十八年生まれでこうした人間論に一線を画している。実はそのような見方は、山本の周辺からも書かれていたのである。それが近年明らかになった。

山本は戦力投入が下手？

真珠湾奇襲攻撃の第一次攻撃隊の隊長であった淵田美津雄《ふちだみつお》は、実は生前に自らの歩みを原稿用紙に書き残していた。淵田は海軍の軍人として終戦を迎えたあと、キリスト教にふれて、やがて伝道師となり、アメリカ国内で布教活動を行った人物として著名である。その淵田は晩年になって、軍人、信仰者というふたつの道を歩んだ自らの軌跡を自伝にまとめていた。

淵田は、昭和五十一年（一九七六）に七十四歳で病没している。彼の残した原稿はそのまま三十一年間眠っていた。それが二〇〇七年十二月に『真珠湾攻撃総隊長の回想』として刊行された。このなかで淵田は、自らの上官でもあった山本に対してある時期から冷たい見方をしていたことを明かしている。もともと淵田は山本を畏敬の目で見ていた。真珠湾攻撃のときは、山本に対する信頼感をもっていた。ところが昭和十七年一月に、自らも加わったラバウル攻略戦で山本が第一航空艦隊の主力艦隊の主力空母をこの作戦につぎこんだことに不満をもった。「私の尊敬する山本大将であったが、山本五十六凡将論が私の胸に出始めたのであった」と書いている。

淵田は、山本の戦力投入の戦術に強い不満をもったのである。これがミッドウェー作戦にも通じて主力部隊の布陣について不満をもつ。いうまでもなく山本は、ミッドウェー作戦では全兵力の後方三〇〇浬の旗艦にあって作戦指導を行った。そのために作戦そのものが後手に回ったというのだ。淵田は書いている。

「ミッドウェー作戦における部隊編制は、旧態のままの戦列で、山本大将は旗艦大和に座乗して、直率の戦艦部隊を依然として主力部隊と呼び、全兵力の後方三百浬にあって、全作戦を支援すると誇称した。しかし、爾後の作戦経過から見て、山本大将の直率する主力部隊と称する戦艦部隊が、全作戦の支援に任じたか、どうか。この辺に、私の山本大将に対する第二の凡将論が湧くのである」

この見方は、直接に山本と接していた部下から見て、山本の進める作戦行動には総帥の意気ごみが投影しているとはいえないのではないか、日本海軍に限らずどの国でも海軍の指揮官は戦闘の先頭に立つのが慣例だが、山本は大局を見るためにのみ意をつかい、つまりは現実の戦闘を見誤ったのではないかとの批判であった。あるいはこの批判は現場で戦った軍人たちの間に少なからずあったのかもしれない。

しかし山本のために弁解するなら、山本が置かれた立場はつねに大本営参謀たちとは意見を異にし、ときに政治・軍事の指導部とも見解を異にする状況にあった。自らが実戦部隊の責任者として布陣の前に立っていて戦死することになれば、その後の作戦がまったく実態を知らない軍令部の参謀たちにいいように振り回されることを恐れていたのではなかったか。むろん山本は死など恐れていない。こうした不満が重なって、昭和十八年四月には前線視察に赴いて、つまり自らの身がどうなろうといとわずに動いていたのではなかったか。あるいはこのときはすでに死そのものを想定したようにも思えるのであった。

淵田美津雄。昭和20年撮影
(写真：AP／アフロ)

山本賞揚と批判のその波のなかで、今新しく始まっている山本を客観的に見つめる論は、実は歴史上の人物をどのように評価すべきかの重い課題が示されている。山本は早くから航空戦を予測し、そのために新たな戦略を考えようとしていた。それは「軍事技術の発展につれて、軍事思想も変わらねばならない」（前述、田中著）という時代に対応することでもあった。そのうえで、田中は山本という軍人を次のように位置づけたのだ。

「変化を自然にまかすのも一方法だが、創造・発想力による独創的転換こそ、戦争という厳しい状況を生き抜く最善の方法であった。山本には日本人に欠けていることの能力があったが、残念ながらそれを発揮しないまま戦死してしまった」

この結論をスタートにあらためて山本五十六像がつくられていくべきかもしれない。山本の名声とその戦略とは必ずしも比例関係にあるわけではないとの田中の指摘は、逆説的にいえば日本の軍人たちがいかに魅力に欠けるかということであり、私たちの期待する軍人像を山本五十六像に仮託することで、戦後社会は軍人の姿を見つめてきた。そのことは山本にとって荷が重かったということかもしれない。

しかしそれでもなお、と私は言いたいのだが、山本五十六という軍人は日本人としては抜きんでた特異なキャラクターをもっている。このようなキャラクターを生かすことができなかった日本の軍事組織の誤りを根本から問い直してみたいのだ。〈山本五十六〉を普通名詞とすることによって、日本社会の大きな欠陥が隠されていることを知ったとき、それが実は日本の狭量な軍事指導者像を曖昧にしてきたと、私たちは気づくべきなのかもしれない。

第十一章　阿南惟幾自決の真相——二・二六と聖断

自決にいくつもの謎

昭和という時代が終わり、今年で二十年目になるが、いまもって昭和史には不透明な史実がいくつもある。

たとえば、太平洋戦争がはじまった昭和十六年（一九四一年）の、十月以降に見られる陸海軍の中堅幕僚たちが抱いた戦争を欲する異様なまでの心理は、どこからきたのか。また、三年九カ月も続いた戦争の途中で、終戦を考えることができなかったのはなぜか。

こうした疑問は、ある程度まで資料が明らかになってきていることもあり、一応の説明をすることはできる。しかし、なぜ成算もないまま戦争という政治的選択がなされたのか、という根本的な謎は充分に解明されたとはいえない。

不透明な歴史の流れのひとつに、昭和二十年八月十五日にいたるまでの終戦時の

阿南惟幾（写真提供:PPS通信社）

経緯がある。とくに当時の陸軍大臣、阿南惟幾《あなみこれちか》の言動の意味は実はよくわかっていない。阿南は十五日未明に切腹しているが、その理由は何なのか。

　これについては「大元帥である天皇に対して、陸軍大臣として敗戦という結果責任をとった。遺書がそれを裏づけているではないか」という見方がある。阿南の遺書には「昭和二十年八月十四日夜」の日付で「一死以テ大罪ヲ謝シ奉ル」とあり、そこに「神州不滅ヲ確信シツ、」と書き足されている。なるほど昭和天皇に対する阿南の忠勅はよくわかるが、阿南自身は、一体、敗戦についてどういった感情を抱いていたのか。その内面が充分に分析されてきたとはいいがたい。

　さらに細かくみると、自決したのは十五日の明け方なのに「十四日夜」と記したのはなぜか。加えて、切腹という手段を選んだのはなぜか。阿南の本心は判然としていないのだ。

それが今年、このときの阿南の内面をうかがわせるひとつの重要な資料が公表された。阿南は「大日本帝国」が敗戦を受けいれる過程で重要な役割を担《にな》った人物である。その真意が解明されないということは、太平洋戦争の決算そのものが曖昧なままだといえる。この稿では新資料をもとに阿南の内面に迫っていきたい。

語り草となった訓話

この二月、偕行社《かいこうしゃ》（旧陸軍士官学校出身の将校たちがつくる財団法人）の機関誌『偕行』二月号に、ひとつの歴史的文書が掲載された。「部外秘」と表紙に記されたその文書は、昭和十一年三月十二日、陸軍幼年学校の校長だった阿南（当時四十九歳）が、その十五日前に発生した二・二六事件について厳しく批判した訓話の要旨を記録したものである。

発表したのは東京幼年学校二年生として、実際に訓話を聴いた西宮正泰氏だ。西宮氏が所属する陸士五三期生会が同期生の軍神を追悼する書『萬世《ばんせい》に燦《さん》たり』を刊行。それを阿南の三男・惟正《これまさ》に贈呈した縁で惟正氏より訓話を入手し、発表したという経緯がある。

西宮氏は当時、八十八歳。往時を思い浮かべて口調も熱を帯びる。

「私は当時十五歳でした。阿南校長は日ごろ、温厚な口調で抑揚のある話し方でしたが、あの時だけはお顔も紅潮して、声涙くだるような調子でした。事前に原稿を準備されていたわけですが、訓話のときはむろん原稿など見ていません。在校中もっとも心に残った訓話として、今も我われのあいだでは語り草になっています」

「帝都不祥事件に関する訓話」（訓話の内容は二二一ページに掲載）と題されたこの文書を丹念に読むと、あとで詳しく述べるように、昭和二十年八月十四日、霧に包まれていた自決直前の阿南の姿が、鮮明な像となって目の前にあらわれたような感を私は覚えた。

ここで簡単に二・二六事件を振り返ってみよう。この事件は昭和十一年二月二十六日に二〇人余の青年将校が、一四〇〇人余りの下士官、兵士を率いて決起し、政治指導者、軍事指導者を襲撃したクーデターである。蔵相の高橋是清、陸軍教育総監の渡辺錠太郎《じょうたろう》、内大臣の斎藤實《さいとうまこと》らが惨殺され、侍従長の鈴木貫太郎は重傷、首相の岡田啓介《おかだけいすけ》、前内大臣の牧野伸顕《まきののぶあき》は危うく難を逃れた。決起部隊は二十六日から二十九日までの四日間、三宅坂の陸軍省や参謀本部、陸相官邸、それに赤坂一帯を制圧して、軍部政権ないし親軍部政権の樹立を要求した。

この決起に対して、昭和天皇は激しい怒りを示し、自ら「断固討伐」を主張するなど、青年将校らの行為を一貫して認めなかった。しかし陸軍内部には、これら青年将校に同情を示す、いわゆる皇道派の軍人も多く、天皇にむかって、青年将校の至純の情を認めるべきだと説いたり（侍従武官長の本庄繁《ほんじょうしげる》）、軍部政権を樹立すべきだと統制派や中間派の軍事指導者に働きかけたり（陸軍の長老、真崎甚三郎）という動きもあった。

統制派や皇道派の軍内派閥抗争に加わっていない陸軍省や参謀本部の幕僚のなかにも、この決起が成功するのではと洞ヶ峠を決めこむ者もあった。陸軍内部でこの大権干犯を正面きって批判したのは、第二師団長として仙台にいた梅津美治郎《うめづよしじろう》と、東京幼年学校校長の阿南惟幾の二人だと言われている。

二・二六事件。警視庁を占拠した決起部隊の兵士（写真提供：毎日新聞社）

決起部隊が鎮圧された後も、それぞれの派閥の思惑があり、軍内で青年将校を真っ向から批判する声はあがらなかった。それどころか新しく陸軍大臣になった寺内寿一《ひさいち》や陸軍次官になった梅津は、この事件を利用して、議会や言論界に圧力をかけることにエネルギーを費やした。そして陸海軍大臣現役武官制度（現役の将官でなければ軍部大臣にはなれないとの内規）を復活させて、軍部主導体制を築いていったのである。

このような事情を理解して、阿南の訓話がもつ意味を考える必要がある。阿南は冒頭から、決起の趣旨としての「憂国の熱意は諒」としつつも、「其取れる手段は全然皇軍の本義に反し、忠良なる臣民としての道を誤れり」と弾劾しており、全篇を通して青年将校への厳しい批判は揺るぎない。

まだ事件の余波がさめやらぬ段階でここまで明確に批判すれば、軍の中に少なからずいた青年将校の隠れ支持者たちや、この決起を政治的に利用しようとする勢力を敵に回しかねない。しかし阿南は、そうした派閥の思惑とは一線を画していた。

訓話にこめられた怒り

この訓話全体を貫いているのは、天皇の大権を私議することに対しての激しい怒りである。天皇の意に思いを馳せ、軍人は模範的な忠臣であるべきで、その道を外れることはいかなる理由があっても許されないと、天皇の忠臣としての自覚を訴えている。そうした教えを当時の少年たちにわかりやすいよう、楠木正成、大石良雄、吉田松陰などの例を挙げて説明している。ここにも阿南らしい心配りが窺《うかが》える。

さらに細かく見てみると、この訓話に含まれている主張は八つある。以下に箇条書きにしたが、それぞれの末尾に私の表現で趣旨を端的にまとめ、括弧のなかに書きだした。

（一）天皇の信任が篤い股肱《ここう》の臣を殺害するのは「国法並軍紀上」許すべからざること。（股肱の臣を君側の奸と見誤るな）
（二）渡辺教育総監、高橋蔵相、斎藤内大臣殺害の手口は礼儀を欠き、武士道に反している。それにより将校の名誉を傷つけている。（武士道に反するな）
（三）道は法に超越するという考え方は誤りである。道は法に依りて正道に就くべきである。（遵法精神に徹せよ）
（四）軍を貫徹している「軍隊統率軍紀の厳粛」を守護すべきで、今回の件を特例にしてはならない。（軍紀に例外をつくるな）
（五）将校は人格と見識の修養を積むことを第一義とせよ。服従の精神は上官の人格にかかっている。（上官として日々練磨せよ）
（六）国法を犯したときなどは「自ら殺す即ち罪を補うは御上に対し其道に背きし一種の謝罪」と考えるべきである。吾人（阿南）は青年将校が自決すべきだと考える。（真の責任の取り方は自決である）
（七）北一輝の思想は明らかに国体とは相いれない。この種の思想に惹かれるとい

うのは、国体観念の研鑽《けんさん》が不足している。（外部の邪説に注意せよ）
（八）忠君愛国の赤誠も、その手段と方法を誤っては、大御心に反することになる。この事件に関するさまざまな浮説に惑わされてはならない。（大御心に反するな）

この訓話原稿は前述のように三男の阿南惟正氏（執筆時・七十五歳・北九州市立大学理事長）の手元に保管されていた。その惟正氏が語る。

「この文書を提供したのは、東京幼年学校時代の教え子の方々に、父の考えを知ってもらうのは意味があると考えたからです。父の考えはすべての局面で筋が通っていると私は思っています。私が考えるこの原稿のキーワードは『道は法を超えず』です」

先にあげた訓話の八つの骨子のなかで、とくに重要な点を指摘すれば、まずひとつは惟正氏の指摘するように「道は法を超えず」となるが、私はそれに加えて、軍人は「人格と見識の修養を第一義とせよ」という点もあげたい。この二点には、二・二六事件を引き起こすにいたった軍部内の派閥抗争や、「大善」と称する将校もいた満州事変以後の軍事膨張政策への、阿南の不信が示されているのではないだろうか。

むろんこの訓話には、二・二六事件の処理に際して右往左往した軍の指導者層への批判が直接に語られているわけではない。だが私には、東京幼年学校の生徒に語る形こそとっているが、阿南の心中にある「なんとも軍人にあるまじき芯のない行動ではないか」という怒りが訓話からは読みとれる。精神面で崩壊にむかっている国軍の姿に阿南が強い怒りの感情を抱いたであろうことや、軍人としての進退の覚悟を新たにしたであろうことが想像できるのだ。

天皇の不満を肌身で知る

幼年学校の訓示内容は、まさに軍人阿南の生き方そのものであった。彼は昭和初年ごろから始まった派閥抗争とはまったく無縁で、昭和七、八年あたりから一層、激しくなった皇道派と統制派の確執のなかにあって、どちらにも与《くみ》することはなかった。それゆえ昭和九年八月には東京幼年学校の校長に転じることとなったのである。

この職は「陸軍の三大閑職の一つ」といわれていた。予備役に編入される一歩手前であり、軍の内部からは「阿南さんも引込み線に入った」と見られていた。

「父もそのつもりだったようです。当時、住んでいた家のそばに道場でも建てて、剣道を教えようかと、母に話していたと聞きました」(惟正氏)

この時期に派閥抗争とかかわった軍人たちの言動を検証していくと、統制派であれ皇道派であれ、多くの高級将校が青年将校をおだてたり、自らの権力を利用して人事に口を挟んだりと、その政治的野心が見え隠れしている。阿南にはそういった野心もなく、大元帥である天皇に仕えることのみを自らに課していたように見える。

昭和に入っての阿南の経歴を追ってみよう。昭和二年八月から翌三年五月まで視察旅行のためフランスに長期滞在している。帰国後は約一年、鹿児島の第四五歩兵連隊留守隊長を務めた。そして昭和四年八月から八年八月まで四年にわたり、侍従武官として宮中で天皇に仕えていた。

昭和という時代が満州事変（昭和六年）を機に「変調」をきたしていくとき、阿南は天皇の懊悩を間近で見ていたことになる。昭和七年には血盟団事件や五・一五事件といったテロ事件も起きており、軍人のなかでは「動機が正しければいかなる行為も是認される」といった独善的な言説が力を持っていたときでもあった。軍首脳らはともすれば独自の行動をとるし、さらには「大善」と称して既成事実を積み上げていく。そうした姿勢に対して天皇は強い不満を示している。当時、侍従長であった鈴木貫太郎らをはじめとする宮中《きゅうちゅう》内の側近たちは、そのような天皇の不満を肌身で知り、その聖慮を軍内に貫徹させなければならないと考えていた。このときの意識が、昭和二十年八月十四日に終戦を受け入れる鈴木貫太郎内閣の土台となったのであり、阿南もまた、その枠内にいたということであろう。

昭和陸軍のなかにある「阿南惟幾」という軍人の位置を見てみると、つまりはこういうこともいえる。阿南が前面に出ているときは、天皇の意思を代弁させられているときである。逆に阿南が外部からはよく見えない位置にいるときは——とくに太平洋戦争の開戦にいたる経緯にいえるのだが——、天皇の意思が軍内部に充分に反映されていたとはいいがたい。

言葉を変えていえば、阿南は昭和天皇の影のような役割を果たしていたのではないだろうか。このたび明らかになった「帝都不祥事件に関する訓話」は、そうした見方を裏付けるものだと私には思える。

阿南は二・二六事件のあと、東京幼年学校校長から、憲兵隊を掌握する兵務局長に転じ、不祥事件が相次ぐことのないよう監視につとめた。その後、昭和十二年三月から十三年十一月までは人事局長のポストに就いて、粛軍人事が円滑に行われるよう尽力した。これもまた不祥事件を二度と起こさないためのものであったが、ここで阿南は、寺内寿一、梅津美治郎、東條英機らの「新統制派」とでも言うべき派閥じみた行動に不快感を示している。

昭和十四年十月から陸軍次官となった阿南だったが、陸相の東條英機とは肌が合わずに省部を離れた。そして太平洋戦争下では、直接に政策立案、決定に携わることはなかった。それゆえに最後の段階で「歴史」から呼び出されて陸軍大臣に就いたのである。

乃木への強い崇敬

訓話原稿に話を戻そう。私は、阿南が青年将校たちに対して、「陛下に詫びよ。その謝意を示すためには、武士道にのっとって切腹すべきだ」と示唆していることに強い関心を抱いた。興味深いエピソードが東京幼年学校史『わが武寮』（私家版）にある。学生の指導を担当していた生徒監のひとりが、二・二六事件当日の阿南の言葉を記しているのだ。それによると阿南は、職員にこう尋ねたという。

「もし決起将校たちが今夜にも揺籃の地の母校を訪ねて来たら週番士官はどうするか」

青年将校のなかには幼年学校出身者もいた。鎮圧されて行き場を失えば、母校へやって来るかもしれない。職員の答えはさまざまだった。すると阿南はこう言ったという。

「彼らは自決の場として母校を選ぶかもしれない。無言丁寧に彼らを校内へ招じ入れ、寝台に真新しい敷布を敷いて一室を与える案はどうか」

すなわち切腹の場を与えよ、というのだ。この阿南の切腹への強いこだわりはどこから来ているのかと考えたとき、明治期の軍人、乃木《のぎ》希典《まれすけ》という人物に行き当たる。じつは阿南が軍人になる契機をつくったのは乃木であった。

内務官僚だった父が徳島に勤務していたとき、阿南は旧制徳島中学で学んでいた。そのころ善通寺に第一一師団長として赴任していた乃木希典が徳島に立ち寄ったことがあり、歓迎のため開催された武道大会で阿南は撃剣の試合に出場した。まだ身体は小さかったが、その勇敢な剣さばきが乃木の目にとまる。

「幼年学校で規則正しい生活をし、運動もやればすぐに背は伸びる。ぜひ受験させなさい」

乃木希典（国立国会図書館蔵）

乃木は阿南の父に声をかけた。それもあって阿南は広島地方幼年学校に入学している。沖修二『阿南惟幾伝』（講談社）には「広島の幼年学校入学いらい、阿南は乃木将軍を心の師として崇敬してきたのであった」との記述がある。広島から東京の中央幼年学校へ進学した後、阿南は折をみて乃木邸を訪ねたという。大正元年（一九一二年）に乃木が明治天皇のあとを追って殉死したとき、阿南は東京幼年学校の生徒監であった。講堂で乃木の死を伝える教官の講演に、阿南は「身じろぎひとつせず、白い手袋をはめた手を眼にあてて、男泣きに泣いておられました」という生徒の証言も同書に紹介されている。

切腹は「殉死」だった

乃木に心酔していた阿南ではあるが、この訓話原稿のなかでは乃木についてまったくふれていない。これは私の想像だが、不祥事件を起こした青年将校が謝罪するために自決するとしても、そこに乃木の例を引くのはあまりにもふさわしくないと考えたのだろう。言及しないことがかえって、阿南の乃木に対する強い思い入れを窺わせる。

乃木との関係に気づいた私は、阿南の内面にはいまだ明らかになっていない軍人観や人生観があるように思えてきた。乃木は明治天皇が病で倒れてからは、宮中を一日に三回も訪れてはその容態を確かめていた。そして明治天皇の崩御のあとの大葬の日に、古式にのっとり切腹している。このとき介錯はなかった。遺書には明治天皇に対して、西南の役のとき下賜された連隊旗を奪われたことの謝罪と、亡き後に自らの存在があり得ないことが記されている。

ここで冒頭の疑問に戻る。阿南は自決した際、「八月十四日」にこだわって、遺書にその日付を記している。それはこの日の御前会議を終えて、陸相官邸に戻るとき、すでに乃木と同じような方法での「殉死」を決意していたからではないだろうか。

八月十四日午後、鈴木貫太郎首相のもとで最終的に終戦の決定が閣議決定された。阿南は静かに署名し、花押を認《したた》めた。しかし詔書の文案にある「戦勢日に非なり」という字句を「戦局必ずしも好転せず」と訂正するよう主張している。これに対して海軍大臣の米内光政《よないみつまさ》が強硬に反対して論争が起こったが、鈴木首相の判断で阿南の案が通った。

この閣議の合間を縫って、阿南は陸軍省に戻り、陸軍最高首脳に経緯を説明して「陸軍はあくまで聖断に従って行動する」との意思統一を行っている。その後、省内の一室に省部の中堅幕僚を集めて、聖断下るという説明をくり返している。このとき阿南は、

「陛下はこの阿南に対し、お前の気持ちはよく分かる。苦しかろうが我慢してくれと涙を流して申された。自分としてはもはやこれ以上、反対を申し上げることはできなかった」

と、伝えた。そして、

「不満に思う者は、まず阿南を斬れ」と、付け加えた。この言によって、ポツダム宣言受諾、すなわち敗戦を受け入れることが陸軍内部の大勢となった。

鈴木首相は宮中を訪れ、詔勅に天皇の御名御璽《ぎょめいぎょじ》をもらい、閣僚全員が署名して公布の手続きの一切を終えた。時刻は午後十一時になっていた。東郷茂徳《しげのり》外相は、この日付をもってポツダム宣言を受諾する旨の訓令をスイスとスウェーデンに駐在するそれぞれの公使に発している。阿南が「十四日」にこだわったのは「敗戦を受け入れた日」だからであろう。

自決の前、阿南は首相官邸に鈴木を訪ね、総理にここにいたるまで迷惑をおかけしたと詫び、そして「私の真意は、ひとつにただ国体を護持せんとするためにあった」と伝えている。鈴木は阿南の肩に手を置いて、「そのことはよく分かっております」と応じた。

昭和二十年八月十四日から十五日朝にかけての阿南の動きやその発言は、義弟で副官でもあった竹下正彦の日記（軍事史学会編『機密戦争日誌〈下〉』錦正社所収）に記述されている。阿南は遺言を託したあと、介錯を断わり、乃木と同じく自らの手で果てた。

竹下の記述や、自身の遺書によって、阿南の自決は敗戦の責をとっての行動だったとされている。私もそのように理解してきた。しかし今回の二・二六事件に関する訓話から浮かびあがってくる阿南の内面は、そうした見方に再考を迫るものではないか。

敗戦という事態の責任をとったのは間違いないだろう。だが、それだけではない。阿南は、かつて乃木が明治天皇に殉じたように、自分は明治天皇、大正天皇、昭和天皇と続いた「天皇制下での軍事主導体制」の崩壊に殉じたのではないだろうか。

ポツダム宣言のもとで、日本の新しい体制がどうなるかはわからないが、それが天皇制下での体制であってほしい——阿南が最後まで主張していた「国体護持」とは、そういう意味なのだろう——と強く希望しつつ、阿南は乃木の時代から続いてきた従来の体制に殉じた。

「責任観念の差は大なり」

言葉を変えれば、阿南は「近代日本」と殉じたのである。しかも、切腹というもっとも日本的な方法を用いて、乃木と同様に殉じた。そうすることにより阿南は、近代日本の忠臣の姿を歴史のなかに刻みこんだ。私にはそう見える。

それと同時に阿南は、同じく責任をとるべき他の陸軍指導者に対して範を示したように思える。死の直前、阿南は彼らへの直接的な批判は口にしていない。言葉ではなく自らの行為で訴えたのだ。

戦争終結後、たとえば東條英機や杉山元《はじめ》など、阿南よりもはるかに「責任観念」を明確にしなければならない指導者がいたが、杉山は敗戦からほぼ一カ月もたった九月十二日に拳銃で自殺。東條はその前日（十一日）、逮捕にやってきた米軍ＭＰの前で拳銃自殺に失敗している。彼らの自決は戦犯として逮捕されることへの恐れからであり、何かに殉じたわけではない。

そうした身の処し方を見たとき、人が重要な場で責任をとるためには、日ごろの覚悟がいかに必要なのかがわかる。そうした視点は、昭和史をあらためて見つめるときの基軸になるのではないだろうか。

阿南は、すくなくとも昭和十一年の二・二六事件の直後から、昭和二十年八月十四日にいたるまで、つねに軍人として覚悟をきめていた。このたび公表された訓話要旨が示しているのは、一貫した阿南の態度である。

東京幼年学校で阿南の薫陶をうけた西宮氏は、こう回顧する。

「『勇怯差は小なり、されど責任観念の差は大なり』という言葉は、とくに校長が強調しており、いまも覚えています。責任をとるための切腹の作法についても聞かされたことがありました」

『偕行』誌で訓話要旨が発表されると、西宮氏のもとへ、幼年学校の卒業生たちから多くの声が寄せられた。そのなかにこういった趣旨のものがあった。

「いまにして思えば、陛下のご信任の篤かった阿南さんは、満州事変、そして、それ以後の日本が進む方向に、教え子が安易に流されてはいけないと思っていたことがわかります。しかし、その流された結果に対して、もっとも抵抗感を持っていた阿南さんが自決という形で責任をとった。これは歴史の皮肉というべきです」

私もまったく同感なのである。

帝都不祥事件に関する訓話

昭和一一、三、一二
於　第一講堂

去る二月二十六日早朝我陸軍将校の一部が其《その》部下兵力を使用して国家の大官を殺害し畏《おそれおお》くも宮城近き要地を占拠せる帝都不詳事件は諸子の已《すで》に詳知せる所なり。而《しこう》して其蹶《そのけっ》起《き》の主旨は現下の政治並《ならびに》社会状態を改善して皇国の真姿発揚に邁進せんとせしものにして憂国の熱意は諒とすべきも其取れる手段は全然皇軍の本義に反し忠良なる臣民としての道を誤れり。以下重要事項につき訓話する所あらんとす。

第一、国法侵犯並軍紀紊乱

単に同胞を殺すこと既に国法違反なるに　陛下の御信任ある側近並内閣の重臣特に陸軍三長官の一人たる教育総監を殺害するが如《ごと》きは国法並軍紀上何《いず》れより論ずるも許すべからざる大罪なり。

一、重臣に対する観念

仮《か》りに是等《これら》重臣に対し国家的不満の点ありとするも苟《いやしく》も陛下の御信任厚く国家の重責を負いたるものを擅《ほしいまま》に殺害駆除せんとするが如きは臣節を全うするものにあらず。先ず陛下に対し誠に恐懼《きょうく》に堪えざる事なるを考えざるべからず。

忠臣大楠公の尊氏上洛に処する対策用いられず之を湊川に邀撃《ようげき》せんとするや当時に於ける国家の安危は到底昭和の今日の比に非《あら》ざりしも正成は尚《なお》御裁断に服従し参議藤原清忠を斬るが如き無謀は勿論《もちろん》之を誹謗だにせず一子正行に桜井駅に遺訓す。言々《げんげん》国賊誅滅一族殉国の赤誠あるのみ。而して戦利あらず弟正季と相刺《あいさ》さんとするや「七度人間に生れて此賊を滅さん」と飽《あ》く迄《まで》大任の遂行を期して散りたるが如き誠に日本精神の発露にして忠臣の亀鑑《きかん》たるは言うまでもなく特に責任観念の本義を千載の後に教えたるものにあらずや。自己の職責と重臣に対する尊敬とは此間《この》によく味うを得べく今回の一部将校の行為と霄壌《しょうじょう》の差あるを知るべし。

二、長老に対する礼と武士道

重臣就中《なかんずく》陸軍の長老たる渡辺教育総監を襲いし一部の如きは機関銃を以《もっ》て数十発を発射し更に軍刀を以て斬り付けたる如き陸軍大将に対する礼儀を弁《わきま》えざるは勿論《もちろん》其他高橋蔵相斎藤内府等に対しても一つの重臣に対する礼を知らず実に軍紀を解せず武士道に違反し軍人特に将校としての名誉を汚辱せるものなり。

彼の大石良雄等四十七士が苦心惨憺の後吉良上野介を誅せんとするや不倶戴天《ふぐたいてん》の仇に対しても良雄は跪《ひざまず》きて短刀を捧げ「御腹を召さるるよう」と懇《ねんご》ろに勧告して武士の道を尊び已《や》むを得ざるを見て「然《しか》らば御免」とて首を打ち総ての場合に於て「吉良殿の御首頂戴」等いとも鄭重《ていちょう》なる敬語を用い居る所真に日本武士の大道に叶えるも

のと言うべし。今回の将校等殆《ほとん》ど全部が幼年校又は士官校に学べるものなるに斯《か》かる嗜《たしな》みなかりしは臭《しゅう》を千載《せんざい》に残すものにして武夫《ぶふ》の礼、武士の情を知らざるが如きは已《すで》に軍人として修養の第一歩を誤りたるものとす。諸子反省せざるべけんや。

三、遵法の精神

動機が忠君愛国に立脚し其《その》考えさえ善ならば国法を破るも亦已《またや》むを得ずとの観念は法治国民として甚だ危険なるものなり。即《すなわ》ち道は法に超越すと言う思想は一歩誤れば大なる国憲の紊乱《びんらん》を来すものなり。道は寧《むし》ろ法によりて正しく行わるるものなりとの観念を有せざるべからず。

古来我憂国の志士が国法に従順にして遵法の精神旺盛なりしは吾人の想像だに及ばざるものあり。

吉田松陰の米船により渡航を企つるや其悩みは「国禁を犯す」ことなりき。故に此件につき佐久間象山に謀《はか》りしに象山は近海に漂流して米船に救い上げらるれば国禁を犯すにあらずとの断案を授けぬ。松陰大《おお》いに喜びて以て大図を決行せしなりと伝う。又林子平が幽閉中役人さえ密かに外出して消遣《しょうけん》し然《か》るべしと勧告せしに

月と日の畏《かしこ》みなくはをり〳〵は
　人目の関を越ゆべきものを

とて一歩も出でざりきとぞ。先生の罪は自ら恥ずる所なく愛国の至誠より出たるに

も拘《かかわ》らず尚且斯《なおかつかく》の如く天地神明に誓って国法を遵守せしが如きは如何《いか》にも志士として国士として恥じざるものと謂《い》うべし。此等忠臣烈士は仮令《たとえ》幕府の法に問われ或は斬罪の辱《はずかしめ》を受しと雖《いえど》も其奕々《えきえき》たる精神は千載の下《もと》人心を感動せしめ且つ世道を善導せる所以《ゆえん》を思うとき今回の事件が武人として吾人に大なる精神的尊敬を起さしめ得ざるもの茲《ここ》に原因する所大なるものあるを知るべし。

第二、統帥権干犯行為

彼等一部将校は徒《いたずら》に重臣等共の統帥権干犯を攻撃し之を以て今回蹶起《けっき》の一原因に数え悲憤慷慨せり。然《しか》るに何ぞや擅《ほしいまま》に皇軍を私兵化し軍紀軍秩を紊乱して所属長官の隷下を離れ兵器を使用し同胞殊《こと》に重臣殺戮の惨を極め剰《あまつさ》え畏くも皇居に近き官庁官舎を占拠せるが如き全く自ら統帥権を蹂躪破壊せるものにして其罪状と国の内外及将来に及ぼす悪影響とは蓋《けだ》し彼等の唱うる重臣の過失に倍すること幾何《いくなん》ぞや迷妄恐るべきかな。

第三、抗命の行為

霞ヶ関附近要地占領後自ら罪に服せざるは勿論《もちろん》所属師団長以下上官の諄々《じゅんじゅん》たる説論も帰隊に関する命令も全然耳を仮《か》さず或《あるい》は条件を附し或は抗命の態度を取る等軍紀

を破壊せり。而《しこう》して是等《これら》一部将校に率いられたる下士兵の行動は多くは真事情を知らず唯《ただ》上官の命の儘《まま》に行動せるもの多きも未《いま》だ其心理の詳細に至りては明かならず。他日判明を待ちて研究する所あらんとす。但し今日の教訓として軍人の服従に関する心得中左の二項は特に肝銘《かんめい》しおかざるべからず。

一、服従の本義は不変なり

服従の精神は依然として　勅諭礼儀の条の　聖旨に基《もと》づき従来と何等変化なく「服従は絶対」ならざるべからず。

今回の如き特例を以て服従に条件を附するが如きことあらんか忽《たちま》ち上下相疑うの禍根を生じ軍隊統率軍紀の厳粛（訓育提要軍紀の章参照）に一大亀裂を与うるものなり深く戒めざるべからず。

二、上官特に将校の反省と教養

上官たらんものは「上官の命令を承ること実は直《ただ》ちに朕《ちん》が命を承る義なりと心得よ」との　聖旨を奉体し常に　至尊の命令に代りて恥じざる正しき命令の下に服従を要求すべきものにして猥《みだ》りに「国家の重臣を殺せ」など命令するが如きことあらんか啻《ただ》に命令の尊厳を害《そこな》い服従の根柢を破壊するのみならず将来部下の統率は絶対に不可能に陥らん。嘗《かつ》て戒め置けるが如く「其身正不レ令而行其身不レ正雖令不従」（論語訓話第一号の如く書きある書物あり）と。即ち服従の精神を繋《つな》ぐものは下にあらずして上官にあることを忘るべからず。故に将校たらんとする諸子は今日より先《ま》ず其身を正しくし教養を重ね部下をして十分の信頼を得しめ喜んで己に服従し命令一下水火も辞せざらしむる底の人格と識見とを修養することを第一義となさざるべからず。

第四、最後の態度

事件最後の時機に於《お》て遂に　勅令下るに至る。誠に恐懼《きょうく》に堪《た》えざる所なり。如何《いか》なる理由あらんも一度　勅命を拝せんか皇国の臣民たらんものは啻《ただ》に不動の姿勢を取り自己を殺して　宸襟《しんきん》を悩まし奉りし罪を謝し奉るべきなり。然《しか》るに惜むらくは彼等は此期に及んで尚此大命すら君側《くんそく》の奸臣《かんしん》の偽命なりとして之に服せざるが如き其間如《い》何《か》なる理由あるにもせよ寔《まこと》に恐懼痛心に堪えざる所にして実に　勅諭信義の御戒に背《そむ》きしものと謂うべく事茲《ここ》に至りて彼等の心境に多大の疑問を残すに至り同胞軍人として遺憾極とす。

一、自決と服罪

我国にて自決、切腹等は武士が戦場等に於て已むを得ざる場合其名誉を全うせんが為取りしに始まり己が国法を犯したるとき等は自ら殺す即ち自ら罪を補うは御上に対し其道に背きし一種の謝罪を意味す。畢竟《ひっきょう》切復《ママ》は武士の面目を重んじたるものなり。己の行動が死罪に値するとせば更に絞首火炙《ひあぶ》りにも値するやも知れず故に潔《いさぎよ》く服罪して処罰を仰ぐを武士道とせるが如し。是れ大石良雄の復讐達成後の覚悟及処置にても明かにして万一にも死罪を免ぜらるる事ありとするも少なくも良雄と主悦とは自決して罪を天下に謝すべきものなりとの信念を有したりしと聞く。

是《こ》れ真の武士道なり。然るに今回の事件に際し将校等が進んで罪に服するにもあらず僅《わず》か二名が自殺し一名未遂に終りしのみなりしは我武士道精神と相隔《へだ》つること大なるものにして吾人は此際自決するを第一と考うるも一歩を譲りて若《も》し我儘《わがまま》の自決が陛下に対し奉り畏《おそ》れ多しと感ぜしならば潔く罪に服すべきものなりと断ぜざるを得ず。

二、彼等の平素

彼等の平素に於て人格高潔一隊の輿望《よぼう》を担いつつありしもの決して之れなしとせざるも仄聞《そくぶん》する所によれば其大部は上官同僚にさえ隔心あり隊務を疏外《そがい》して本務たる訓練に専心ならず軍務以外の研究に没頭し武人として必ずしも同意し得ざる点多々ありしと。平素の人格高潔にして真に至誠人を動かし而《しかれど》も最後に潔く自決するか又真に大罪を闕下《けっか》に謝せんが為従容進んで罪に服せしならんには少くも今回の挙は精神的に日本国民に多大の感銘を与うるものありしならんに其平素の行為と最後の処置を誤りし点とに於《お》て一段同情と真価とを失えりと言わざるべからず。夫《そ》れ天下を治めんと欲するものは先ず其身を修むべしとは古諺《こげん》に明示せられある所深く思わざるべからず。

第五、背後関係

本事件の背後関係につきては未だ確報を得ざるも北輝次郎、西田税一派と密接なる連絡ありしものの如く其大部が彼の「日本改造法案」を実行せんとするが如き主義に基《もとづ》けるにあらずやとの疑あり。果して然りとせば深く戒慎《かいしん》を要するものあり。彼の改造法案は已に昭和二年頃一読せしことあり。其後も吾人の間には屢々《しばしば》話題に上りしものにして其主旨が国家社会主義と言わんより寧《むし》ろ民主社会主義に近く我国体の本義に一致せざるは何人も明かに認め得る所なるに彼等一部青年将校は其純真なる心情より徒《いたずら》に彼等を過信し或はよく之を熟読批判することなく彼等の主張に引きつけられしものならん。もし之に心酔せりとせば将校として其見識殊《こと》に国体観念に於て研鑽と信念の不十分なるによるべく寧ろ此点同情に堪えざるものあり。以上の如き心境は羊頭を掲ぐる幾多不穏思想の乗ずる所となり易《やす》く彼の欧州大戦時に於ける独海軍及露軍の革命参加の経過より見るも明かにして（例記載を除く）一歩を誤らば皇国皇軍を危険に導くもの之より大なるは莫《な》し。軍隊の楨幹《ていかん》たらんものは自ら修養と研鑽を積み皇軍将校としての大綱を確実に把握し何物も動かすべからざる一大信念に生き苟《いやしく》も羊頭狗肉の誘惑に陥るが如きことあるべからず。

第六、結　論

以上は事件の経過に鑑《かんが》み比較的公正確実なる情報を基礎として生徒に必要なる条件につき説明訓話せるものにして如何なる忠君愛国の赤誠も其手段と方法とを誤らば大御心《おおみこころ》に反し遂に大義名分に戻り　勅諭信義の条下に懇々訓諭し給える汚命を受くるに至る諸子は此際深く自ら戒め鬱勃《うつぼつ》たる憂国の情あらば之を駆って先《ま》ず自己の本分に邁進すべし。是れ忠孝両全の道にして各条述《の》ぶる所は此忠孝一本の日本精神に基ける千古不磨《せんこふま》の鉄則なり。今回の事巷間《こうかん》是非の批判解釈多種多様ならんも本校生徒たる諸子は堅く本訓話の主旨を体し断じて浮説に惑わさるることあるべからず。（原文は旧字旧カナ）

第十二章　エリート軍人・四王天延孝はなぜ陸軍の指導者たり得なかったか

今となっては、四王天延孝《しおうてんのぶたか》という珍しい名の人物を知る者は少ない。

とはいえ、昭和史にいささかでも精通しているなら、エリート軍人のひとりで、昭和四年（一九二九年）に予備役に編入後は日本の航空界に寄与したというイメージはすぐに浮かぶだろう。あるいは、昭和十七年四月の翼賛選挙で東京五区から立候補して当選したという事実も知っているかもしれない。そうした事実のほかに、昭和前期の反ユダヤ史観の急先鋒であり、昭和七年には『シオン長老の議定書』という翻訳書を刊行し、この分野でもっとも名の知られた人物だったことを覚えている人もいるかもしれない。

四王天という姓が珍しいだけに、後にかぶせられているイメージもまたユニークといっていい。私自身、昭和史の資料を繙《ひもと》いている折、この名に出会うとこの人物の素顔はどのようなものなのか、という関心はもってきた。前述の幾つかの事実は知っていても、もうひとつその実像が浮かんでこなかったのだ。
そこであらためて私の調べた範囲で、あるいは理解した範囲で、四王天延孝の実像を紹介しておこうと思う。
初めにこの人物の略歴を軽くスケッチしておくが、平成二年（一九九〇年）に刊行された『朝日人物事典』（朝日新聞社）には次のように記述されている。

一八七九・九・二―一九六二・八・八　陸軍軍人。群馬県生まれ。一九〇九（明治四十二）年陸軍大学卒。一四（大正三）年および一九年陸軍砲工学校教官、二二年航空学校教官、二三年陸軍省軍務局航空課長、二七（昭和二）年豊予要塞司令官を歴任。二九年中将、予備役編入後、一九年帝国飛行協会専務理事、四二年衆院議員。第一次世界大戦時、フランス軍に三年間にわたり従軍し、総力戦の実態を体験。そこから航空機の戦力的価値に着目し、軍務局航空課長時代には航空の大充実、新兵器の研究のためには七個師団程度の削減も辞さない覚悟で臨む必要があると説いた。著書に『四王天延孝回顧録』（六四年）がある。

この略歴によると、「群馬県生まれ」となっているが、実際には埼玉県の東松山の生まれという。しかしともかくこの略歴から、すぐに幾つかのことがわかる。陸大卒のエリート軍人であり、航空畑に早くから着目していた先見の明があり、加えて総力戦体制の提唱者だった——これらの事実を踏まえると、少なくとも昭和初年代には陸軍の指導部に入り、本来ならその卓越した知識を生かさなければならなかったはずである。もっとも、この略歴には、四王天の一部しか記述されていないためにその全体像が浮かんでこない。つまり、四王天がなぜ陸軍の指導者たり得なかったのか、という理由が隠されているように思えるのだ。

そこで軍内の資料や昭和陸軍を解剖する書などから、もうすこし四王天延孝の全体像を描いてみることにしよう。

四王天は、明治十二年（一八七九年）に前橋藩松山陣屋付藩士の西村家に生まれたが、十代で四王天政彬の養子となり、軍人を志す。明治三十一年十二月に陸軍士官学校に入学、その後は前述の『朝日人物事典』に記されているとおりのコースを歩むのだが、大正五年（一九一六年）八月から八年三月までは第一次大戦のもとフランス軍に入り、戦略、戦術、それに具体的な指揮について学んでいる。ここで重要なことは、フランスは連合国の一員として、ドイツ・オーストリアなどと戦い、軍事的には勝利を得るにしても、その戦争被害は国土の荒廃、人員の損耗の点でもっとも大きな痛手を受けていることだ。四王天は、第一次大戦の渦中に現実に身を置くことで、この被害をつぶさに見聞している。

とくに第一次大戦は、人類史にあって戦争の概念をまったく変えてしまった。それまでの戦争とは、兵士のみが限られた戦闘地域で戦い、その勝敗によって国家の勝敗が決まったが、第一次大戦では航空機や戦車の登場、さらには砲弾距離の長い高射砲の開発、毒ガスの使用が常態化し、戦争とは国家総力戦そのものになった。国家の経済、産業、文化、統治システムなどはすべて戦時用に切りかえることが必要で、しかも非戦闘員の大量死も当たり前になった。

四王天は、こうした現実を確かめて、ふたつの考えをもった。ひとつは、国家総力戦に移行したとはいえ、新しい兵器である航空機を有効利用しなければ戦争には勝てないという軍人なりの信念であった。そしてもうひとつが、戦争の原因は国と国の国益の対立であるのではなく、ユダヤ人が意図的にそうした戦争を起こさせているとの認識である。このユダヤ陰謀史観は、第一次大戦下のヨーロッパ（とくにフランス）では軍人の間にも公然と囁かれていた。四王天はこの考えに魅かれたのである。魅かれたどころではなく、積極的に信奉者ともなったのだ。

四王天が、昭和にはいって陸軍の指導部に列することができなかったのは、ユダヤ陰謀史観を嫌う当時の指導者、たとえば元帥の上原勇作から睨《にら》まれたからだ。一説によれば、「そのような意見を撤回しろ」と命じられたこともあるという。そしてもう一点、第一次大戦の終結後に陸軍のエリート軍人はぞくぞくヨーロッパにわたってその研究を行うが、永田鉄山《てつざん》、小畑敏四郎《おばたとしろう》、岡村寧次《やすじ》、東條英機ら、四王天の次の世代は日本陸軍の建軍以来の範であるドイツ陸軍に関心をもち、フランス陸軍は、戦争には勝ったにせよ個々の戦闘では敗れたケースが多いとして、フランス陸軍に関心をもつ軍人に激しい反感を示した。

これらの理由で、四王天は要職から外されることになったと分析できる。

四王天はフランスから戻ると、砲工学校教官などをつとめたのち、大正九年十一月からハルピン伝家甸《フーチャテン》憲兵分隊長、つづいて関東軍憲兵などをつとめた。この期はロシア革命によって、亡命ロシア人がハルピンに大量に流入してきて、中国東北部の都市はあたかもロシア人の街と化すほどになった。こうした状態にふれたためもあり、四王天は、「ロシア革命はユダヤ革命である」と主張し、ユダヤ人は世界制覇をめざして各国で陰謀を練っていると軍の内外で説くようになった。

ユダヤ人は、非ユダヤ人は無知な存在であり、獣のように見ていると、反ユダヤ史観を一方的に説きつづけるのだから、上原をはじめとする軍首脳部は危険人物とみたのも当然であろう。

もっともこの陰謀史観は、四王天だけではなく、酒井勝軍《さかいかつとき》などの軍人も強力な主張をくり返した。酒井は、アメリカに駐在武官として赴任していたころにこういう見方にふれて、日本に帰っても四王天とともにこの主張を強力に進めている。こうした陰謀論がいきついた先に、日本人とユダヤ人は根は同じで、日本人こそが正統なユダヤの世界制覇の役割が与えられているという「日猶《にちゆ》同根論」が生まれたりもした。

昭和にはいると、四王天は軍内ではほとんど黙殺された形になり、第一六師団付、第三師団付とたらい回しにされ、昭和四年に前述のように予備役になった。その後は帝国飛行協会の専務理事をつとめる一方で、在野のユダヤ研究者として名を知られることになった。

その四王天が、一般の人びとに注目されたのは、太平洋戦争勃発後の昭和十七年四月に、東條内閣のもとで行われた翼賛選挙においてである。戦争に協力する人材で議会を固めようとする翼賛政治体制協議会の推薦を受けて、四王天も東京五区から立候補している。四王天はアメリカの政策はユダヤ人が動かしていると言い、日本はその陰謀に立ち向かわなければならないと説くのだが、この期には有権者の間でも人気を集めたらしい。とくに東京五区は、品川区、目黒区、荏原区、大森区、蒲田区、世田谷区、渋谷区、中野区、淀橋区、杉並区などが選挙区なのだが、当時の日本の知識人、富裕層、それに各界の指導者が住んでいた地区である。制限選挙だから、女性に参政権はなく、一定の納税額をおさめていなければ選挙権はなかった時代、四王天はこの選挙で七万六一五〇票を獲得するのである。

この得票数は、全国でも最高の得票であり、日本中を驚かせてもいる。

なぜこれほどの票を得たかについては、今に至るも適確な分析はないが、私の見るところ五カ月前の真珠湾奇襲攻撃によって、日本にはアメリカに打撃を与えたにせよ、はたしてこの戦争は勝てるのかという不安があったとみるべきだろう。ユダヤ陰謀史観でみると、日本はその史観をくつがえす役割を果たしているとの安心感があり、それが不安感を抑えつけていたのであろう。

戦時下の議会で、四王天はめだった発言はしていない。現実の戦争の前では、四王天のもつ航空知識こそが必要とされていたからでもある。

敗戦後、四王天はA級戦犯容疑者としてスガモプリズンに収容される。アメリカ側はその論に関心をもったらしいが、しかし四王天の反ユダヤ感情は、偽書とされた『シオン賢人議定書』をもとにしていると知って関心を失ったらしい。これは十八世紀からヨーロッパで出回っていたまったく偽りの歴史書として有名だったからだ。四王天は昭和二十二年十二月にスガモプリズンを釈放になっている。

戦後も四王天は、反ユダヤ協会を設立して会長におさまるなど、この面で名を上げている。昭和三十七年八月に八十二歳で病没した。

四王天の一生を丹念になぞっていくとわかることだが、もし四王天が反ユダヤ史観にとらわれることなく、陸軍内部で自らの知識や体験をもとにしての軍事哲学を披瀝(ひれき)し、そしてその哲学にもとづいた戦略を後進の参謀たちに教えていったなら有能な指導者のひとりに数えあげられたであろう。なにしろ日本陸軍は、第一次大戦のフランス陸軍をあまりにも軽視したために、太平洋戦争そのものに慎重さを欠いたことになるからだ。

四王天延孝の心情の底には、第一次大戦で体験した非人間的な戦場の様相があったことはまちがいないが、そのことを四王天はどのように語るべきか煩悶しつつ、自らの信じる人生を歩んだことは認めるべきであろう。

第十三章　瀬島龍三の晩節

お笑い芸人に語る瀬島

平成十五年（二〇〇三年）三月、私が講座をもっている大学の三年生五人と、ささやかな会合をもった。談論風発、話がはずむうちに、ひとりの学生が、

「瀬島龍三って、かつて日本を動かした人物なんですね。テレビで自分の生きてきた道を語っているのを聞いて、大物だったんだなあと思いました」

と、感動した面持ちで切り出したのである。


聞けば、前年の十月か十一月、瀬島はテレビで笑福亭鶴瓶、南原清隆というお笑い芸人二人を相手に、九十一歳になる今日まで、自らのたどった道を語ったそうである。私はその番組を見ていなかったが、同じ十一月、大本営の末端に位置したことのある旧軍人から、「また瀬島が好き勝手を言っていますよ」と電話があり、ビデオテープを送ってきたことを思い出した。

この学生はその番組を見て、瀬島の言い分をそのまま信じ、「日本を動かした人物」と言っているようだ。

同席していた別の学生が、私の『瀬島龍三――参謀の昭和史』（文春文庫）と共同通信社社会部編の『沈黙のファイル』（新潮文庫）の二冊を挙げ、「おまえ、この二冊をよく読めよ。瀬島ってどんな人物かよくわかるよ」と、水を差した。

それから二人の間で、ささやかな論争が起きたのだが、私は一切口を挟まずに黙って聞いていた。ただ次第に、瀬島の言い分をそのまま信じていた学生は、太平洋戦争に関する本や、昭和という時代を分析した本をまったく読んでいないことが明らかになっていったのである。

そのことが私には興味深かった。

昭和という時代の空気にふれたことがない世代、そして昭和という時代になにがあったのか知らない世代、そういう世代の心に瀬島証言は巧みに入りこんでいる。これによって、のちの世における「昭和という時代」の解釈がどれほどねじ曲がってしまうのか、私は暗然たる思いがした。

後日、私は送られてきたビデオテープを見たが、途中でスイッチを切ってしまった。「新・平成日本のよふけ」というタイトルのこの番組、お笑い芸人の無知や無理解はともかくとして、語られる内容は、これまで瀬島自身が著書のなかでくり返してきたものと同じだったからである。

語られぬ南部仏印進駐

ところがその二月、番組の内容が『瀬島龍三　日本の証言』（フジテレビ出版）という形で出版され、ベストセラーになっているという。

番組でも瀬島に付き添うような形で座っていた評論家の屋山太郎が書いた「序にかえて」には、

（瀬島氏に出演を強く薦めたのは）楽しい番組になるに違いないし、若者が生の日本近代史を知るよい機会だと思ったからだ。それがこうして本になり、読み返してみて、私はよいことをしたとつくづく思っている。

とある。しかし、これは、「生の日本近代史を知る」ことにはとうていならぬシロモノだ。史実が瀬島の都合のいいように歪《ゆが》められているのである。

たとえば次の証言。

そこでね、昭和一六年の日本のいちばん大きな問題は、日米交渉におけるアメリカからの要求に対して、日本はどうするのかということでした。三国同盟からの脱退など、国家の信義に関する問題ですから、簡単に応ずることができないわけです。

そうこうしておるうちに、緊急電報が打電されてきました。それは、昭和一六年七月二五日のことです。この日、アメリカは「在米日本資産の全面凍結令」を公布し、続いて二六日にはイギリス、次いで二七日にはオランダ、香港も、日本の在外資産を全面凍結するというのです。

在外資産の全面凍結を受けると、日本には石油が一滴も入ってこなくなる。（傍点・著者）

歴史には「因果」がある。瀬島の証言は「果」のみを語って、「因」にはふれていない。「因」とは、日本の南部仏印進駐である。

この武力進駐を行えば、アメリカが石油の全面禁輸を行うことは予想されていた。にもかかわらず、日本の軍事指導者は、そのような事態はあり得ないと勝手に判断して、武力進駐を行った。

『太平洋戦争への道（7）』（日本国際政治学会太平洋戦争原因研究部編）には、陸軍側が、「最後まで全面禁輸の発動なしの身勝手な判断を抱きつづけたのであり」といった表現を数多く見いだすことができる。

『大本営陸軍部大東亜戦争開戦経緯（四）』を見ても、昭和天皇自身、南部仏印進駐に懸念を洩《も》らしているし、アメリカやイギリスが対抗措置をとるのではないかともいっている。それに対して、参謀総長の杉山元は、ひたすら作戦部の幕僚に突きあげられる形で、「武力以外ハ困難デアリマス」と答えている。

瀬島が「そうこうするうちに」と片付けているなかに、瀬島自身を含む当時の参謀本部作戦将校の判断ミスが隠されている。

私は瀬島に対し、昭和六十二年（一九八七年）の三月二十三日と二十五日の二日にわたり、延べ八時間近いインタビューを試みた体験をもつ。そのとき感じたのは、「この人は奇妙な話し方をする」ということだった。

「ことの本質」は決して話さず、つねに論点をずらしていく。些細なこと（たとえば日時、天候、関係者の表情など）については実に饒舌だが、質問の核心からはどんどん離れていく。

『瀬島龍三　日本の証言』を読んで、その話法は変わらぬどころか、さらに巧妙になっていると感じた。

瀬島は、「海軍と陸軍、それに政府も開戦を決意して、それで真珠湾になるわけ

ですね」と問われ、まず、

一二月一日の御前会議には、私はスタッフですから出ておりませんが、記録のまとめなどをしたので、様子がわかります。

と答えている。そして開戦にいたる経緯の説明をしたあと、

開戦第一日は一二月八日零時であると正式に決まったのは、一二月二日の午後二時のことでした。御前会議が午後二時で終わって、私が宮中を出たときには、ちらちらともう雪が降っておった。

としめくくるのである。

瀬島クラスの参謀が御前会議に出るはずがないということを知らない人たちは、まるで瀬島が十二月二日の御前会議には出席したかのような錯覚をおぼえるだろう。

このように相手に錯覚を与えるような表現を随所で用いる話法は、これまで瀬島が著してきた『幾山河』（産経新聞ニュースサービス）などに比べると圧倒的に多い。

史実の検証能力がない若い世代向けの話法を開発したといっていいのかもしれない。

瀬島証言の四条件

瀬島証言には、自分の都合にあわせて歴史との距離を変えるという特徴もある。

平成九年（一九九七年）、瀬島は相次いで、『祖国再生』（PHP研究所）、『幾山河』などの著作を刊行した。私はそれらの内容を検証し、「瀬島龍三さん、もう退場しなさい」（『諸君！』一九九七年五月号）という原稿を書いた。

「瀬島氏は、戦前、戦時下のことは『大本営』という組織にヤドカリして自らの責任を巧みに回避しながら、都合のよいところにくるとその実態とかけはなれた形で、自らの動きを誇示する。たとえば、『大本営』という組織をもって昭和陸軍を語りながら、唐突に、自分を『六百万人の兵を動かす参謀』と称したり、『開戦を告げる「ヒノデハヤマガタ」という暗号電報を各部隊に打った』と大仰に語ったり、『（終戦末期には）私はもう個人としては敗戦必至と思った』とかいいだす。つまり敗戦責任は、陸軍という組織に負わせる一方で、そのなかで自分がいかに重要な役割を演じたかについては、実に貪欲に話すのである。

自己が中心、自己がいかに大物であるか、を印象づける言い回しや記述は、瀬島氏の話を聞いたり著作を読めば随所に指摘できる」

今回も、また同じである。

秩父宮をはじめとする皇族、杉山元などの統帥責任者の名前がしばしば登場し、あたかも薫陶を受けたかのように書く。しかし、そうした人たちの証言や日記などの記録に、瀬島の名前はまず見あたらない。

私は、昭和前期（なかんずく太平洋戦争を中心に）の軍人や政治家、官僚、そして下士官、兵などに会い、彼らの体験をつぶさに聞いてきた。その数は、三十年余りで延べ四〇〇〇人近くになる。瀬島の属していた大本営作戦課や、陸軍省軍務局の高官、それに瀬島の同僚や同年代の旧軍人にも話を聞いてきた。

彼ら「エリート軍人」の証言する姿勢、内容、そして責任のとり方は、ことごとく瀬島とは異なったものだった。

彼らは、自分で行ったこと、自分の知っていること、そして自分の個人的感想などを明確に区分して話す。そして、「そのとき個人的にはどう思ったのですか」という質問には、決して答えない。

「それは言いだせば、歴史にかかわった私たちの弁明と受け取られることになってしまうのではないかと思う。答えは遠慮します」

石井秋穂《あきほ》（陸軍省軍務局高級課員・開戦までの政策立案にあたる）はそう答えたが、

おおむねこのような返事をするのが常であった。瀬島のように、自らに都合のいいように話すエリート軍人は、まったく珍しいとしか言いようがない。

瀬島へのインタビュー体験、ほかの軍人との比較、著書などを分析すると、その証言内容には、はっきりとした特徴があることがわかる。
(一)本質にふれない(細部だけは詳細に語る)
(二)巨大な組織や官職の高い者の名前を頻繁に口にする
(三)「私」があって「公」がない
(四)史実を自分に都合よく調整する
私はこれを、「瀬島証言の四条件」と呼んできた。むろん瀬島証言のすべてがこの「四条件」にあてはまると断定はしない。しかし、こと「史実」に関して、瀬島は証言者としてあまりに「不誠実」なのだ。

『瀬島龍三　日本の証言』のなかには、次のようなやりとりもある。

――参謀本部に配属されたとき、いちばん最初に何をされたのですか。

参謀本部兼大本営陸軍参謀に着任したときには、まず最初に参謀総長の閑院宮《かんいんのみや》載仁《ことひと》親王元帥のもとに申告(上司に申し出る)に行きました。そのあと、秩父宮課

長に申告に行ったところ、

「東京参謀本部は、国防と傭兵の府である。よく大局を見て仕事をやれ」

とおっしゃいました。

いまから振り返ると、秩父宮課長には非常に厳しく仕込まれました。たとえば、第一線に重要な電報を書くことを命ぜられて、課長殿下のところへ電文を持っていくと、私の字が一字も残らないぐらい直されたんです。

発信者は参謀総長、受令者は支那派遣軍総司令官・畑元帥で、そこだけは直されなかったが、そのほかはすべて直されて、私の字が一字も残らなかった。それで、非常にがっかりして、陸軍大学を出たけどやっぱりダメなんだなと思って、直されたものを読んだのですが、それが実によくできていて、直されて当然だと思いました。

これは瀬島が錯覚しているか、そうでなければ史実を歪曲した証言だ。

瀬島が参謀本部作戦参謀に着任した昭和十四年十一月時点で、秩父宮は参謀本部の戦争指導班の一員である。「課長」でもなければ、わずか班員三人（秩父宮、種村佐孝、櫛田正夫）で、主要業務ではなく傍系の軍務を担当していた。また、班の執務室は参謀本部の裏二階にある九坪ほどの部屋であり、作戦参謀とは接触する機会がほとんどない。

秩父宮は、昭和十四年十一月、十五年三月に中国戦線を視察している。すでに結核の症状があらわれ、咳《せき》をくり返していた宮は、口を開けば、「日中戦争早期解決を」と譲らなかった。資料によれば、このころ宮は、出勤するやすぐに第二部（情報部門）に出かけて、蔣介石《しょうかいせき》との和平工作（桐工作）がどうなっているかを確かめている。

秩父宮が結核と闘いながら、日中戦争早期解決を、と訴えているときに、系統違いの下級作戦参謀の起案文書に目を通している余裕があっただろうか。よしんば目を通したとしても、瀬島の文書が日中戦争拡大の内容であったため、大幅に直してしまったというのが真相であろう。

私は、『秩父宮』（中公文庫）を書くときに、広く関係者を取材したが、瀬島証言のような内容を聞いたことがない。

このような誤り、もしくは意図的な記述をあげつらえばきりがないが、もう一カ所、東條英機について語った部分を指摘しておきたい。

このくだりでは、まず聞き手が、「それでも、東條参謀総長と意見が食い違うということは……」と質問している。

統帥の責任者である参謀総長と、少佐にすぎない一幕僚の関係を論じるときに、こういう質問をすること自体、唖然とさせられてしまうが、瀬島も瀬島で、「ありました」と答えるのだから、思わず吹き出してしまった。

これでは「お笑い番組」である。聞き手にお笑い芸人を起用したのは、そういう意図なのか？

昭和十九年の春、東條は、中部太平洋防備強化計画の報告を聞いて、「瀬島の案には不同意である」と言ったそうである。そして、瀬島は次のように語る。

そうしましたら、その翌々日に陸軍大臣秘書官から直接、私あてに電話があって、「今晩七時に総理官邸へ来てくれ」と、こう言う。（傍点・筆者）

そこで東條に会ったところ、瀬島案でいくことになったというのである。

こういう場合、作戦部長や作戦課長が訪ね、一幕僚にすぎない瀬島はそれに同行するという形が一般的である。しかも、東條は佐官クラスによって練られる作戦計画案に強い批判をもっていたときである。加えて中部太平洋防備強化計画をどうするかは、国運を賭けた重要な戦略案である。

だが、瀬島はあたかも自分だけで行ったように話すのだ。

東條の秘書官たちが綴っていた『東條内閣総理大臣機密記録』には、瀬島が午後七時（昭和十九年三月、四月、五月）に官邸を訪問したという記述は残されていない。あるのは作戦部の責任者たちが訪ねた記録だけである。

生者による史実の欺瞞

先に私は、「瀬島証言の四条件」を記した。これは、トリックと歪み、史実の改《かい》竄《ざん》――自らの神話をつくるのに必死になっている「軍人エリート」の異様な姿を指摘するために考えたものだ。

だが、『瀬島龍三　日本の証言』を読んで、もうひとつの条件をつけ加えなくてはならないと感じた。

第五の条件とは、

（五）関係者が死ぬと新たな証言が行われる

というものだ。事実をもって批判されたり、反論されたりする恐れがなくなったとき、瀬島の口舌は冴える。そして「生者による一方的な史実」だけが残る。

瀬島証言の誇大さ、虚構、史実の修正などに疑問を口にしたり、首をかしげていた堀栄三（大本営作戦参謀・平成七年死去）、朝枝繁春（同・対ソ戦を担当・平成十二年死去）、草地貞吾《くさちていご》（終戦時の関東軍作戦班長・平成十三年死去）、ほか何人も鬼籍に入った。

ある旧軍人は、「瀬島氏は私が死んだら、もう証言できないのをいいことに、勝手なことを言うかもしれない。そのときはこれを読んでほしい」と、私に原稿を託している。『瀬島龍三　日本の証言』を読むと、彼の不安は、残念ながら的中しているように思う。

軍人ではないが、シベリア抑留者の代表として晩年まで全国抑留者補償協議会会長をつとめ、身銭を惜しまずに旧ソ連から抑留関係の資料をとりよせていた斎藤六郎も平成七年に亡くなっている。

たとえば、斎藤が集めた資料には、大本営朝枝参謀の名で「在留邦人及武装解除後ノ軍人ハ『ソ』連ノ庇護下ニ満鮮ニ土着セシメテ生活ヲ営ム如ク『ソ』連側ニ依頼スルヲ可トスル」と書かれた報告書もある。

これまでシベリア抑留者の間で、「われわれが抑留されたのは関東軍の諒解があったのでは……」と、瀬島を含めた参謀たちに向けられてきた最大の疑惑について、瀬島はこう語っている。

日本は八月一五日に手を挙げておるんです。それで、翌日の一六日に、スターリンは極東軍最高司令官のワシレフスキーに、「武装解除された関東軍の将兵は、日本に戻せ」と命じています。このことは、ソ連が崩壊してロシアになり、ペレストロイカ（建て直しという意味のソ連社会主義の改革）の一環として情報公開が行われるようになり、明らかになりました。

それで、このあたりが非常に問題なんですが、日本の占領に関して、アメリカとソ連との間で相当に激しい争いがあって、ソ連は北海道の東半分を占領したいと主張した。（略）

そのように（日本はアメリカによる一国占領にする・著者註）トルーマン大統領がソ連のスターリンに断ったのが、八月の二一日ころです。そこで、これは私の想像ですが、スターリンはおそらくカチンと来たのでしょう。それで、八月二三日に、スターリンは、ソ連の極東軍総司令官に対して、

「シベリアの気候に耐えうる健康な者約五万人を、労働力としてシベリアへ連れて来い」

という命令を出しています。

そのスターリンの命令によって、私たちはシベリアに連れて行かれたわけですね。

（略）ペレストロイカが始まり、ソ連がつぶれ、証拠が出てきたんです。

これは、嬉しかったですね。自分個人の問題は別にして、やっぱり日本の歴史上の問題ですからね。

ペレストロイカで出てきた資料は、いまだ「歴史」として確定したわけではない。前述の斎藤六郎が発見した文書や、朝枝繁春が書いたとされる、「満州に止って貴軍の経営に協力せしめ」てもかまわないという文書の検証についても、研究者の間で精査の途次にある。

ロシア国防省の公文書館には、関東軍総司令部の名でだされた「ワシレフスキー元帥に対する報告」という文書も残されていた。そこに、軍人には帰国するまでの間、「極力貴軍の経営に協力する如く御使い願い度いと思います」とあったために、各紙とも「旧満州捕虜のシベリア使役関東軍から申し出　ソ連への報告書に記述」(朝日新聞、平成五年七月六日)と報じた(この文書について、起草したとされる草地貞吾は報道内容は異なっているとも抗議している)。

これからも多くの資料が公開されるであろうが、それを一方的に、「証拠が出てきた」とするのが瀬島流である。

自己弁護の果てに

東京裁判で、ロシア側の証人として出廷したいきさつについては、すでに明らかになっている事実も無視し、ひたすら自己弁護につとめている。

東京裁判で検察側証人として出廷した瀬島龍三（写真:近現代PL／アフロ）

東京裁判に出廷する前に、松村さん（著者註・知勝・関東軍総参謀副長）と私は、それぞれ別個にソ連側から受けた尋問を突き合わせたんです。そうすると、ソ連側は、どうやら昭和一八年以前の関東軍の攻勢作戦計画に、日本の侵略意図を見出そうとしているようだということが、浮かび上がってきた。（略）

東京裁判では、おそらくそのあたりが問題になっているのだろうから、その点を国際監視のなかで、はっきりと言うことには意義があるということでも一致した。

ソ連が三人の証人（松村、瀬島、

草場辰巳大陸鉄道司令官）に対し、ソ連の言うとおり証言するよう求め、徹底した模擬演習を行ったことは草場の日記でもすでに明らかになっており、瀬島がそのとおり証言したことも、よく知られた史実である。日本側弁護団の清瀬一郎はそれを崩そうと質問をくり返している。

ところが、瀬島はそのことにひと言もふれず、あたかも日本の立場を弁護したかのごとく語る。

草場は、ソ連の言うなりに証言をすることを拒み、証言台に立つ前に東京・丸の内の三菱ビル三号館で服毒自殺した。その死さえも、瀬島の口からは、

〈略〉草場さんが服毒自殺したこともあって、ソ連側は機嫌を取る意味もあってか、家族との面会を持ち出してきました。われわれは、即座にそれを断ったのですが、ソ連側は家族の居所を突き止め、突如家族を連れてきました。

という「私」のエピソードの一部としてしか語られない。

平成十一年春から大阪で、シベリア抑留の体験者五人が、「なぜわれわれはあのような目に遭わなければならなかったのか」と、国を相手取った裁判を起こしている。いずれも社会的な活動を終えた八十代の老人だ。大阪地裁、高裁で敗訴し、い

ま最高裁に上告しているところだ。彼らは瀬島に証人として出廷することを求めたが、そこにいたる前に、裁判所は審理を打ち切ってしまった。

こうした老人たちの声にこたえることこそ、自身も九十を超えた瀬島に残された役割であると私には思えてならない。

ところが、瀬島は語らなければならない史実には目を閉じ、ひたすら自らの栄光の神話をつくりあげることに腐心しているのである。こうした姿勢に、私は疑問を感じるのである。

第十四章　小津安二郎と「戦争の時代」

昭和十二年七月、日本の根本の転回

昭和史を俯瞰《ふかん》したときに、もっとも大きな「事件」は、昭和十二年（一九三七年）七月から始まる日中戦争だったといっていいだろう。この戦争がどのような意味をもつのか、歴史的には多くの負を抱えこむことになったといった理解や見解は、この稿では論じるつもりはないのだが、しかし日本社会が根本から変わったという前提だけは押さえておかなければならない。

日中戦争前に、多くの地方では二十歳になった青年が徴兵検査を受けて甲種合格（身心ともに兵士として適格）になったとしても、誰もが兵舎に入営して兵士としての訓練を受けるわけではなかった。当時、二十歳の青年で徴兵検査を受ける者が大体が三〇万人余であり、そのうち甲種合格者は三割をわずかに超える一〇万人程度であった。平時に、これらの青年がすべて軍隊に入隊したら、軍事組織などパンクしてしまう。それに農村にあっては働き手の息子が戦争に徴用されるのは痛手だし、戦場に送られては死ぬことになってしまうかもしれない。そこでほとんどの農村共同体では、両親が神社に赴いて「息子が兵隊に引っぱられないように……」と祈願していた。当の青年たちも「どうか軍隊などに連れていかれないよう」祈っていたのである。

それが日中戦争によって逆転してしまった。

軍事指導者が始めたこの戦争は、国家総力戦の名のもとに国家のすべての機構が戦争のためにつくり変えられた。中国国民の抵抗（それは中国側からすれば当然のことだが）が長期化し、日本はいわば泥沼に入っていく。そこで意識のうえではまず、この戦争を「聖戦」と評し、それに抗する者には弾圧が加えられた。さらに広大な中国を制圧するために次々に兵が送られた。一〇万、二〇万とふやしていき、そのために甲種合格はいうに及ばず、乙種合格の者も徴兵されたし、すでに社会生活を送っている中年世代とて中国戦線に送られた。「徴兵されませんように」と祈ることと自体、「非国民」と謗《そし》られ、徴兵された青年は、村長、学校長、警察署長などに引率されて神社で戦勝祈願を行って、駅では万歳の声に送られて軍隊に入隊していったのである。彼らの中にはやがて、戦死して白木の箱に納められて故郷に帰ってくる者も少なくなかった。

小津安二郎という映画監督、あるいは小津映画を理解するときに、まずこの構図を正確に理解しておかなければならない。同時に、こういう構図のなかで、声高に戦場の悲劇を訴えての反戦映画を製作する社会派の映画人もいれば、そういう構図や自らの体験はすべて封印して、そのようなテーマを極力避けようとする逃避型の映画人もすぐに何人か名を挙げることができる。では小津安二郎はどのような立場をとったであろうか。声高に「反対」を叫ばないし、逆に現実から逃げもしない、ただひたすら独自に自らの世界をつくりあげようと試みた、というのが映画監督・小津の正直な姿ではないか。

声を発しないことの訴求力

代表作といわれる『晩春』（四九年）を観ても、ここに小津自身の戦争観、歴史観が凝縮していることがわかる。原節子の演じる娘・紀子と笠智衆の演じる父・周吉との会話やその設定そのもののなかにまぎれもなく、「戦争」があり、その戦争がどのような形で庶民のなかに影を落としていたかが描かれる。『東京物語』（五三年）にしてもそうである。ここでも小津は、戦争未亡人を描いて、驚くほどその内面の心理を浮かびあがらせつつ、この社会のもつある残酷さを観る者に感じさせている。このことについて私は、かつて作家の半藤一利氏が話した次の言がもっとも的確と思うので引用しておきたい。
「戦争で死んだ夫の面影を胸の奥底に抱きながら、傷つきながら、戦争未亡人たちはそれでも生きていく。『東京物語』のいちばんの名場面は、原節子が笠智衆から『息子のことはもう忘れて、いい人を見つけて結婚してほしい』と言われると『わたしはそんないい嫁ではありません。夫だった人のことなんか、忘れているときだってあるくらいです』と言って泣く場面、あれはいい場面だと思う」（半藤一利、竹内修司、保阪正康、松本健一著『戦後日本の「独立」』筑摩書房）

映画監督の小津安二郎。昭和16年11月頃
（写真提供：毎日新聞社）

　半藤に言わせれば、小津は戦争未亡人をとりあげながら、あるいはごく平凡な庶民の日々の姿をとりあげながら、その日常生活にひそんでいる苦悩を淡々と描いているという意味だ。私自身は、青年時代に小津映画を数多く観ているうちに、戦後の日本社会の戦争体験者が平凡に暮らしているその日常生活を描く姿勢に、強い怒りや

不満をもった。なぜこういう庶民は自分たちの生活、そして人生を根本から崩してしまった戦争とその責任者を強く、いやはっきりいえば声を大きくして糾弾しないのであろうか、それが焦立ちにもなった。いやそれは私だけでなく、戦後民主主義世代に共通の感情であったろう。しかし年齢を重ねるにつれ、声を大きくして反戦を叫ぶ映画とはまったく別に小津映画のもつ生命力にしだいに納得するようになる。私自身もそうだったのである。

私は映画論を展開することはできないが、小津映画の真の意味は年齢を経るにつれ、次のような強い訴求力をもっているのではないかと実感するようになった。あえて箇条書きにしておきたい。

(一) 日中戦争以後の日本社会は庶民のもっている生活倫理観や共同体への帰属意識をなし崩しに解体した。

(二) 庶民の生活の奥深くに入りこみ、日常生活そのものを解体した。平凡のなかの安寧を解体した。

(三) 日本人の本来の国民的性格を「聖戦」の名のもとにきわめて特異な軍事主導の歪みの方向にもっていった。

(四) こうした三つの視点を一点に据えて見つめていた小津安二郎という映画人は、実は誰よりも強く「非戦」を訴えていた。

以上の四点を、小津という映画人が訴えたもっとも重要な立脚点だと思っている。いやそう考えるほうがあたっていると考えている。言いかえると、〈声の大きさよりも声を発しない怖さ〉がどれほど歴史的意味をもつかという意味にもなるように思うのだ。このような持久力、耐久力の強さが小津映画には凝縮されていて、それが国際的にも認められるのだろう。

イギリス映画協会が発行する映画専門誌『サイト・アンド・サウンド』では、一九五二年から十年に一度の割合でこれまでの世界映画のなかからベストテンを選ぶという試みを行っている。映画の評論について現在もっとも国際的にも認められているベストテンなのだが、二〇一二年夏の号でのベストスリー（最新調査）に、小津の『東京物語』が選ばれている。同誌によれば、この作品に高い評価を与えたのは、ウディ・アレン、クェンティン・タランティーノ、フランシス・コッポラといったメンバーだったという。彼らの評のなかで、もっとも多かったのは、「家族の絆が静かに崩壊する。それを諦観とともに比べようのない様式的映像で描いている」というものだった。

こうした力のある映画監督に認められたのは、小津映画は直接に戦争を描かずに、戦争そのものがいかに人間関係を壊していくのか、そのことが作品のモチーフになっていて、それが小津のカメラワークにより、象徴的に表現されているとの評価になっているのであろう。小津映画こそ、映画というメディアを通じて戦争のもつ残酷さをもっとも浮きぼりにしたと認められたといっていい。

戦場体験者がこだわりつづけた視座

小津の用いるカメラ技法は、必ずしも映画の正道ではない。小津自身、これまでの映画製作にかかわるカメラの役割について、つねに既存の枠組みを解体しようと試みていたのであろう。この点について、小津は次のような所信を披瀝《ひれき》していた。

「（映画製作の）常識を好んで破る必要もない。私がこのような違法（著者注・いわゆる製作の常識を破るようなこと）を敢えてやってみた最初の出発は、日本間に於ける人物と背景との関連に於て、その場の感情と雰囲気を自由に表現するためには、この常識に従っているとどうにもあがきがとれなかったことから始まったのであった」（小津安二郎著『僕はトウフ屋だからトウフしか作らない』日本図書センター）

日本間での会話では、それぞれの側から撮影するのが常識であるのに、小津はそれにこだわらなかったのである。ある一点にカメラを据えてそこからの構図や風景を描きつづけることで、小津は独自の手法で、自らの映画を製作するのにこだわりつづけた。

ここでいう自らの映画とは、この国が抱えた〈戦争はいかにして我々の日常を殺すか〉、あるいは〈戦争はその終わったときから生者に苛酷な運命を強いる〉という、そのテーマを映像のうえでも確立していったと言っていいであろう。

　冒頭に書いたように、現実の昭和史では、日中戦争によって日本社会は歪み、この戦争を総力戦と評し、聖戦と語ることによって、我々の生活と意識は本来の伝統を失っていったと見るならば――それはとりも直さず日本的伝統のうえに築かれた論理や生活規範が変質していったのであり、小津の訴えは戦後社会の思想家や哲学者、そして文学者に通じる視座をもっていることに気づくことになるのだ。

　これは私が日ごろから考えていることでもあり、ときに座談会などでも話すのだが、小津と黒澤明の間には幾つかの相違点がある。そのもっとも大きな違いは、小津は日中戦争に徴兵されたのに対し、黒澤は戦争には行っていないという点にある。当然ながらふたりの間には、自らの映画のなかに戦争を取り込むときには違いがでてくる。たとえば黒澤は、戦争に対する直接的な会話を好むのに対し、小津はほとんどそういう会話を用いない。今の生活状況に陥った理由として、さりげなく戦争があったからだといった会話を好むといった違いがある。

　とくに私が注目するのは、黒澤は演者として三船敏郎や木村功を重用しているが、ふたりとも戦場体験者であったのに、逆に戦場に行った小津は、実際には戦場の影などまったく感じさせない笠智衆や原節子にこだわりつづけた。ふたりの台詞が「演者」としてのものであることを望んだのだろう。ところが黒澤は戦場体験者が「戦争」の話を持ち出すというリアリティそのものをなにより尊んだといっていい。むろんここにはふたりの映画に対する基本的な違いがあることはいうまでもないが、さらに踏みこんでいけば、黒澤はそういう芝居にリアリティをもたせることで、虚実の境目を薄くしようと試みていたとも考えられる。小津は、虚に徹することにより、逆に「実」を浮かびあがらせようとするとの製作姿勢の違いがあったのではないかと私は考えている。

虚構の家族にこめた歴史観

とくに戦後の小津映画は、この点で秀逸だと思う。

小津の戦前の映画、たとえば『父ありき』（四二年）で、小津は明らかに「父と子」のごく自然の一体化によって、時代と向き合わなければならない姿を描いている。私たちは歴史の流れに身を置いたときに、どうにも抗《あらが》いがたいその流れに、まずは家族という単位で向き合うことになる（このことは『父ありき』のなかでの父と子の釣りをする風景のなかに充分に描かれている）。しかしこの向き合う姿のなかに、私たちは何を汲みとるべきなのか。映画監督の吉田喜重は、この映画の衝撃について、かつて次のように書いた。

「(流し釣りをする親子の)動作は同じになる。(略)(しかし)最初の場面では、子供が父から別離の言葉を聞き、その衝撃から、釣りをする反復動作にずれが起こりました。二度目の大人(息子が成人してからの意)になってからの釣りのシーンでは、最後まで二人の反復動作が一糸乱れず、見事に繰り返される。この二つのシーンを通して、人間が成長することの意味といったものを、そのとき私は強く感じた」(與《よ》那覇《なは》潤《じゅん》著『帝国の残影』NTT出版)。

父と子は、それぞれ成長して時代のなかに身を置く。子はどうあれ父の姿から離れることはできない。そのことを確かめたとき、小津の映画に出てくる戦前の「息子」や「娘」は、戦後にあっては実像を失った存在として画面のなかで語られつづけていたことがわかってくる。あえて言えば小津は、映画監督という立場で戦前の「家族」が、戦後の「家族」のなかにどのように投影していたかを語りつづけることにもなる。

小津は家庭を持たなかったし、息子や娘は持たなかった。老いた母の「息子」として、自らの血脈は自らの代で断った。そこに私は、小津のある覚悟を読みとるのである。その覚悟が、むろん本人の戦争体験に由来していることは言を俟《ま》たない。小津は、日中戦争に従軍することによって、「一人の人間」が歴史のなかに身を置くこととはどういうことか、そのことを肌身で理解したと言っていいように思う。

日中戦争が北支から南支に拡大していくにつれ、小津のように後備兵という立場の者にも次々と動員がかかっていく。昭和十二年（一九三七年）九月から十四年夏に召集が解除されるまでの二年近くに及ぶ期間、小津は上海派遣軍直属の野戦瓦斯第二中隊に所属する兵士であった。この部隊の内実は未だに充分明らかにされていない部分もあるが、いわば毒ガスを使用する部隊だったとはいわれている。この間、小津はその行動の一部について日記に書き残しているのだが、そこには昭和十四年春に実施された中国側の拠点である南昌攻略作戦にふれ、毒ガスが使用されたことがさりげなく記述されている。毒ガスを用いての作戦は日本軍でも秘密にされていたにせよ、こうした戦場で、小津は無数の戦闘員や非戦闘員の死体を目撃している。ときにそういう光景のもとで、まだ現実を理解できない幼児が戯《たわむ》れていたりする。あるいは花畑での兵士たちの無数の死がある。

小津は、そういう光景が「映画的な構図」になっていることに気づくが、しかし同時にそういう光景に出会って、職業上の意識が先に立って人間的な感情が薄れていくことに愕然《がくぜん》とする。小津は「現実」の上に「虚構（言葉）」を重ねることはできない。リアリズムとは、そのような次元に収斂してしまうのではないか。映像作家として「現実」に近づけるより、「現実」をまったく違う次元に「虚構」として置いてみて、そこから「真実」を導きだすべきではないか——それが復員兵士・小津安二郎のたどりついた境地ではなかったかと、私には思えてならない。

戦争の善悪を正面から論じようとしないのは、そのことを論じること自体、（とくに兵士にとっては）それが偽善だと知っているためだ。小津は戦争を論じることの不毛さを知っていた。同時に、戦争について自分たち体験者は語らなければならない。それにはどういう手法があるのか。自分の思いは誰に託すのか。そのような自問自答に対する答えが、戦後社会での小津の六十年の人生のなかに凝縮していると考えるべきであろう。小津は自らの人生そのものを、私たち観客に示して自らの製作した映画作品との連続性を訴えていると私は結論づけるべきだと思う。

小津は、昭和十八年初夏に陸軍報道部の映画班員として、シンガポールに赴き、つまりはこの地で敗戦を迎えている。イギリス軍の捕虜収容所に収容されたのち、昭和二十一年二月に日本に戻ってきた。シンガポールで見た光景は何であったか、中国戦線で見た戦争の悲惨さを映画人の目で見つめるという職業上の意識はどのように変化したであろうか。むろんそうしたことを小津は、直接は語っていない。語りたくもなければ、語るつもりもなかったのであろう。

しかしそうした感情は、小津映画の登場人物の誰かに言わせている。その役は大体が笠智衆に託されていて、彼の台詞は、日本的共同体崩壊への怨嗟《えんさ》そのものと一体化している。そしてその怨嗟とは別に、『晩春』で、彼の吐く「新しい夫婦が、新しい一つの人生を創り上げていくことに幸せがあるんだよ」という平凡な人生観のなかにこそ、小津の歴史観が託されていたのである。

第三部
ドキュメント・太平洋戦争

第十五章　高橋是清の矜持

金融恐慌における決断と行動

座視するにしのびず

昭和二年（一九二七年）四月十七日午後四時すぎ、首相官邸で若槻礼次郎《わかつきれいじろう》首相以下全閣僚による閣議が開かれていた。

若槻や閣僚たちの表情は一様に沈痛そのものだった。たった今、枢密院《すうみついん》では政府提出の緊急勅令案《ちよくれいあん》が否決されたばかりだった。この一カ月余にわたって続いている銀行のとりつけさわぎを鎮めるために、若槻内閣は日本銀行に台湾銀行救済の資金融資を認めさせようと企図したのだが、枢密院はそれを承認しなかった。委員の伊東巳代治《みよじ》は、「政府の失政に対する反省がない。しかもこのような勅令案は憲法八条に違反する恐れがある」と主張し、それが枢密顧問官一九人に受け入れられたのであった。

閣議は天皇に上奏《じょうそう》して認めてもらうか、それとも枢密院と対立する事態になった以上、国務の円滑な運営はむずかしいので総辞職するか、両論をめぐって対立した。しかし、若槻は「ことここに至っては総辞職しかない」と断《だん》を下《くだ》し、総辞職を決定した。次期首班には政友会総裁の田中義一《ぎいち》が推《お》され、田中はそれを受け入れて組閣に着手することになった。四月十九日のことである。

高橋是清（国立国会図書館蔵）

田中は、すぐに東京・赤坂の高橋是清《これきよ》邸を訪ね、大蔵大臣に就任してほしいと要請した。一刻の猶予《ゆうよ》もならない、金融恐慌下の現状に対策を立て、人心の動揺、財界の混乱を救わなければならないと協力を懇請したのである。大正七年（一九一八年）の原敬《たかし》内閣のもとでは高橋が大蔵大臣、田中は陸軍大臣として親しい関係にあったし、高橋は政界を退《ひ》くにあたって政友会総裁に田中を推していたのである。

高橋は田中の強い要請を受け入れることにした。すでに七十四歳であり、体力には自信はない、しかし財政専門家としてみれば、日本の金融恐慌は最悪の状態にある、外国の銀行も取引停止を申し出てくるほどだ、国難と言っていい状態だ、と高橋は田中にその胸中を語ったあとで、

「現状を座視するにはしのびない。三、四十日という約束で大蔵大臣を引き受けよう。その間に有効な手を打つことにしよう」

と約束した。軍人出身の田中は高橋の手をとって感謝の意をあらわしたという。

事態は予想をはるかに上回っていた

四月二十日、田中内閣が成立した。高橋は閣議を終えたあと、すでに真夜中に近い時間になっているにもかかわらず、自宅に日銀の幹部や大蔵次官を呼び寄せ、現下の金融恐慌をのりきるための対策を立てた。とりつけさわぎにあって、すでにこの日までに大阪の大銀行である近江《おうみ》銀行をはじめ大阪、広島、滋賀、岡山など地方の中堅銀行も休業状態にはいっていた。とくに台湾銀行の国内外の支店でのとりつけさわぎは、銀行業務の停滞を生み、その休業は企業存続の基盤にかかわる大きな問題となっていたのである。高橋は具体的な報告を耳にして、事態は自分の予想を

はるかに上回ると判断せざるを得なかった。

四月二十一日、午前十時から夜中まで閣議が続いた。大蔵大臣の高橋のもとには、東京銀行集会所の理事会から「我が財界は危殆《きたい》の状態にある」との陳情《ちんじょう》が寄せられたりした。高橋はとにかく日銀に対して非常貸出を行うことを命じた。そのうえで、二十一日間の支払猶予令《ゆうよれい》（モラトリアム）を布《し》くこと、臨時議会を召集して台湾銀行の救済と財界支援の立法措置を講じることを決め、これを閣議にはかり、そして了承を得たのであった。この了承を得て、高橋は三井の池田成彬《いけだしげあき》（手形交換所理事長）と三菱の串田萬蔵《まんぞう》（銀行集会所会長）を呼び寄せ、二十二日と二十三日の二日間、民間の銀行は自発的に全国一斉に休業するよう求めた。池田も串田もとにかくこれを受け入れた。

そのあと高橋は、午後十時に「（政府は）財界安定のため徹底的救済の方策をとることに決定した」という内容の声明を発表したのである。さらに高橋は、枢密院の倉富勇三郎《くらとみゆうざぶろう》議長邸を深夜に訪ね、モラトリアムに関する緊急勅令案を説明し、枢密院ですみやかに議決してほしいと要請した。高橋は枢密顧問官に危機意識をもってもらうために、深夜にもかかわらず行脚《あんぎゃ》を続けたのであった。

二十二日午前中に、枢密院はこの緊急勅令案を可決し、高橋は田中にかわって天皇を訪ねて裁可を得たのである。

二十二日、二十三日、そして二十四日の日曜日と都合三日間、全国の民間銀行は一斉に休業にはいった。高橋はこの三日間に実に人間心理をついた諸策を進めた。もし二十五日の再開後に預金者が一斉に銀行窓口に殺到し預金払戻を請求したら、とりつけさわぎによる銀行倒産は一気に加速してしまう。それだけにこの三日間の対策こそ人心をなだめるための施策を生む期間ともいえた。

高橋はここで硬軟両面の方策をとった。「硬」とは日銀に注文をだしてこれまで取引していた以外の民間銀行にも資金融資を行わせしめること。二十四日の休業日にも非常貸出を続けるよう命じたのである。高橋は財政の責任者として強権的な態度を貫いた。そして「軟」は、いかにも苦労人らしい高橋の発想なのだが、この三日間に大蔵省に命じて二〇〇円札を大量に刷った。これを銀行の窓口に積めば、とりつけに駆けつけた預金者も安心感をもつだろうというのであった。しかもこの急造の紙幣の裏側は印刷が間にあわずに白紙になっていたのである。

この硬軟両方の施策をもって、高橋は二十五日をむかえた。

人格と手腕、徳望を信じて

全国のどの銀行も、そしてどこの支店も平常通り開業をして、窓口には急遽はこばれた新しい紙幣を積んだ。預金者は確かに窓口に駆けつけたが、これを見て納得し、帰っていく者が多かった。

大蔵大臣室に緊急事態に備えて座っている高橋のもとには、次々と朗報が入ってきた。どこでもまったく混乱がないというのであった。高橋は、秘書に東京市内を走り回らせたが、その秘書からも「混乱の銀行はありません」との報告が入ったのである。この円滑な処理は、まさに財政と人情の機微《きび》を理解する高橋ならではの手腕によったのだ。

四月いっぱい、高橋はひたすら状況を見つめていた。もし未曽有《みぞう》の混乱が起こるなら、高橋は辞任を覚悟していた。いやそれだけでなく田中内閣自体が総辞職さえも考えていたのだが、それをとにかく防ぐことはできたのである。

次に控えているのは、モラトリアムの事後承諾を議会に求めるのと、台湾銀行救済のための法律案を議会で通過させることであった。「日銀特別融通及損失補償法案」と「台湾金融機関に対する資金融通に関する法律案」と題されたこれらの法案を通過させるために、高橋はモラトリアムを実施中の四月下旬に、憲政会総裁の若槻にひそかに協力を求めていた。若槻もこれには積極的に協力態勢を布くことを約束していた。こういう根回しも高橋の人間性があったから可能だったのである。

第五三回臨時議会は五月三日に召集され、四日から八日までの五日間であったが、衆議院では高橋が二法案の提案説明を行い、この難局をのりきるのに「諸君が、内には帝国の安定が図られ、外には帝国の信用を維持するために政府提出の諸案に対して協讃を与えられ」るよう訴えた。とはいえ台湾銀行救済には論議も起こったが、高橋は本店が開業しても支店が休業しているとの質問に対しては、「支店はそれぞれの地域の特殊性によって休業することはあるのだから、特別におかしいところはありません」と答えたりした。

大蔵省の官僚たちが高橋のこうした政治テクニックにあふれた答弁を法的に補完し、そして若槻をはじめとする憲政会幹部の陰からの応援によって法案を通過させることに成功した。これが五月八日の夕方であった。貴族院では八日午後十二時までにこの二法案を通さなければならないが、それには六時間ほどの時間しかなかった。貴族院でも、なぜ台湾銀行救済のために特別便宜《べんぎ》を図るのか、といった類の質問が次々に出されていった。会期切れで廃案になりかけたときに、貴族院議員のひとりが立ち、「本案はたしかに完全無欠とはいえないが、われわれは高橋蔵相の人格と手腕、徳望とを信じて修正を加えずに賛成しようではないか」と演説した。

この演説によって二法案は成立した。

高橋はこの事態にすっかり感激し、各会派に挨拶回りをしたあと、明け方近く自宅に戻った。そのときの心境を『随想録』（昭和十一年）のなかで、「実にこの日の貴族院ほど緊張した、そして感激に満ちた光景は、私の経験中稀《まれ》に見たところで私は非常に満足であった」と語っているし、帰途の車中から月を眺めたときは「実になんともいえない、のびのびした安らかな気持だったことを覚えている」と洩《も》らしていた。

老軀《ろうく》に鞭打《むちう》つつもりで

五月十二日はモラトリアムの期限満了日である二十一日目にあたった。高橋はこの日までにさまざまな手を打ち、さらに各銀行間で談合を重ね合わせることを命じていて、この日に混乱が起こらないよう見守っていた。モラトリアムの対象になった債権額は日銀の融資によって財界全体に特別の影響を与えることはなかった。高橋はこうして第三の難関ものりきることができたのであった。

高橋は、このモラトリアムの期限満了日を前にして、日銀総裁を市来乙彦《いちきおとひこ》から井上準之助に更迭《こうてつ》していた。五月九日からは、衆議院と貴族院を通過した二法案が実施されることになったが、それには日銀総裁を更迭したほうがいいとの判断が高橋にはあったのだろう。市来はもともと大蔵省の官僚であり、大正十一年（一九二二年）の加藤友三郎《かとうともさぶろう》内閣で大蔵大臣となった財政通であった。大正十二年の第二次山本権兵衛《ごんべえ》内閣で日銀総裁だった井上準之助と交代という形で、日銀総裁になっていた。市来の金融恐慌下での対応には、高橋はあきたりない感情があったらしく、日銀出身の井上のほうが、まだこの事態に的確に手を打つ能力をもっていると判断したようであった。

日銀の特別融資を実行するには、断固たる信念と金融界全体を官僚の目ではなく、財政専門家の目で見わたせる人物が必要と考えたともいえるだろう。

井上は高橋の申し出に、「一年でよろしければ引き受けたい」と答えている。井上の言う一年間とは、先の法律による日銀の特別融通の期限が一年であるとの理由によった。高橋は、井上に対して「私とて、国の大事を思えば老軀に鞭打つつもりでこの職に就いたのだから、貴君においてもぜひ引き受けてほしい」と頼みこんだといわれ、井上もその言に打たれてこのポストに就任するのを引き受けたと語り継がれている。

井上は金解禁論者で非解禁の高橋とは、相反する立場にいた。しかし、国難を救うという一点では、まったく同じ気持ちだったのだ。

高橋はこうして自らの施策がどのように推移するか、今後は預金者のとりつけさわぎによって混乱することはないか、それを見究めたうえで六月二日に田中首相に辞表を提出した。

田中に労をねぎらわれたあと、後任は誰がいいかとの問いに、即座に政友会の政治家として財政に明るいうえに、高橋財政の後継者を自任している三《み》土《つち》忠《ちゅう》造《ぞう》を推した。高橋が大蔵大臣を引き受けるときも、三土は田中首相の意を受けて説得役を買って出ていた。高橋は、「お前が協力してくれるなら」というと、三土は「では私は閣僚として入閣する」と文部大臣に就いて、閣内から高橋を支えたのであった。

高橋は四十二日間の大蔵大臣を終えたあと、自宅で身体を休める日々を送った。趣味の骨董《こっとう》いじりを楽しんだりしていた。

ところが、昭和六年十二月に成立した犬養毅《いぬかいつよし》内閣で、前々任の浜口雄幸《はまぐちおさち》内閣のもとで大蔵大臣として金解禁政策を進めた井上準之助の緊縮財政の手直し役として大蔵大臣に呼びだされることになったのである。

高橋は昭和初期の財政政策の歪みを正す「医師」のような役割を担《にな》った。それもこの「四十二日間・大蔵大臣」時の能力と識見、そして実行力が余人には替えがたかったからである。

軍部に屈せず、時代に迎合せず

軍靴《ぐんか》の響き

昭和史の年譜に定かに刻まれているわけではないが、高橋是清はわずか数日間、首相に就任している。もとより正式な首相というわけではなく、臨時首相という立場である。この臨時首相という肩書きこそ、昭和という時代の高橋の存在を象徴的に示している。

　高橋は、昭和二年（一九二七年）から始まった金融恐慌をのりきるために、蔵相として、三日間の銀行の一斉休業を行い、支払猶予令を発して、金融不安を抑えることに成功した。そこには、高橋に対する官民挙げての信頼感があったからだった。在職四十二日間で身を退き、筋目を通した。その後、浜口内閣のもとで井上準之助蔵相が金輸出の解禁を行ったが、世界恐慌の波を受け、昭和五年から六年にかけては工業不況、農業恐慌という状況になった。満洲事変はこうした背景のもとで起こり、国内にあってもテロが頻発するような事態にとってかわった。

　浜口首相が右翼のテロによって倒れたあと、昭和六年十二月に、政友会総裁の犬養毅に内閣を組閣するよう大命が下った。犬養はすぐに高橋のもとを訪れ、蔵相に就任して、財政政策の建て直しを進めてほしいと要請した。

　高橋はこれを受けて、蔵相に就任するや、金輸出再禁止の大蔵省令を発し、井上財政の清算にあたった。しかし、日本の資本主義の構造そのものが未成熟だったこともあり、高橋の財政政策がすぐに効果をあらわすわけではなかった。そうした社会状況に焦《あせ》りをもった陸海軍内部の青年将校や民間右翼が、昭和七年に入ると国家改造運動を呼号し、それが五・一五事件にいきついたのである。

五・一五事件によって、犬養首相が暗殺されてしまうが、この五月十五日夕刻に開かれた閣議では、高橋が臨時首相に推された。そして高橋によって、閣議の辞任届がまとめられ、総辞職が断行された。五月二十六日に、元老西園寺公望《さいおんじきんもち》によって、海軍出身で枢密顧問官であった斎藤實《さいとうまこと》が首相に推され、高橋も要請をいれて蔵相に留任した。高橋は単に金融財政のエキスパートであるというだけでなく、政治家としての重みという点でも内閣の柱だったのである。

高橋が臨時首相という肩書きをもったところに、昭和前期（昭和初年から十年前後の期間）の特異性があった。それはふたつの面から語ることができる。ひとつは、五・一五事件という軍部の国家改造運動に抗する政治家として、最後の砦だったという役割である。もうひとつは、昭和二年の金融恐慌、六年の金輸出再禁止など、どちらかといえばインフレ型の放漫財政に対して、基本的には緊縮財政に転じて、自らの財政政策に手直しを加えたいとの考えをもっていたことだった。このふたつの背景が、高橋をして軍部（とくに陸軍）との対立を生む因になったといえる。そしてそこに、高橋が好むと好まざるとにかかわらず、陸軍の膨張政策の阻止役としての歴史的存在が運命づけられた。

高橋ひとり、公然と陸軍を批判

斎藤内閣は、帝人事件や政党側からの倒閣運動によって、昭和九年夏に辞任に追いこまれた。かわって首相になったのは、やはり海軍出身の岡田啓介《おかだけいすけ》であった。岡田は高橋の留任を望んだが、しかし、高橋は高齢（八十歳）であることや、帝人事件が大蔵官僚に及ぶ恐れもあるとして、自らの代わりに大蔵次官の藤井真信《ふじいさだのぶ》を推した。高橋としては藤井によって、陸軍の要求する軍事予算を抑えようとしたのである。

藤井は昭和十年度の予算編成にあたって、高橋の意を受け、緊縮財政に踏み切った。具体的には歳出の節減、時局匡救《きょうきゅう》事業の削減などのほか、赤字公債の漸減などを打ち出した。こうした緊縮財政に陸軍はまったく納得せず、林銑十郎《はやしせんじゅうろう》陸相は、予算増額を要求して粘った。それは林の一存というわけではなく、陸軍省や参謀本部の幕僚が、軍事予算の削減は認められないと譲らなかったからである。藤井は、こうした攻勢の矢面《やおもて》に立った。そのために身体をこわし、首相官邸の寝室に横たわり、陸軍側との折衝にあたった。疲労の蓄積で、重体になるほどだった。

高橋はこのような状況にふれて、改めて強い責任感をもつに至った。藤井倒れるの知らせを受けて、蔵相就任を決意した。七度目の蔵相であった。岡田首相は、東

高橋是清蔵相（左）と岡田啓介首相。昭和10年9月頃（写真提供：毎日新聞社）

京・赤坂にある高橋邸で、高橋から承諾の回答を受けるや、椅子から立ち上がって軍人出身らしく敬礼をしたうえで、

「ありがとうございます。どうか思う存分やってください」

と、何度もくり返している。それほど高橋への期待は大きかったのだ。昭和九年十一月のことであった。

藤井に代わって高橋が登場するや、藤井の編成した予算案を断固守ることを宣明し、さらにこれからは健全財政を強力に推し進めることを公式見解としてあらわした。藤井の予算案は、軍事費とその関連費で歳出の二分の一を占めるほどであったが、高橋は、今後は軍事費をなんとしても抑えると約束したのである。むろん陸軍内部には、高橋への不満や怨嗟《えんさ》が顕在化してきたが、林陸相やその後の川島義之《かわしまよしゆき》といった陸相は、高橋に表立って反論できる立場にはなかった。

〈軍事費を増額しなければ、国防は成り立たない〉

というのが、陸軍側の反論だったのだが、高橋はそれを軽くいなしつづけたのだ。

高橋が蔵相に就任して間もなく、藤井の病死が伝えられている。加えて家庭的にも次男が病死するなど不幸が続き、そうした悲しみが一層、陸軍のごり押しを我慢できない気持ちにさせていった。高橋は、陸軍が予算に不満を述べると、真っ向から批判を加えた。当時、陸軍の声が次第に力をもちはじめた時だけに、議員の間では陸軍への批判は小声でこそこそという感があったが、高橋だけは公然と叱責する口調で、批判の言を並べた。時に、それはあまりにも辛辣《しんらつ》であった。

陸軍の上層部は、昭和十年から十一年にかけて、「非常時」という語を用い、日本を軍事主導国家に変えようと意図していた。この「非常時」という語があまりに使われすぎるので、高橋は、

「口を開けば非常時と言うが、今にも戦争が起こるかのように煽動《せんどう》しようとすることこそ、非常時ではないか」

と、叱った。高橋にすれば、省部の若い将校があたかも国士《こくし》気どりで、軍事主導

国家を意図するのが、愚かな行為に見えたのであろう。高橋には、確かに放言の癖もあった。たとえばある席で、陸軍の、とくに参謀本部の幕僚たちが執拗《しつよう》に予算の増額を要求してくるのに腹を立て、「参謀本部なんか廃止してしまってもいいのではないか」と口走った。この言は陸軍内部にも波紋を呼び、とくに青年将校たちは、「高橋は国賊である」との怒りをもった。むろんそこには、陸軍上層部が意図的に青年将校をたきつけようとした節もあった。

真に勇気のある政治家

昭和十年度予算案決定のプロセスで、高橋は結局、ある程度までは陸軍の復活要求を認めなければならなかったのだが、しかし軍事費にはどこかで歯止めをかけなければならない、それが自分の役目だともにおわせた。陸軍側は高橋の言動や考え方には激しい批判を浴びせはしたが、財界筋には好評であった。景気が低迷している時に、軍事費にばかり歳出を割《さ》くのは、国としての経済活動が歪んでしまうとの判断からであった。

高橋は、昭和十年の帝国議会で、率直に所信を披瀝《ひれき》したことがあった。軍事予算が肥大化すればなぜ国民も国家も困るのか、それをわかりやすく説いたのである。大要、次のような内容であった。

〈国防が重要であることは言を俟《ま》たない。しかし、軍事予算のみを肥大化して悪性のインフレを引き起こすような事態になれば、それによって国際社会の信も失うことになり、国防そのものも揺らいでしまうではないか。現状は軍事費よりも、国内の国民生活の水準を向上させることが重要だ。とにかく社会公共政策への予算を増やしていかなければならない。財政上もバランスのとれた国家にするためには、軍部も、もう少し大所高所に立って考えてもらわなければならない〉

議場からは拍手が起こった。しかし、陸相の川島義之は、このような意見にすぐさま反論し、「日本のような軍事大国には、ソ連やアメリカに匹敵する軍事力が必要である」と言った。さらに陸軍内部には、「高橋蔵相は、将来の日本の軍事力というものをどう考えているのか」という声も起こった。青年将校は、そのような論争の背景にある国力についての判断もなしに、ひたすら「高橋憎し」の声をあげるようになったのだ。

高橋は、翌昭和十一年の、いわゆる「二・二六事件」によって、青年将校に斬殺されてしまう。青年将校のひとり、磯部《いそべ》浅一《あさいち》は軍事法廷で、なぜ高橋を殺害したか、一般の人にはわかりづらい面もあるだろうと言って、次のような証言を行っている。

「高橋は五・一五事件以来、維新反対の勢力として上層財界人の人気を受けていた。その上、彼は参謀本部廃止論などを唱え、昨冬（著者注・昭和十年冬の意味）予算問題の時には、軍部に対して反対的言辞さえ発している。又、重臣、元老なき後の重臣でもある。（以下略）」

要は、陸軍に反対したからだということになる。この理由で殺害されるのでは、高橋暗殺は、たしかに昭和史の良心が抹殺されたという意味にもなる。

二・二六事件当時、高橋は自宅で睡眠中であった。青年将校が部屋に入ってきたときも、とくに恐れる様子もなく、寝たままの姿だった。青年将校はその姿に、ピストルを乱射し、あまつさえ日本刀で斬りつけている。高橋は自らの人生の筋を通して、そして毅然《きぜん》として、暴力を振るう〈軍事〉の前に倒れたのである。

高橋は国民に人気があったため、軍部は青年将校に殺害された事実を伏せていたが、しかし、人々の口伝えに伝わっていき、本願寺で行われた葬儀には、焼香を希望する市民が幾重にも取り囲んだという。その輪の広がりは、軍部に対する抗議そのものだったと言ってもいいだろう。

昭和史の年譜に刻まれた臨時首相としての高橋の名にこそ、真に勇気のある政治家という称号を与えていいのではないか、と思われるのだ。

第十六章　虚構の疑獄「帝人事件」とは何だったのか

大臣経験者まで検挙されたが……

昭和初期の不透明な事件として、帝人事件がある。この事件は未だに充分解明されているとはいえない。いわば謎である。

この事件の発端は、昭和九年（一九三四年）四月九日である。帝人（正確には、帝国人造絹糸株式会社）社長の高木復亭《なおみち》が検挙された。容疑は帝人株売買にからむ背任・贈賄罪であった。その十日ほど後の四月十八日には、永野護《まもる》、河合良成《よしなり》、小林中《あたる》、長崎英造らの若手財界人が相次いで背任罪で検挙された。そして五月にはいると、大蔵次官の黒田英雄、銀行局長の大久保偵次らが収賄の容疑で検挙される。

七月には斎藤實《まこと》内閣がこの事件の責任をとる形で総辞職した。それでもこの事件は政界に広がり、七月には中島久萬吉《くまきち》前商工相、三土忠造《みつちちゅうぞう》前鉄道相なども収賄とか偽証によって検挙されるに至っている。こうして帝人株売買にからんで起訴されたのは一六人に及び、政財官がからむ構造汚職として政界や財界をさわがせただけでなく、昭和史のなかでも特異な事件として記録されるに至った。

ところが二年余にわたり二六五回の法廷を経た昭和十二年十二月、東京刑事地方裁判所は一六被告全員に無罪を言いわたした。藤井裁判長は、記者団の質問にたいして「今日の判決は証拠不充分のゆえの無罪ではありません。まったく犯罪の事実が存在しないということです」と答えている。つまりこの事件は、まったくのでっちあげ、あるいはなんら違法性のない商行為だったと公式に認めたのである。

昭和九年、十年、十一年、そして十二年と、昭和という時代が一気に「軍部主導」に傾くとき、帝人事件は「検察ファッショ」「司法ファッショ」と噂《うわさ》されながらも日本の国策をある一定の方向に進めることに成功したという事実がのこった。この事件は、誰がなぜどのような意図をもって企図したのか、その点が曖昧《あいまい》になっているのである。

事件の前段階として、時事新報に連載された社長武藤山治《さんじ》と同社記者たちによる「番町会を暴《あば》く」という記事がある。武藤は政治家であり、鐘紡の社長も務めた実業家でもあったが、昭和七年に時事新報の経営を引き継いだ。このころは攻撃的な記事が売り物でもあった。「番町会を暴く」はそうした記事で、昭和九年一月十七日から三月十三日まで五六回にわたって続いたが、この記事の骨子は財界の指南役ともいうべき郷《ごう》誠之助の周辺に集まっている財界人を攻撃し、帝人株売買をめぐっては政財官界に多額の不明朗な金が流れているとにおわせた。とりたてて証拠もなく、一部の財界人を批判するのが目的だったとされている。

武藤は、この記事とは別にほかの攻撃記事に不満をもつ暴漢に殺害されている。帝人事件の記事と関係あるのではとの噂も一時は流れた。

ところがこの記事について検事局はすべて真実ないし、それに近いと信じたのである。捜査班を結成して事件の洗いだしにかかった。しかし、彼らは正当な商行為に対する知識をもっておらず、のちに被告のひとりが証言しているのだが、「不渡《ふわたり》手形」を「ふとてがた」と読むなどあまりにもお粗末な知識と感覚で被告たちを調べあげたのである。

「虚偽の自白」を下敷にして検挙の輪が広がった

当事者たちはこの事件をどう受け止めたか。被告の一人、河合良成が昭和四十五年（一九七〇）に『帝人事件——三十年目の証言』（以下、河合書と記す）と題して、事件の真相をつぶさに報告している。この書をもとに、事件そのものの内容をなぞっておきたい。

政府系の台湾銀行は鈴木商店に多額の融資を行っていたが、昭和二年の金融恐慌で鈴木商店がダメージを受けたため、台湾銀行もまた基盤が揺らぐ状態になった。それを日本銀行の特別融資でのりきった。このときに台湾銀行は鈴木商店のもっていた帝人株二〇万株を引き継いでいる。しかし台湾銀行としてはこの株を早くに手ばなして「日銀特融」の返済にあてる必要があった。そこで河合、永野、小林、長崎の四人の財界人が、この株を生命保険団や大阪の絹糸商などに引き受けてもらうことにし、昭和八年五月三十日に一株一二五円で一〇万株を譲ることで話をつけた。ところが最終段階でこの株の先行きに不安を感じたのか、山本条太郎《じょうたろう》（元満鉄社長）関係の内外投資会社が予約取消（五〇〇〇株）を通知してきた。そのため河合ら四人がやむなく引き受けることにし、富国徴兵保険から担保貸付を受け、不足分については小林所有の満鉄株七〇〇〇株を加えることで、とにかく五〇〇〇株を引き受けたのである。

この売買成立のときに、河合書によると「売買双方から一株一円ずつの手数料合計二〇万円を、締結契約の条項により、私の指定するところに従い、永野君が受け取り、内三万円は永野（山叶商会《やまかのう》）と村地（大阪商事）の関係証券業務にて、各一万五〇〇〇円を証券手数料として取得し、残り一七万円を永野君の手を通じ、主として永野君と私からの寄附のつもりで読売新聞社主正力《しょうりき》松太郎君に新聞経営資金として贈呈した」という経緯があった。これ自体、違法性のない純粋な商行為だった。この一件が武藤の記事で尾ひれがついたということになる。

帝人株はこの契約実施のあと、ほぼ一カ月後に一四五円、四カ月後に一八〇円になったが、この値上がりは台湾銀行との契約時にわかっていたはずだ、というのが検事局の見方にもなったようである。武藤もまたそのようなことをにおわせた。今の言葉でいえばインサイダー取引ということになろう。

最初に検挙されたのは、前述のように帝人社長の高木復亨である。検事は、逃亡の恐れがあると革手錠をつけ、笠帽子をかぶせ、腰縄で連行し、帝人の帳簿も押収したので、高木のプライドもずたずたになり、それで一刻も早く拘置所から釈放されたいと、検事のつくった虚偽を次々と認めた。この「虚偽の自白」が下敷になって検挙の輪が広がったのだ。

高木がのちに裁判所に提出した上申書では、検事からの心理的拷問がいかにひどかったかが語られ、ほとんど検事の言いなりに一三〇〇株をもらったとか、それを大蔵省の黒田次官、銀行局長の大久保にわたした、はては三土大臣にもわたしたと認めたという。上申書のなかで、高木は「あまりに私は弱いのであります。残念で其《その》当時の光景を思ひ浮べると堪へられませぬ」と告白して、河合らに詫《わ》びている。

当初の法廷では、高木は検事が怖くてその意に添う答弁をすることに腐心さえしたと言うのだ。

　高木の自白にもとづいて次々に検挙された財界人、官僚も検事の恫喝《どうかつ》と侮蔑《ぶべつ》的な扱いに屈して、まったく虚偽であるにもかかわらず高木の敷いた路線を認めている。検事に屈しなかった河合らは二百日から三百日の拘置所生活を体験している。

大蔵次官が書いた偽りの嘆願書

　高木に続いて、大蔵省の黒田次官が帝人株の〝利益〟が政界に撒《ま》かれたという偽《いつわ》りのストーリーを認めさせられている。

　黒田が収監されたのは五月十九日のことだが、二日もしないうちに検事の言い分に次々とうなずいていった。同姓の黒田検事と合作という形で嘆願書を作成したともいわれているが、そこには黒田が三〇〇株を受けとり、金を高橋是清蔵相の子息是賢《これかた》にわたしたなどとあまりにも影響のある偽りの告白が書かれていた。「謹《つつしん》で一書を認《したた》め泣て岩村検事正閣下に嘆願申上候《もうしあげそうろう》」で始まるこの嘆願書は、収賄を受けた金のうち一万円を三土鉄道大臣に、一万円を大山代議士に、一万円か二万円を政友会に寄付したといい、高橋是賢には人を介して三万円近くをわたしたとあり、「高橋子（著者注・子爵のこと）大に喜ばれ、よろしく申し呉れとのことなりし」などとも書いている。まさに事実と思われかねない筆調であった。

この嘆願書が閣議で、小山司法大臣から斎藤首相に密かに見せられたという。斎藤首相は高橋蔵相の子息に嫌疑がかかっていることに驚き、高橋がその責任をとって辞職することになればこの内閣がたちゆかなくなる、さらに三土や中島といった閣僚にも疑いがかかっているとあっては辞めざるを得ない、と決意して「閣議において淡々と総辞職を告げた」（河合書）という。

黒田はのちに公判で、自分が話したことはあまりにも荒唐無稽なので、実際に調べれば「（高橋是賢をはじめ三土鉄道相などへの収賄は）無実だと云《い》ふことが直《ただ》ちに判明するものだと自分では思って居《お》りました。（略）少くとも私が関係がないと云ふことが明かになると思って努力して居りましたから、そこまでは（内閣倒閣のこと）私は突詰《つきつ》めては考へて居りませんでした」と述べている。つけ加えれば、黒田はアルコール依存症気味で、拘留中は酒が飲めずに思考力もなくなっていたという説もある。

高木の自白、黒田の嘆願書がもとになってつくられていった帝人事件、この公判記録を読むと驚かされるのだが、被告たちは長い拘禁生活で疑心暗鬼になり、「彼はこう言っている」「誰はそうは言っていない」と検事の言にふり回され、正常な判断がつかなくなっていることがわかる。自分がたとえ嘘を言ったとしても、実際に調べればわかることと甘く考えたり、検事から「話せば釈放する」と誘われて結果的に裏切られたり、検事主導の取り調べが公判では明らかにもなっているのだ。

二六五回も公判が開かれたのは、虚偽のひとつひとつが巧みにつなぎ合わされていたのと被告が恐怖にとらわれていたために、当初は証言が真実を告げるに至らなかったためだ。やがてすべてが虚偽だとわかってくると、高木も黒田をはじめ被告たちも激しく検事団を批判している。

しかしたとえこれが偽りの疑惑による裁判だとわかっても、ひとたび社会に報じられている以上、しかもあたかも一大疑獄事件と既成事実であるかのように報道され続けたのだから、国会にも社会にも大きな波紋を呼ぶことになったのである。

五・一五事件と二・二六事件の間で…

こうして事件の全容を検証してみると、すぐにわかるのだが、検事たちの何としてもこの事件を政治的に拡大しようとの意図が窺《うかが》える。実際に検事のひとりは、河合に「我々は社会を大掃除する。汚れていないのは司法検事と大学教授だけだ」と豪語し、国家改造の意欲をたぎらせていたというのだ。

この事件は、五・一五事件（昭和七年）と二・二六事件（昭和十一年）の中間に位置する事件であった。五・一五事件によって犬養《いぬかい》内閣が倒れ、そのあとに元老西園《さいおん》寺《じ》公望《きんもち》は大正期から続いてきた議会政治を守ることはできないとして斎藤實を推し、挙国一致内閣をつくった。この斎藤内閣は基本的には政党内閣復活までの一時しのぎ、あるいは天皇の信が篤い斎藤を据えて軍部を抑えようとした内閣でもあった。西園寺のそういう目論見《もくろみ》は、軍部と軍部に同調する政治家、官僚には不評だった。斎藤内閣の倒閣が練られてもいた。

しかもこの期は、五・一五事件加害者への同情、国定教科書改訂による天皇神権化の方向、さらに満州事変批判の国際社会に抗しての孤立、全体に日本の方向はファッショ化の動きに加速をつけていた。とくに陸軍内部では国家改造運動が進み、天皇親政をめざしての国家改造論が公然と論じられていた。それに呼応する動きは官僚、政治家、そして言論界でもしだいに表面化していた。昭和十年にはいると、美濃部《みのべ》達吉博士の天皇機関説が不敬にあたるということで、その排撃が起こっているし、その延長としての国体明徴《めいちょう》運動があった。

昭和十年八月には、陸軍内部でこうしたファッショ化の尖兵たらんとする青年将校と指導層の対立がピークに達し、永田鉄山《てつざん》軍務局長が青年将校の側に立つ相沢三郎に白昼公然と軍務局長室で斬殺される事態になっている。そしてこの公判の過程で、青年将校による二・二六事件が起こった。

帝人事件もこうした流れのなかで捉える必要がある。元老西園寺公望の秘書原田熊雄《くまお》は、政界、官界、そして天皇側近などに日々会って、さまざまな情報を集め、それを興津《おきつ》に住む西園寺のもとに届けていた。そうした情報を整理した書『西園寺公と政局』（全八巻・別巻一）によるなら、斎藤内閣周辺にはこの帝人事件をめぐっての脅しがある。

　小山司法大臣は、原田に対してこの事件は平沼騏一郎《きいちろう》（法曹界の中心人物）が若い検事をたきつけて行っている「検察ファッショ」という見方があるが、「これはみんなデマであって実際のところは非常に慎重にやっている」と火消しに躍起《やっき》になっている。検事たちの度のすぎた取り調べや嘘を強要している実態は、関係者の間では知られていたのだ。一方で陸軍内部からは、この事件には長老の宇垣一成《かずしげ》が関係しているといったデマや軍事予算を抑える高橋蔵相への意図的な噂も流され、汚職に怒りをもつ青年将校の国家改造運動にはずみをつける形にもなっている。

平沼騏一郎。写真は昭和14年1月の首相就任時（写真提供：毎日新聞社）

　原田は高橋是清も訪ねている。その折、高橋は、「今度の事件は甚《はなは》だおかしい。こういうことは自分の口から本当は言うべきではないけれど、いかにも信じられない。平沼が倒閣のために若い検事を煽ってやらしているんだとか、あるいはいろいろ言うが、これもどうやらわからない」と洩《も》らしている。

高橋は、この事件にはいくつか不思議なところがあるともいう。検事が異様なまでに張りきっていること、そしてその捜査対象がすべて政治家、官僚の中枢にむかっていること、これほどなにもかも中枢にいる人物に疑いをかけられるのか、という不審があったのだろう。黒田嘆願書の内容についても、「どうもまだ検事局に不審がある」と洩らしている。

「この内閣は綱《こう》紀《き》粛正《しゆくせい》を標《ひよう》榜《ぼう》しての内閣だから、こういう内閣にして初めて公正なる裁判を受けさせることができる。斎藤内閣としては、現内閣の閣僚であろうがなんだろうが、もし本当に裁判の結果罪ありということになれば、どこまでも公正にこれを法によって処罰し、なんら情実に捉われないようにして政治を浄化すべきが重大な責任と思う」と言い、公判を冷静に見極めるよう話していた。この論に、西園寺も賛意を示していた。しかし斎藤は、陰に陽にかかる圧力に抗して総辞職にふみきったのだ。

こうした政府内部、あるいは宮中内部の動きは確かにこの事件に一線をひいているが、軍部は閣議で小山司法大臣にこの問題を明らかにするよう発言せよ、と密かに迫っていた。

誰がもっとも利益を得たのか

この裁判は、前述のように昭和十二年十二月十六日に全員無罪の判決が下ったが、このときの塩野司法大臣は大乗的見地から控訴権を放棄すると声明し、無罪が確定した。その間、一四〇名に及ぶ証人、公判での鑑定人は高橋亀吉など七名、弁護人も二〇名近くに及んだ。被告を無罪とするために学界、財界人、法曹界などの大半はこの裁判になんらかの形でかかわったとされる。

裁判で明らかになった検察の強引な取り調べや法廷戦術こそ、本来なら責任が問われて然るべきだったが、当事者のひとりである岩村通世《みちよ》検事正は、その後司法次官に栄転し、昭和十六年の第三次近衛内閣では司法大臣に就任している。

この事件によってどの勢力が利益を得たのか、どの組織がもっとも権力を肥大化させたのか、そこに真相を解く鍵がある。一言でいえば、権力を肥大化させたのは、軍部と司法官僚の国家改造論者である。勢力を弱めることになったのは、リベラルな政治家、官僚、財界人、そして天皇側近である。二・二六事件で暗殺の対象になった高橋や斎藤、天皇がもっとも信頼していた宮廷官僚の牧野伸顕《のぶあき》は、生命まで狙われるようになったのである。

軍部や司法官僚、それに頑迷な貴族院議員らは、自由主義経済を嫌っていた。彼らは純粋な商行為を、臣民としての道に欠ける不法な行為と受け止めていたのだ。資本投下に伴う利潤の確保、株の売買による利益の確保などは国家改造に反すると考え、経済行動はすべて軍事主導のために貢献しなければならないと主張していた。二・二六事件後の日中戦争下による国家総動員法は、彼らのそうした考えが実った国家体制であった。

帝人事件は、自由主義経済を否定し、戦時体制の経済システムをつくるための「司法ファッショ」と見るのがあたっている。この期にそのことに気づいたのは、河合良成などわずかな財界人だったが、彼らがこの事件から太平洋戦争終結まで、実質的に日本の実業界からは追放されていたという事実こそ、それを物語っているように思えるのである。

第十七章　満州事変と満州国

日中戦争の背後に見えてきた影

アメリカで高まった日本への警戒心

歴史的現象には必ず因果関係がある。昭和十六年（一九四一年）十二月八日の日本軍による真珠湾攻撃を「果」とするならば、そこに至る「因」がある。本稿はそれを検証してみようというのが狙いである。

明治三十八年（一九〇五年）、日本はロシアとの戦争に勝利を得ることで、国際的には一等国の仲間入りをすることになった。この日露戦争を終結するにあたって、アメリカはその仲介役を買って出て、ロシアが中国（とくに満州）にもっていた権益（遼東半島の〝併合〟など）を、一定の枠内で日本側に認めるよう斡旋《あっせん》するなど、表面上は確かに日本に有利な対応策をとった。日本は満州に門戸開放策をとるようロシアに訴え、それを拒むロシアとの戦いに入ったという経緯があったから、アメリカやイギリスの支援を受けることができたともいえた。

ところが日本の軍部は、満州の占領地からなかなか撤退しようとせず、あまつさえ満蒙《まんもう》独立運動を画策するなどしたため、アメリカの感情を刺激することになった。加えて日露戦争以後は、中国でも孫文《そんぶん》を中心とする革命運動がより活発になり、日本はアメリカと中国からその国策がつねに関心をもたれるようになった。

アメリカ国内での反日運動は、日露戦争直後にサンフランシスコで日本人の子弟が学校に通えなくなるという形で明らかになった。さらにアメリカ政府は、満鉄の中立化を要求するなどしたため、それを受け入れがたいとする日本政府との対立が浮きぼりになった。アメリカは明らかに、アジアで欧米先進帝国主義のような力を発揮していく日本に警戒心を高めることになったのだ。ただ日本はイギリスとの間に日英同盟を締結（明治三十五年）していて、アジアにおいて日本とイギリスはそれぞれの既得権を相互に認め合っていた。それがアメリカにとって、外交戦略のうえでは障害ともなっていたのだ。

そのような構図が明らかになったのは、第一次世界大戦時（一九一四―一八）である。日本は日英同盟の誼《よしみ》もあって参戦を決定するが、当初対独戦に参戦を要請していたイギリスは、アメリカからの強い要求を受け、その要請を取りさげるという経緯もあった。しかし日本は強引に参戦し、ドイツの占領下にあった中国の青島《チンタオ》を攻撃して占領した。

もとより中国は強い抗議を行ったが、そのときもアメリカにその旨を伝え、アメリカの諒承《りょうしょう》を得たという形をとっていた。

日本はこの抗議を無視し、むしろ中国に対して二一カ条の要求をつきつけた。この要求のなかには中国を属国とするかのような条項が含まれていて、列強はヨーロッパで苛酷な戦いを続けているときだけに、「弱体な中国に進出して利権を手に入れ、日本の勢力を植えつけようとする諸要求が、火事場泥棒という非難を浴びた」（猪木正道『軍国日本の興亡』）という見方がされたのも無理はなかった。

第一次大戦は、戦争の形態を大きく変えた。それを一言でいえば、国家総力戦体制によって戦争の結果が決まる、ということであった。同時に、戦車や飛行機、それに毒ガスが登場した近代戦の悲劇が、人類のこれまでの戦争観を一変させることになった。日本は戦備や戦略の面で著《いちじる》しく遅れてしまったのである。

それに加え、戦争末期にシベリアにいるチェコ軍救援のためにアメリカは日本にも共同出兵を要請し、それを受けて日本も出兵したが、各国が引き揚げたあとも日本はシベリア駐留を続けた。そのために日本は国際的にも汚名を浴びることになる。こうしたプロセスを詳細に見ると、アメリカやイギリスの要請に日本はつねにふり回されていて、つまりは批判を浴びる結果になっている。軍事主導、外交下手というのが正直な姿だったとも考えられるのだ。

日英同盟の破棄と四国条約の締結

第一次大戦後のヴェルサイユ会議、その後のワシントン会議によって国際社会は、アメリカ主導の国際協調路線が敷かれた。疲弊したヨーロッパの国々に代わって、アメリカはもっとも無傷でいたうえに、中国への軍事力介入をめざす日本を仮想敵国と見て、海軍増強を計画し、日本の海軍もまたアメリカを当面の敵として軍備拡充をめざすことになった。国際社会の底流では、日米対立という芽が少しずつ広がっていたのである。

ワシントン会議は、大正十年（一九二一年）十一月十二日から翌年二月六日までのおよそ三カ月間、開かれた。参加国は日米英伊仏中、それにオランダ、ベルギー、ポルトガルの九カ国で、ドイツとソ連は参加していないが、この会議によって一九二〇年代の国際秩序がつくられた。九カ国はそれぞれの思惑を秘めて討議を続けたが、中心になったのは海軍戦備の縮小と対中国政策、それに武力ではなく話し合いによる懸案事項の解決の三点である。しかし、より鮮明になったのは、日米間の対立であった。

　アメリカは、日本の中国大陸への進出と太平洋への野心に警戒心を顕わにした。とくに、日本は第一次大戦の勝利によってドイツが押さえていた南洋諸島を委任統治領としたが、ここを拠点に太平洋へ進出してくるのではとアメリカは不安に思い、海軍戦備の制限に積極的となったのである。

　同時に、アメリカ国内では日本移民の排斥問題が起こっていて、これに日本は反発を示していた。加えて、その背景にある人種間の対立にも日本は神経をとがらせていた。

　日本とアメリカの対立は、ヨーロッパの国々がアジアにもっている植民地権益に対して、後発の植民地主義の盟主争いのような意味があった。とくに中国に対しては、アメリカが提唱した「中国の主権尊重、領土の保全、中国の門戸開放、機会均等」という案が他の国々の諒解《りようかい》を得ることになった。日本はそれに異を唱えてイギリスの助力を頼りにしたのだが、それはかなえられずに結局は九カ国条約の締結となった。

　そして海軍戦備も、主力艦の保有にあたっては、米英日の比率が五・五・三に決まった。日本国内にはこの比率に不満の声はあったが、しかし加藤友三郎《ともさぶろう》海相の勇断でこれを受け入れた。日本の国力は正直なところ、これでもまだ膨張《ぼうちよう》しすぎというのが実態であった。

アメリカはこうして日本に軍事的、心理的にもその膨張政策を抑えるよう要求したが、さらに重要なのは日英同盟の破棄をイギリスに強く働きかけていたことだった。イギリスは第一次大戦にあたってアメリカから膨大な債務を背負っていたこと、アメリカとの友好が第一義であること、などをあげてこれを受け入れるが、アメリカをして日本の軍事的膨張は日英同盟のゆえだと執拗《しつよう》に責められて、渋々この破棄に踏みきったともいえた。大正十年十二月の日英米仏の四国条約の締結によって、自動的に日英同盟は消滅したことになる。

明治後期から大正期の日本外交を根幹から支え、日本に多くの権益を保障してきた日英同盟が、アメリカによって潰《つぶ》されたことにより、日本は国際的には孤立化せざるを得ない状況に追いこまれていくことになった。こうしたワシントン会議の内実を見ていくと、日本は外交交渉ではアメリカの戦略にみごとに組みこまれていくことになった。

とはいえ、アメリカ国内では排日移民法により、日本人の移民をますますしめ出すという方向が強まり、日本では『日米もし戦わば』という書がベストセラーになるなど、対立感情はそれぞれの社会に沈澱していった。

満州事変が意味するもの

一九二〇年代（日本では大正九年から昭和五年になるが）は、日本はこのワシントン会議にもとづく「ワシントン体制」を順守していた。たとえば、昭和二年（一九二七年）には幣原喜重郎《しではらきじゅうろう》外相が帝国議会での外交演説で、「（中国に対しては）その主権、領土を尊重し、その国内の騒乱には干渉《かんしょう》しない」とか「中国の国民の要望に対しては同情と好意を以《もっ》て答え、その実現に努力すること」などの姿勢を明らかにした。大正末期から昭和初期にかけては、日本の国策は確かにアメリカとの対立を抑えていたといえる。

しかし、日本の軍部（主として陸軍）は、こうした協調外交に批判的であった。とくに中国では民族意識が昂揚《こうよう》し、反帝国主義運動が全土に広がると、それに軍事的に対抗しようとする日本陸軍は、露骨に介入の意思を示した。関東軍の参謀たちは、満州に広がる抗日運動に危機感をもち、石原莞爾《いしわらかんじ》のように「満蒙独立」の私見をもって軍内を説得する将校もあらわれた。こうした危機感を背景に、日本軍の第一次（昭和二年）、第二次（昭和三年）にわたる山東出兵や満州軍閥の張作霖《ちょうさくりん》爆殺事件（昭和三年）などが起こった。

このような期間、アメリカは中国に対して軍事力よりも経済、政治の両分野で影

満州事変。無血占領したばかりの錦州に空から乗り込んだ石原莞爾
（写真提供：毎日新聞社）

響力を強めるようになり、日本の国策とは著しい違いを見せることになった。このような戦略の違いも、日本とアメリカの外交政策の違いに起因していたのである。

昭和六年九月の関東軍による満州事変は、日本のこれまでの協調外交の放棄を意味することになった。この事変が一方的に拡大し、翌年三月に日本によって満州国が建国されると、アメリカはこれはワシントン会議の折に結ばれた各種の条約（たとえば、九カ国条約と四国条約など）に違反すると批判し、中国国民党の蒋《しょう》介《かい》石《せき》政府の援助にふみきった。

当時、国際連盟が発足していた

が、アメリカはモンロー主義（孤立主義）のもとに加入していなかった。しかし現実には、アメリカは国際連盟と緊密に連携をとっており、国際連盟内部での「対日批判、中国支援」は、アメリカ政府の方針とも合致していた。

昭和八年三月に日本は国際連盟の脱退を通告（正式脱退は昭和十年三月）、やがて日中戦争へと入っていくが、アメリカは日本の軍事膨張が中国に照準をしぼっていると判断すると、陰に陽に日本の国際的孤立化政策を進めていった。アメリカのその影は、日本にはなかなか正体がわからないようになっていたが、日中戦争がしだいに泥沼化した状態になると、中国の背後に控えているアメリカと対峙しなければ日本の進路は開けないとの考えが、国内に充満するようになった。

それがやがて太平洋戦争にいきつく、もっとも大きな理由であった。

傀儡《かいらい》国家と王道楽土《おうどうらくど》

いま問われるべきこと

満州国は日本近代史にとってどのような意味をもつのか。もとより現在では、満州国は日本の「傀儡国家」「植民地」、あるいは「偽満州」という語で語られているのだが、当時（一九三二年〈昭和七年〉三月一日の建国時）には「五族協和《ごぞくきょうわ》」「王道楽土」の理想郷のごとくに語られた。この歴史的なズレ、あるいは国家的イメージの段差、それが改めて問われるべきではないかと思われる。

満州国は、歴史的に俯瞰《ふかん》してみるなら、満州事変のたどりついた到達点ということができる。昭和六年九月十八日に柳条湖《りゅうじょうこ》で始まった関東軍の謀略工作によって、たちまちのうちに奉天《ほうてん》から遼寧《りょうねい》省全体へと日本軍は軍事的な制圧地域を広めていったが、そのことは関東軍内部で満州地域に新しい「国家」をつくろうとの意思が働いていたことを裏づける。現に関東軍内部では、事変の四日後（九月二十二日）に満蒙問題の解決策として、〈東北四省（黒龍江《こくりゅうこう》省、吉林《きつりん》省、奉天省、熱河《ねっか》省）と蒙古を、宣統帝を頭首とする支那政権を成立させ、在満蒙各民族の楽土をつくる〉が決定されていた。

これは関東軍高級参謀の石原莞爾の唱えていた満蒙問題の私見にのっとっての考え方でもあった。石原はこの私見のなかで、「満蒙ヲ我領土トナスコトハ正義ナルコト」と「我国ハ之《これ》ヲ決行スル実力ヲ有スルコト」を満蒙問題の解決として謳っていた。

石原が、満蒙地域のこの国家に、この時代の五族（日本人、漢民族、朝鮮人、満州人、蒙古人）の人びととの人造国家をつくろうとしていたことは間違いない。昭和六年十一月から翌七年の一月、二月にかけて、関東軍がチチハル、ハルビンなどを占領する一方で、満州各地の軍閥に張学良《ちようがくりよう》の支配から脱却するよう説いていたからである。もとよりこうした軍事、政治的対応に呼応するかのように、奉天特務機関長であった土肥原賢二《どひはらけんじ》は、天津《てんしん》に住んでいた溥儀《ふぎ》に新しい国家の執政のポストを受け入れるよう説得もしていた。

東北三省の独立宣言

石原の案は、ひとつずつ現実に向かって進み、そして昭和七年二月には奉天省、吉林省、黒龍江省の三省の省長たちが集まって東北行政委員会をつくった。関東軍の政策にこれらの省長は呼応したともいえるが、二月十八日にはまず東北三省の独立を宣言するに至ったのである。こうした背景には、本庄繁《ほんじようしげる》関東軍司令官をはじめとする関東軍首脳の有形無形の支えがあった。

この独立宣言以後、国名を満州国とし、元首は溥儀とするも、それは執政とすることにした。即時帝政を要求する溥儀の希望は認めなかった。政体は民本政治とし、国旗は新五色旗、年号は大同《だいどう》とすることも決まったが、これも関東軍の意向によったのである。

こうして三月一日に東北行政委員会の委員長であった張景恵《ちようけいえい》の私邸（新京《しんきよう》）で、

張景恵自身の満州国宣言によって、この国はスタートすることになった。溥儀が新京にはいったのは、八日の午後であったが、市内には多数の市民が集まり、新国旗も掲揚されるに至った。

溥儀の執政就任式は九日に行われたが、この日を祝してこの満州国の各地（たとえばハルビン市など）では、関東軍の音頭取りで祝賀記念式を行った。しかしこの建国に賛意を示さない中国人は、新国旗の掲揚を拒否するという光景も珍しくはなかった。

中国のナショナリズム

建国までのこうした動きを見ていくと、満州国は関東軍の政治工作が、軍事的勝利をバネにしてきわめて円滑に進んだかに見える。この人口三四〇〇万人の国家は、溥儀の執政宣言でも強調された「王道楽土の実践」というスローガンとは異なって、日本にとってのもうひとつの国家という側面をもっていたことは疑い得なかった。

満州は清朝帝政の発祥地でもあり、ここに入植した漢民族との間で、ときに対立状況が起こっているのだが、関東軍の軍人たちは巧みにこのような状況も利用した。加えて二十世紀に入ってロシアや日本が南満州鉄道の利権を求めて抗争を続けた結果、満州人・漢民族を問わず、中国人の間に激しい抵抗運動も起こった。このような歴史的経緯もあって、満州国の建国は、中国人のナショナリズムを激しく刺激することにもなったのである。

とくに当時、中国を支配していた蔣介石政府は、この建国に強い不満を示し、日本に対する抵抗運動を呼びかけた。

満州国政府と「内面指導権」

満州国政府は、執政のもとに秘書局（参議府）を設け、ここに六人の有力中国人が名を列ねることになる。執政が立法院、国務院、監察院、最高法院、最高検察庁の機構のうえに君臨し、国務院には総務庁、法制局、資政局、興安局があり、その他に部や地方の政府があるという組織であった。この組織自体は、当時の蔣介石政府に通じる共和制のような内容であった。

ただ満州国の治安維持や軍事はすべて関東軍がにぎることになった。鉄道、港湾、それに輸送などは日本が全権をにぎったうえに、満州国政府、そして地方の政府の役人は、事実上、関東軍司令官が任命権をもつことになり、そのために日本人がこの国の主要権力の中枢に座ることになったのである。

この国家は、どのような主要ポストに中国人が座っていても、それを補佐する、あるいは顧問として遇するという立場で日本人が就くために、実際には日本側の意向がつねに反映されるという形にもなった。そのような日本人は、関東軍から「内面指導権」が託されるのであったが、その権力も満州国を五族協和、王道楽土とするより、むしろ関東軍のためにという意味が強く、しだいに満州国は自主性を失うといわれる事態になった。

石原莞爾の理想を現実化させたいと願う青年たちのグループが、協和会、あるいは東亜連盟という組織のもとで、関東軍の露骨な干渉に抵抗を続けた。彼らはこの「内面指導権」が乱用されていると怒り、東條英機が関東軍憲兵隊司令官、あるいは関東軍参謀長に就任していくにつれ、石原を追いだし、日本の傀儡国家にしようとしていると反発の感情を強めた。満州国に関して、「日本の利益のために存在する」という一派と、「日本は一歩退いてこの国を理想国家とすべきだ」という一派との対立は、主に関東軍参謀長の東條とその下で副長をつとめた石原との激しい対立となってあらわれたのである。

しかし実際には、東條を中心とする一派がこの満州国の支配権をにぎるようになった。関東軍はこの国の軍事を担当するとして、日本の対ソ戦の前線基地につくりかえていったし、一方で満州国軍を創設しながらも日本人将校が全権をにぎって、関東軍の指揮系統下に置いたのである。

満州国政府の組織（建国時）

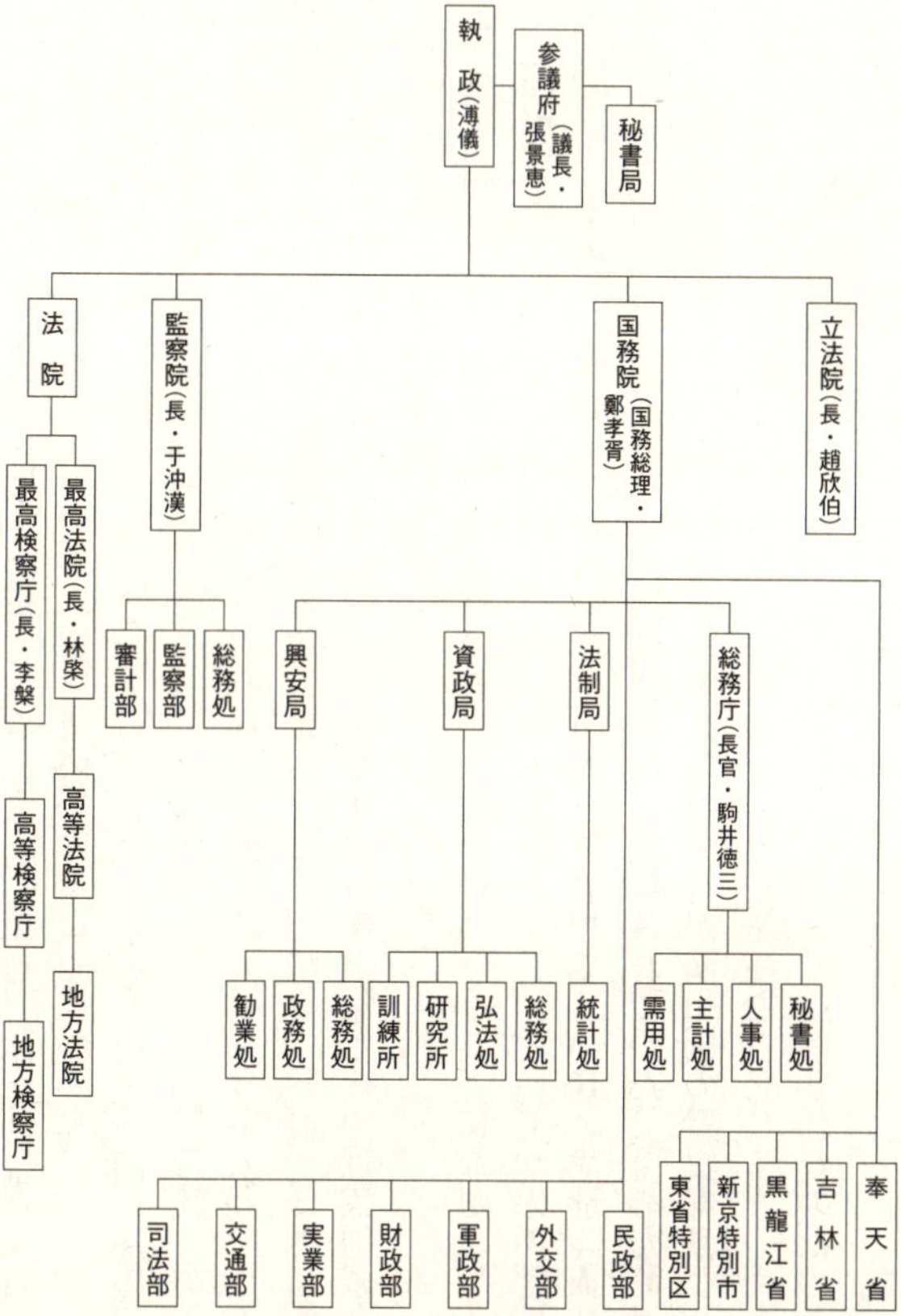

参考文献：『キメラ――満州国の肖像』（山室信一著、中公新書）他

満州国についての見方は、伊藤隆監修、百瀬孝著の『事典 昭和戦前期の日本』に書かれている次の記述が、この国の本質を突いているというべきだ。

「政府の中枢部を国籍を持たない外国人に占拠され、自国の防衛を他国に依存し、外国語たる日本語を公用語の一つとしていたのであるから、独立国とはいえない。傀儡国家の典型といわれることがあるが、操る者も操られる者も日本人という不自然な傀儡国家であった。また満州国は憲法も議会もなく、法律は政府が任意に制定改廃しえ、義務教育も国籍法も政党もなく、産業面の振興を除きその近代国家としての性格は否定せざるを得ない」

つまり満州国は、近代国家としての形は整えていないということになる。

とくに問題となったのは、抗日中国人の逮捕を意図して行ったいくつかの暫定的な立法措置で、軍隊や警察の指揮官が抗日中国人を逮捕しても「其ノ裁量ニ依《よ》リ之《これ》ヲ措置スル」ことができたことだ。司法は初めから無視されていた。そのため満州国では、警察権が混乱状態にあり、関東軍憲兵隊司令官が満州国の警察部長よりも上位にあって、自由に逮捕、刑の決定ができるという形を生むことにもなったのである。石原系の協和会のメンバーが、ときに赤化分子として逮捕されたのは、このような事情にもよった。

満州産業開発五カ年計画

満州国の経済改革案は、主に満鉄調査部によって練られ、建国から一年後には「満州国経済建設綱要」が公表された。この中心は「日満経済の一体化」という点にあり、具体的には統制経済が実行されることになった。

また、一産業一社の特殊会社に資源開発を独占させる形をとることになった。とはいえ関東軍は、当初は「日本の財閥は入れない」として民間資本の導入を企図したが、治安の悪化などの理由で資本の導入は進まず、結局、新興財閥に依存することになった。

もっとも重点的に行われた産業開発計画は、満州国の日本側官僚であった岸信介《きしのぶすけ》や星野直樹らが関東軍の案を手直しして進めた「満州産業開発五カ年計画」である。この案は近衛内閣のもとでさらに手が加えられ、昭和十二年から実施されることになった。この計画によって、一部のプロジェクトは成功したものの大半の案は実らなかった。

満州国は、その後の太平洋戦争とともに実質的に日本に隷属《れいぞく》する形で、この戦いに加わった。同時に抗日中国人の動きも激しくなり、満州国もしだいに戦火に巻きこまれることになる。

昭和二十年八月九日未明、ソ連は日本に対して宣戦布告を行い、極東ソ連軍が満州国に侵入してきた。関東軍はこれに抗する力もなく、結局、日本はポツダム宣言の受諾《じゅだく》により、降伏することになったのである。そのときがはからずも満州国の解体となった。

満州国の解体後は、中国国民党と共産党の内戦状態になる。この国に移民した日本人農民、それに官吏をはじめとする公務員などが、日本への帰国をめぐって混乱状態になった。なかには幼児を中国人に預けたり、帰国の途中で家族がはなればなれになったりしての一家離散が始まった。これが残留孤児問題として日本でもさわがれるようになったのは、満州国解体から三十六年目のことである。

歴史のなかで、満州国はその間多くの悲劇を抱えこんでいたのである。

人造国家をとりまく世界情勢

満州国を承認したのは二一カ国

満州国の建国以後、この国を正式に国家として認めたのは、日本と親しい関係をつくっていくドイツ、イタリアなどの枢軸国であった。あるいはこうした国々の影響下にあった国々でもある。

建国の最初の年（昭和七年〈一九三二年〉）には日本だけだったが、昭和九年にローマ法王庁、エストニアなど四カ国、昭和十年にポーランド、昭和十二年にはイタリアとスペイン、そして昭和十三年にドイツ、デンマークと続く。こうして昭和十八年のビルマ、フィリピンまでに二一カ国が承認している。ソ連も満州国との間には領事館を相互に認めていた。「アメリカ・イギリス・オランダ・中国とは貿易もあり、国家関係はなくても経済関係はあって満州国が全く孤立していたわけではないことがわかる」（前掲『事典　昭和戦前期の日本』）という状態だった。

満州国は、確かに孤立していたとはいえないが、現実には日本との関係で承認したほうが得策と考えた場合には承認されていたということができた。日本が満州国を承認したのはもっとも早いのだが、その内実を見ると、犬養《いぬかい》毅内閣のもとでは承認していない。五・一五事件のあとに誕生した斎藤《さいとう》實《まこと》内閣によって、初めて承認の方向づけがされた。そして承認するや、すぐに日満議定書の調印が行われている（昭和七年九月十五日）。これで日本と満州国との間で国交が結ばれたということになるのだが、この議定書の条文はわずかに二条にすぎない。これまでの日本と日本人の権益を認めるということと、日本軍が満州国内に駐留するのを認めるとの内容であった。

ただ、この議定書には付属文書がついていて、関東軍司令官と満州国全権の鄭《てい》孝《こう》胥《しょ》との間で交換された文書がそれにあたるのだが、それらは前述のように日本の権限を大幅に認めた内容である。関東軍の内面指導権はこの付属文書によって明らかにされている。こうした日本側の対応について国際社会はどのような反応を示したか、それを改めて見ておくことが必要である。

リットン報告書をめぐる論議

国際社会の反応は、前述のようにどの国がいつ承認したかで、あるていどのことは窺《うかが》える。というのは、国際連盟で日本の満州政策はまったくの孤立状態だったが、その孤立化がドイツ、イタリアとの提携によって、しだいに薄れていく。その薄れていく状況は、承認国の増大に比例しているといえるからである。

満州事変後、国際連盟はこの事変の調査を行うために調査団を結成し、満州に送りこんでいる。このリットン調査団は、昭和七年二月から六月までの間、調査を続けた。実は満州国が独立したのは、この調査の期間内のことである。日本側にはリットン調査団の報告書が日本に不利との判断があり、そのために既成事実をつくったというふうにも受け止められた。しかし現実には、この報告書は事変への日本側の工作に批判を加えつつ、国際連盟の規約やワシントン会議（大正十年〈一九二一年〉）での九カ国条約にも合致するように「満州における政府は支那の主権及び行政的保全と一致し東三省の地方的状況及特徴に応ずる様工夫せられたる広汎なる範囲の自治を確保する様改めらるべし」と新たな勧告を行っていたのである。

それは、中国の主権を認めつつ、日本の地位を一定の範囲で認めようとする内容であった。

この報告書の内容についての国際連盟内での論議は、日本に冷たい事態になっていく。とくに関東軍が熱河《ねっか》省に軍事的制圧地域を拡大していくと、リットン報告書の内容よりも日本側の中国への「侵略」そのものが問われる事態になった。そうした状況を反映して、結局、リットン調査団の報告書にもとづく勧告は、賛成四一、反対一（日本）、棄権一（タイ）で採択される。これに異議を申し立てた松岡洋右《まつおかようすけ》首席全権は「連盟脱退」を通告して、議場から退出した。その松岡は日本に戻るや大歓迎を受けているし、新聞社もまた共同声明を発して、日本に対する国際社会からの批判に強い反発を示している。

ここに国際社会と日本世論の大きな開きがあった。

国際社会の流れは、第一次大戦後は主に大正十年十一月に始まったワシントン会議によって方向が決定された。この会議は翌大正十一年二月まで続いたのだが、米、英、仏、伊、日本、蘭、ベルギー、ポルトガル、そして中国の九カ国が参加している。第一次大戦による悲劇は、今後、武力で政治的解決を図ることを避けるとしたうえで、中国の主権を守ろうとの確認も行われた。それにもとづいて七つの条約と二つの協定が結ばれた。とくに重要であったのは、九カ国条約である。中国の主権を尊重しつつ、他のどの国にも門戸開放が与えられるというのであった。国際社会においての秩序変更は武力では行わないとの一項も明記された。

このワシントン会議での条約、協定によって、国際社会は俗にいわれる「ワシントン体制」で動くことになった。さらに海軍の軍事力も各国が主力艦の建造を縮小する軍縮条約の時代にはいったのである。

一九二〇年代は少なくとも武力衝突の動きは起きなかった。こうした潮流は、昭和三年の不戦条約の締結にまでゆきついた。国際紛争を平和的手段で解決していくとの諒解もできあがっていったのである。

グルー大使の指摘

満州事変は、ワシントン体制下の国際秩序に対する最初の反乱と受けとめられた。ところがこのことについて、日本はそれほど深い認識をもちあわせてなく、ワシントン体制そのものをそれほど理解していなかったのである。アメリカの駐日大使ジョセフ・C・グルーは、日本人はこうしたワシントン体制をまったく理解していないと、その日記（『滞日十年』）に書きのこしている。

「私は一〇〇人中たった一人の日本人ですら、日本が事実上ケロッグ条約（著者注・不戦条約のこと）や九カ国条約や連盟条約を破ったことを、本当に信じているかどうか疑わしく思う。比較的少数の思考する人だけが率直に事実を認めることが出来る。一人の日本人は私にこういった――『そうです。日本はこれらの条約をことごとく破りました。日本は公然たる戦争をやりました。満州の自衛とか自己決定とかいう議論はでたらめです。しかし日本は満州を必要とし、話は要するにそれにつきるのです』。しかしこのような人は少数派に属する。（略）［日本人は］心から彼らのやってきたことが正当でありリットン委員団は中国の宣伝によって惑わされたのであり、諸外国と国際連盟とは同様、事実の全面的誤解に迷いこまされたものと信じている」

グルーのこの記述は、当時の国際社会のもっとも代表的な見方であった。日本はワシントン体制そのものの破壊者であることに気づいていないとの指摘は、歴史的に見れば確かにあたっている。現代風の見方をするなら、ワシントン体制というグローバリズムに、日本は抗しているともいえるのではないかということだ。

同時に、日本国内でこのグローバリズムの代表的政治家であった幣原喜重郎外相の「協調外交」は、この満州事変・満州国建国という流れのなかで、軍部や政治家の圧力によって政治的実効性を失っていくことになるのである。それはグルーの言うとおり、当の日本人は正確に国際協調路線を理解していたわけではないとの見方に見事に符節していた。

満州国建国は、石原莞爾に代表されるように日本の政治・軍事指導層の一部に存在した「国際社会の再編成・理想社会の建設」という側面も、日本国内でさえ十分に理解されず、結局は不況下の日本の脱出口のひとつとして考えられるか、あるいは中国に対する歪みの伴った感情の発露でしかなかったのである。のちの東京裁判において、検事団は日本の政治・軍事指導者の「満州事変以後の侵略政策」を裁くことにしたのは、まさにこの点にあった。その歴史的事実を改めて理解しておくべきではないかとも思われる。

満州国の建国から解体までの十三年六カ月近く、そこには多様な歴史的実験が試みられていた。多民族の同居する人造国家、そのような国家が成りたち得るのかというのが大きな実験であった。それは二十世紀前半の壮大なる実験だったと見る人たちもまた存在している。

だがこの実験の中心になった当時の日本は、はたしてそれに値するだけの政治的思想や能力、そして他民族との協調を図る姿勢があったか否かということになれば、その条件には欠けていたとの事実は指摘できる。ナショナリズムを自国エゴで動かしたときの日本の姿は、確かにグルーの説いたとおり迷走していた。歴史のなかに刻まれているその姿を、次世代の者は真摯に分析する能力を身につけることが必要になるだろう。

第十八章　「世界最終戦」を唱えた男・石原莞爾

石原莞爾はなぜ稀有な人物なのか

「何をやるかわからない」という評価

石原莞爾は日本陸軍史のなかで稀有の軍人といえる。何が稀有なのか。その善悪は別にして、石原が自分独自の壮大なプログラムをつくったということである。

日本陸軍の教育にはふたつのポイントがある。ひとつは、自己の存在の精神的な基盤として「軍人精神」を確立することだ。これは明治十五年（一八八二年）につくられた「軍人勅諭」をもとにして、天皇を支える軍隊の構成員たるべく徹底した精神教育がなされる。もうひとつは、ドイツ型の戦術・戦略教育である。陸軍軍人が「学ぶ」というのは、そのまま受け入れることであり、それこそが軍人として模範的な姿だった。となると、どうしても思考の体質としては、受け身の姿勢になりがちである。

石原は明治三十五年の幼年学校入学から明治四十二年の士官学校卒業までの七年あまり、陸軍という集団内で「一つの精神」と「一つの戦術」という教育を受けた。しかし、その枠の型で押し固められなかったのである。

そのような石原という人物の個性を考えるとき、父への態度が非常に興味深い。石原の父・啓介は山形県鶴岡の旧藩士で警察官だった。この父親に対して、石原は強烈な憎悪感を示したのだ。明治二十二年生まれの石原の世代にあって、家長である父親の存在は絶対的なものである。にもかかわらず、石原は自分の父親を憎み、怒鳴りつけたり、バカにしたりした。それが男の子にしばしば見られる照れかというと、そうではないようだ。幼年期、少年期、青年期を通じて、驚くべきほど父親に対して冷たい態度をとっている。たぶん父親の

石原莞爾（国立国会図書館蔵）

生き方の要領の悪さ、警察官としての薄給、そういうことに対するイライラした感情などもあっただろうが、幼年学校時代、図画の時間に自分の性器を描いたりする異様性をもっていたことを考えあわせたとき、彼には親や先生など上の世代がもつ価値を批判するような性質、あるいは社会を支配する常識に抵抗する性質——ある意味では反権威の志向性——がもって生まれた資質として備わっていたのではないかと思われるし、それが一生を貫いたように思われるのだ。

石原は士官学校で第二一期の卒業生にあたるが、成績はトップクラスでも一番にはなれなかった。校長に乱暴な言葉を使ったり、普通はタブーとされることを平気で聞いたりした影響もあったのだろう。

陸軍大学でもそういう色彩が濃いように感じられる。士官学校を卒業すると、一度原隊に戻され、そこで勤務してから陸大受験が可能になる。ただし、受験には連隊長の推薦が必要であり、士官学校を出た将校のうちで毎年五〇人しか入れない難関である。その五〇人のなかに入ることは、陸軍のなかのエリートの切符を手にしたことを意味する。大正四年(一九一五年)、石原莞爾は当然のようにストレートで陸大に合格し、そこで一番の成績をおさめる。ところが、陸大の一番は天皇の前で「御前講演」をする。石原にさせると何を言うかわからないというので、彼は二番にさせられてしまったというのだ。

語学の天才であり、戦術・戦略を語れば理のあることを言う。先見性もあった。しかし、「できるけれども、何をやるかわからない」というのが石原に対する軍内の評価であり、教育を受けた時期にとどまらず、陸軍に身を置く間、それが変わることはなかった。

第一次大戦と世界最終戦論

石原莞爾が陸軍大学を卒業した大正七年は第一次世界大戦が終わった年である。石原が士官学校と陸軍大学で学んだ「戦争」とは、限られた軍事要員が、限られた戦闘地域で戦って勝ち負けを決め、勝った国が負けた国に対して国家の利益を要求するというものだった。しかし、第一次大戦によって、戦闘形態がまったくといっていいほど変わってしまった。

ひとつには科学技術が進んで、兵器が最新鋭化したためである。飛行機、毒ガス、戦車など新式の武器が実戦に投入されたが、それがより実用的に発達していくことは明らかであった。また、国土のあらゆる場所が戦場となり、軍需物資の生産を考えれば非戦闘員も含めて国家全体で行われる「戦争」の姿が立ちあらわれてもいた。

第一次世界大戦を勉強するため、日本からエリート軍人たちが続々とヨーロッパへ出向いた。陸士でいうと第一六期から第二〇期ぐらいが主だった。東條英機は一七期、本間雅晴《まさはる》、今村均《ひとし》は一九期である。石原は二一期だが、大正十一年からドイツに渡って勉強することになる。

第一次世界大戦が終わった頃、「戦争はもう嫌だ」という忌避感が、あたかも人類の熱望のような感じで広がっていた。それが国際連盟につながり、あるいは大正十年のワシントン会議で「戦争ではなく交渉で解決する」という合意を促して一九二〇年代のワシントン体制が成立するのだが、日本からヨーロッパに行った永田鉄山《ざん》、岡村寧次《やすじ》、小畑敏四郎《としろう》、東條英機らの陸軍軍人たちは、国際社会の流れとは異なり、「なぜ、ドイツは負けたか」に眼を向けたのである。

彼らが導き出した答えは、ドイツ陸軍が負けたのではなく、ドイツ国民が負けたというような見方だった。つまり、ドイツの国民が厭戦思想をもち、戦場の後ろで社会主義運動などを起こし、革命まがいのことをくり返すことによって、前線の兵士がほとんど戦えなくなり、国家意思として終戦を受け入れることに至ったというのである。

日本陸軍のエリート軍人たちは、これからの時代の戦争が「限られた戦闘地域で戦闘員が戦うもの」ではなくなり、「国家のすべてをあげて戦うもの」になるという認識をもつ。そして、国家総力戦体制、高度国防国家体制を構築すべし、という結論に到達する。それは軍人が国家を主導するということでもあった。

一方、石原は他の陸軍軍人とも国際社会の潮流とも、まったく異なる方向を向いていた。ドイツ滞在中に陸軍省や参謀本部の軍人と交流したこともあったが、そういった付き合いよりも、下宿で閉じこもり、ロウソクを灯して、とにかくドイツの戦術・戦略の本を読んだ。ちなみに、羽織袴姿でベルリンの街を歩くので、在外公館の外交官が東京の外務省に「気味悪がられているから、石原莞爾という若い軍人を早く帰してほしい」と電報を打っているが、ヨーロッパにいても奇異な行動が目立ったようである。

部屋に閉じこもって大量の文献を読んだ石原は、第一次世界大戦の研究とともに、自分独自の戦略思想をもとうとしていた。ドイツ留学の成果として書かれたレポートは陸軍に提出されたが、これ以外にも石原は大量の論考を残し、のちに『石原莞爾全集』全一二巻となって世に出た。石原の思想で名高いのは「世界最終戦論」である。第一次世界大戦までの戦争に関する膨大なデータと石原独特の視点から創造された世界観がそこには広がっている。今日の時代でも、戦争とは国家の威信や利益がぶつかり合うものだが、石原の「世界最終戦論」は「文明」という視点でとらえたところがひとつの特徴である。

「世界最終戦論」を簡単に説明すると、次のようになる。将来的には、東洋と西洋の異なる文明が、それぞれ一国によって統一される。東洋では日本の文明と中国の文明の争いとなり、日本が最終的に勝者となる。西洋は最終的にアメリカが勝者となる。それまでに地球を一回りする飛行機や一発で地球を壊すほどの兵器が開発される。アメリカと日本はお互いに地球を壊すような武器をもって、相手方を抹殺するような形での最終戦争が行われる。その結果、永遠に戦争のない、文明の統一された世界に人類は至る。

なお、石原の計算では、一九八四年に日米戦争が起こり得るということになっている。どちらが勝つかは言及していないが、基本的には日本が勝つという前提である。

石原の発想は軍事史をベースにしているとしても、彼自身の性質がかなり投影されているように思われる。石原は日蓮宗に相当強い信仰心をもっていた。大正時代、東京のインテリたちが浅草の「統一閣」に通って日蓮宗を学んだが、石原もそこで勉強していたし、田中《たなか》智学《ちがく》の国柱会という日蓮宗の組織にも入っている。日蓮宗に詳しい人たちによると、日蓮の『立正安国論』は「最終的に日蓮の教えでこの世は一元化される」という内容だという。石原の「世界最終戦論」はそれを踏襲したのではないかという感じがする。

日蓮宗の信仰をもちながら、戦史研究をすることによって、まったく独自の戦略戦術観――あえて言えば歴史観――をもった軍人。その意味で石原は「稀有の人」なのである。

満州事変の先に何を求めたのか

ドイツから帰国した石原莞爾は陸大の教官として教壇に立ったが、昭和三年（一九二八年）、関東軍の作戦参謀に転じて満州へ赴く。石原は直接の上司である板垣征四郎などと、関東軍として満州をどうとらえるかを検討し、それを踏まえながら「満蒙問題私見」というレポートを発表する。これは昭和六年九月の満州事変の伏線にもなるのだが、日露戦争以来、日本が獲得した満州の権益に関して明確なプログラムをもった意見書であり、機会があれば、点と線の支配にとどまっている満州の全域を押さえることによって日本は自存自衛の体制をつくる、というものであった。

「満蒙問題私見」で石原の考え方が凝縮されているのは「世界最終戦」の発想が出てくる最後の章だ。将来、世界は東亜を支配する文明日本と、西洋を支配する文明アメリカとの間で最終的な戦争が起こるが、満州はそのときのための兵站地域であるとされている。ここに石原が満州を押さえようとする意味があった。私が疑問に思うのは、当時、この個所があまり重視されなかったことだ。それは何気なく書いてあるとしても、対米戦争を謳っているのだから大胆で怖い発想である。

「満蒙問題私見」は軍内だけでなく、民間の東亜連盟や満鉄の研究所にも配られた。したがって、かなりの人の眼に触れたはずなのだが、多くの場合、「チャンスをつかんだら一気に軍が全域を押さえる」という前の個所ばかりが語られるのはなぜか。石原の下で参謀をつとめた片倉衷《ただし》は「機会があれば、満州を日本の支配下に置くということは、関東軍の一貫した願望であった」と私に話したことがあったが、その願望に適合するところにだけ関心が集まったということなのかもしれない。いずれにせよ、関東軍の作戦参謀たちは「石原のプランを実行する」ということを暗黙のうちに了解していったのである。

また、石原が関東軍作戦参謀の職にあった昭和四年、五年は、アメリカ発の大恐慌のあおりを受け、日本が経済不況の真っただ中におちいっていた時期でもある。日本の資本主義システムがアメリカと比べて初歩的な形態で脆弱だったために、不況の困難さは大きかったといえるかもしれない。これは石原と直接関係ないのだけれども、日本の農政学者が昭和四年ごろに調べたレポートには、日本の農村は都市周辺の一部で都市の影響が見られ、ある種のモラルの開放性、あるいは資本性が持ちこまれたりしていると記されている。たとえば、養蚕農家などはニューヨークで繊維の株が下がることによって大きな打撃を受け、農業恐慌となったのだ。しかし、それ以外の農村の七割から八割は江戸時代と変わらず、生まれた土地で一生を過ごして死ぬというシステムのもとで多くの農民が暮らしていたとも指摘されている。昭和初期の日本は国民の六割弱が農民であり、基本的に農業国家だったのである。

農業国家が国民のための不況対策を講ずるならば、主産業である農業を振興することは外せないだろう。しかし、日本の国土は狭く、農地が限られている。一方で、人口は増えつづけていた。となると、農業生産が増加しなければ一人あたりの収入は減ることになる。したがって、「このままでは生きていけない」という危機感が不況とあいまって強くなっても不思議ではない。事実、過剰人口問題が堂々と論じられるようになっていた。その解決には「新しい農地」が必要となる。そういう流れも背景にあって、昭和六年九月、満州事変が起こされたのである。

満州事変を起こした石原には歴史的な責任がある。これは確かだ。そのプロセスにおいて、中国人の犯行と見せかけるために中国人のホームレスを殺し、死体を線路に投げ捨てたやり方はえげつない謀略以外の何ものでもない。

ただ、そういった責任とは別に、石原のなかに存在するある種の「善意」を切り捨ててしまうことは、私にはできない。私が石原を良識派の軍人として評価するのは、満州に「五族協和・王道楽土」をつくろうとしたからだ。もちろん、中国から

「それは侵略政策だ」といわれたら、そのとおりなのだけれども、あえていえば「二十世紀の歴史的な人造国家をつくる」という歴史的実験に石原が挑んだのだと私は理解する。日本人、満州人、漢人、朝鮮人、モンゴル人という民族が共同して理想郷をつくるという理念は、石原の思想として見落とすことはできないと思うのだ。

石原自身は「五族協和・王道楽土」実現のために「内面指導権」という方策を考え出している。現地に住んでいる満州人や中国人が国家・組織の長官になり、顧問として日本人が補佐する。つまり、最終的な権限は現地の満州人や中国人の要人たちがもち、満州国に住む日本人はあくまで参考に意見を述べ、応分の範囲内で助言役をつとめる。このようなひとつの理想的な形をつくろうとしたのだ。内面指導権を植民地支配の道具と見る人もいるが、私は石原の善意的発想に基づくものだったと思う。

石原の理想は、彼が深くかかわった東亜連盟にもあらわれている。日本で社会主義運動を行った浅原健三や山本勝之助など、レベルの高い知識人たちが東亜連盟には参集していた。東亜連盟の活動は、日本と中国の連携という形――つまり支配関係ではない――の運動であり、石原はその顧問的な存在であった。

もっとも、現実問題として、石原の理念はつぶれていくのである。昭和十年に石原が参謀本部作戦課長に異動となって日本へ戻ると、満州国では次第に関東軍が前面に出て、ついには日本の植民地国家にしてしまうからだ。

統制派でも皇道派でもなく「清軍派」

石原莞爾が参謀本部作戦課長に着任した時期、陸軍には皇道派と統制派というふたつの派閥が対立していた。

永田鉄山（国立国会図書館蔵）

陸軍の派閥抗争を簡単に紹介するならば、明治時代は長州藩出身者が主流派となり、これに対抗する「木曜会」などの反長州派が形成された。その後、大正時代は出身地による対立を引きずりながら、政治関係で近い者同士が一派を形成するような人の対立――たとえば、上原勇作派や宇垣一成《かずしげ》派――に変質したが、昭和に入ると単純化して、統制派と皇道派の対立になる。

統制派は軍の中堅幕僚が中心であ

り、黙っていても軍を握れるエリートたちである。目標とするのは、軍の統制と同時に経済・政治を含めて統制を行おうとする高度国防国家である。永田鉄山や東條英機が代表的人物だ。

一方の皇道派は、三十歳ぐらいの尉官クラスが中心だった。彼らは部隊にいて、「軍隊に入り、初めてカレーライスを食べた」というような兵隊たちと付き合うから、社会の矛盾を知っている。兵隊たちから「私の妹が売られた」「税金を払えなくて差し押さえにあった」という話を聞けば、青年将校たちは「許せない」と憤る。その青年将校たちのエネルギーが中堅幕僚を挟んで真崎甚三郎ら陸軍の指導者たちとつながるのだが、「民が苦しんでいるのは天皇の志が末端の国民まで伝わらないからであり、君側の奸《かん》がいて邪魔をしている」と青年将校たちは考え、二・二六事件を起こすのである。

昭和八、九年ごろはヒステリックな動きも生じていた。それは皇道派が中心になったのだが、そういった運動に石原は批判的だったし、高度国防国家を目指す統制派の永田鉄山や東條英機のグループとも一線を画した。つまり、統制派と皇道派のどちらにも与《くみ》しなかった。双方をおかしいと思い、天皇の軍としての純粋さを保つ立場に立った。その意味では中立といえなくはないが、私は「清軍派」と呼ぶのがふさわしいと思う。

清軍派にはある意味で陸軍のファンダメンタリストという意味があった。それなのに、なぜ、石原が要職である作戦課長になれたのか。その理由は、満州事変の火付け役として評価されたからだ。石原自身はそのことに困ったような感想をもったらしいのだが、その意思とは別に軍のなかでヒーローだったのである。

昭和十一年二月、二・二六事件が起こる。作戦課長の職にあった石原は戒厳令司令部の参謀を兼ねて、断固討伐を主張した。五回にわたって討伐の勅命が出たが、下書きをさせたのは石原だった。また、大先輩にあたる真崎にむかって「あなたたちがこんな事件を起こさせる張本人ではないか」と怒鳴りつけたこともあった。そういうことはなかなか言えないものだけれども、正邪について石原は尺度をもっていたのだ。ただ、言い方がエキセントリックだったり、怒鳴りつけたりするから、無用に敵をつくったことは否めない。なお、昭和天皇はのちに「満州事変のときの石原はどうもわからなかったが、二・二六事件のときは筋が通っていた」という意味のことを語っているが、石原の軍官僚としての姿勢は徹底していたように思える。

東條英機との対立

二・二六事件は失敗に終わり、青年将校たちが訴えた理念と要望事項は受け入れられなかった。しかし、二・二六事件は別の軍人たちによって最大限に利用された。重臣がひどい殺され方をして指導者層に恐怖を与えたが、二・二六事件の暴力性を強調することでみんなを黙らせ、政治、経済を押さえつけるグループが登場したのだ。それは東條英機、梅津美治郎《よしじろう》、杉山元《はじめ》たちである。この一派を「新統制派」と私は名づけるが、「新統制派」が太平洋戦争を指導していくのである。

二・二六事件以後、「新統制派」の軍人たちの支配体制が確立していくなかで、石原莞爾は不要の存在となってしまう。「新統制派によって石原は犠牲になった」ともいえよう。

昭和十二年七月の盧溝橋事件から日中戦争になっていくが、作戦部長だった石原はそれに対して一貫して批判的であり、盧溝橋事件ののち、作戦課長である武藤《むとう》章《あきら》の増派案に反対している。日中戦争に反対する不拡大派の立場に立つ石原の影響を受けた者もいることはいるのだが、主要な者は雪崩をうったように拡大派になり、石原は完全に浮き上がってしまった。

同年九月、石原は関東軍の参謀副長に転じる。参謀長は東條英機であり、わざと参謀副長にして下に置いたといわれる。石原系の軍人たちが「こんな人事を黙って受けるのか。異議申し立てすればいい」と言うと、「私は天皇の命令ならどこへでも行く」と石原は答えて関東軍参謀副長として赴任したのだが、三年の間に満州がガタガタになっていることを目の当たりにする。石原の考えた満州国は、もはやそこになかった。たとえば、警察権には関東軍のもつものと満州国政府がもつもの、それから満鉄沿線の警察権の三種類があったが、すべて関東軍が支配し、実質的には東條が握りしめていた。

石原は激怒し、東條との間で齟齬《そご》をきたす対立状況が生じた。その根は満州国という国をどうするかという違いもあったが、人間としての違いもあった。つまり、東條という陸軍の受け身の教育をそのまま受け継いできた軍人と、それを超えて戦略の思想をもち、日本はいかにあるべきかという一つのプログラムをもつ石原という軍人との対立であると私は見る。

東條は石原の意見をまったく受けつけず、上司の言うことを聞かないと石原を叱りつけたが、石原は東條の叱責を相手にしなかった。石原と東條は五つ年が違うが、東條は石原に対して、「なにかというとバカにする」という印象をもつ。ときに二人の対立はあからさまに見えるほどだったという。

険悪だった石原と東條だが、昭和十三年、近衛内閣の改造で東條が陸軍次官に就任したことで、関東軍参謀長と参謀副長の関係は切れた。この後、石原は舞鶴の要塞司令官、京都の一六師団長に異動となり、昭和十六年、予備役に編入された。

太平洋戦争が始まったとき、石原は軍の外にいて、プロセスをあまり知らなかったが、アメリカとは基礎的な国力が違うこと、本来の敵はソ連であり、日中戦争はやめるべきであること、仮想敵国をソ連とした明治四十年以来の陸軍の国防計画を無視するような戦争には反対すること、といった意見を周辺にもらした。しかし、発表の場はない。東條に建白書を出したともいわれるが、それはまったく相手にされなかった。うつうつとした気持ちで太平洋戦争の期間を過ごしたに違いない。

昭和十九年五月、石原はかつての部下であった津野田知重《つのだともしげ》という将校の訪問を受けた。彼は支那派遣軍の参謀で出征していたが、日本に戻って、好き勝手に戦争をしている東條を殺さなければ決着がつかないと考え、東條暗殺計画を石原のところへもってきたのだ。東亜連盟のメンバーも加担していた。石原はそのプランに黙って頷いたという。

暗殺決行は七月二十五日とされたが、その一週間前に東條は内閣を投げ出したので、暗殺計画は実行されずに終わった。それは石原にとってよかったのだけれども、話を聞きにくる現役の軍人で石原の系列の者はみんな戦場に行っていて国内におらず、戦争が終わるころには彼の影響力はほとんどなくなっていたといっていい。

読売報知の政治部記者だった人で、昭和十年代から石原に私淑《ししゅく》し、東亜連盟の日本側の代表のような立場にいた高木清寿《きよひさ》から、話を聞いたことがある。戦争が終

療養中の石原莞爾の証人尋問のため、山形県酒田市商工会議所で東京裁判の臨時法廷が開かれた（写真提供：毎日新聞社）

わったあと、石原は「アメリカに負けてよかった」と語ったそうだ。その理由は、力のない軍隊が勝ったらとんでもないことになるからだという。また、「日米で最終戦争に入る以前の問題として日本は中国にも勝てない」と話し、それは石原の実感だったのではないかと高木は言う。

　東京裁判が始まると、病床にあった石原だが、検事団から尋問を受けた。その際、「本当に戦争を裁くなら自分を裁け」「満州事変を言うのなら、私はペリーが日本に来たときのことから言いたい。われわれが満州事変でやったよりもひどい形で軍事支配をしようとしたではないか」等々を述べている。また、検事のなかに石原に強い興味を抱いた男がいて、後日、彼が石原のことを書いたが、そこでは「東條と思想の対立があったのではないか。どんな対立だったのだ」と検事から聞かれて「私には思想があるが、東條には思想がないから、対立などない」と石原が答えた話が紹介されている。

石原は結局、体を壊したまま昭和二十四年の八月十五日に病死した。六十一歳だった。

同時代史と歴史の間で

石原莞爾に関して、数多くの伝記が出ている。私が読んだものだけでも一〇冊ぐらいある。だが、まだ決定版は出ていないように思われる。

だが、石原の伝記を書くとき、日本の軍人である以上、軍人を前提にすることは不可欠だが、軍人の面だけでは不十分である。少なくとも、東亜連盟の思想も分析する必要がある。また、軍人としての石原についても、たとえば軍人人生で一本貫かれているのは「軍人勅諭」の精神だが、それが精神論に傾かず、ドイツ型の軍事指導体制と戦術論からも距離を置いたということでは、日本軍がもっていた病理的な現象から距離を置くことができたということにもなり、石原を通して日本軍のもつ病理を描くという展開もあり得よう。石原にはあまりにもいろいろな側面があり、深みもあるので、全体像がなかなか語れないという難しさがある。

実は私も石原莞爾を書こうと思ったが、結局書かなかった。取材して書く私は、石原莞爾という山に登ろうとして登頂ルート——取材先——を検討した。それは六つほどあった。ひとつは軍人のルート。それから、東亜連盟の民間人のルート。これは複数のグループに分かれていて、戦後、政治家になった木村武雄のグループ、前述した高木清寿のグループに、石原に信奉した画家のグループ、白土菊枝《しらときくえ》親子。最後に石原の弟・六郎。それぞれが自らの立場にそびえるようにしていて、キーとなる人から認められないと先に進めない。

しかも、それぞれが強烈な思いを石原にもっているから、別のグループと相容れないところもあった。その思いたるや常識では考えられないほどだ。たとえば、高木清寿は石原が亡くなったとき、「将軍の肉体から魂が抜け出すのを見た」と言うのである。あるいは、日中戦争で戦場に出た石原が城壁を登る間、鉄砲で狙われたが、石原だけには弾が当たらなかったという話を兵士たちがしていたともいう。石原にはそういう浮世離れしたカリスマ的なエピソードがたくさんついてまわる。語る側は本当にそれを信じている。逆をいえば、他の人が語ることは拒絶することもある。そういう性質をもつ複数のルートを取材して、全体を補完しながら石原を書くことはかなり無理があった。

石原莞爾を知ることによって、われわれはいろいろなことを知ることができると思うのだが、石原の本当の歴史的な面は同時代史のなかにいる私にはわからないのかもしれないという気もしている。

同時代史から歴史へ移っていく過程で、ある種の力関係や同時代史がもっている時代的な共鳴、共感は捨てられる。日本は中国を侵略したと私は思うが、これは同時代史的解釈である。歴史的な解釈に移行したときには別の見方ができるだろう。たとえていえば、望遠鏡で見るのと顕微鏡で見るのとの違いだ。同時代史は顕微鏡で見る。歴史というのは望遠鏡で見る。顕微鏡で見る同時代史のなかでは、石原の全体像をつかみきれないように思える。おそらくはあと四半世紀ほどの時間を経たのち、この巨人を歴史として受け止められる日がくるのではないか。

東亜連盟運動に顔色を失った東條英機

満州国を理想郷とするために

東亜連盟とはどのような組織か。いや、どういう思想をもっていた団体なのか。そのことを語るには、昭和十年代に石原莞爾の右腕だった高木清寿の話から始めるほうがわかりやすい。高木は読売報知の政治部記者だったが、昭和十一年（一九三六年）の二・二六事件のあと、石原に会って事件の詳細を確かめた。その折の石原の発言や思想に関心をもち、やがて私淑していくのである。高木は石原より十六歳ほど年齢が下で、いわば師弟の関係になったともいえる。その高木から、私は次のような証言を聞いている。昭和五十二年のことだ。

「石原は確かに満州事変を起こした。しかし、石原は満州国を日本人の傀儡《かいらい》にしろなどとは一言も言っていない。言っていないどころか、あとは関東軍が手を引き、満州国の運営はすべて中国人に任せるべきで、関東軍は防禦《ぼうぎょ》の軍隊に徹すると主張していた。そして満州国は、日本と対等の関係をもつべきであると考えていた」

高木の言では、満州事変は決して誉められたことではないが、石原の意図した〈国づくり〉とは、あのようなものではなかったという。その〈国づくり〉の具体的な動きこそ、東亜連盟運動だったというのである。

満州国を、石原は人類の理想郷にと考えていた。「五族協和」、「王道楽土」などという語は、確かに石原の理念を反映していたのである。歴史的に満州事変、満州国建国という一連の動きには、批判されるべき余地は多いが、石原やその同調者は、その批判を受け入れつつ、われわれの運動はあのようなものではなかったという言い方をしている。

満州国には、石原の理念を信奉する学生、労働者、それに満鉄社員などが、満州青年連盟、協和会といった組織をつくり、関東軍主導の国づくりに抗していった。やがてそれは、弾圧によってもろくも崩れていく。それは軍内にあっては、反石原という動きになり、軍外にあっては東亜連盟への弾圧という形をとっている。

東亜連盟は、協和会東京事務所などを組織の母体に据えて誕生した。前述の高木らが、この東京事務所を代表する形で、東亜連盟運動を進めていく。昭和十二年七月の盧溝橋事件に端を発する日中戦争時、参謀本部作戦部長だった石原は、一貫して不拡大路線を主張し、拡大路線を採る作戦課長の武藤章らと対立している。省部の幕僚が拡大派に転じていくなかで、石原は孤立し、昭和十二年暮れには関東軍参謀副長に転じている。参謀長の東條英機が、石原を監視するという意味もあった。この転出は、石原の思想を軸とした東亜連盟運動が、軍中央によって弾圧される第一弾でもあった。

東亜諸国が手を結び、覇道主義と戦う

東亜の連盟というその運動は、日中戦争下にあっても、満州建国を理想郷とする運動を支援しつつ、日中戦争そのものには批判的な姿勢を崩さなかった。石原は関東軍参謀副長から京都府の舞鶴の司令官に左遷され、満州国からも東京からも遠ざ

けられてしまうが、それでも東京に出てきては、軍中央や政治指導者への意見具申をやめていない。たとえば、近衛文麿首相には、「あなたは総理大臣として、事変解決のために南京に赴き、蔣介石総統と直接に会って国交調整をすべきである。その場合、この石原も同行する」と申し入れているが、近衛にすげなくはねつけられている。

あるいは、昭和十四年八月には、協和会東京事務所で、「満州帝国協和会東京事務所の任務に就て」という講演を行っている。これがいわば東亜連盟の方針、思想、それに行動を示唆した内容である。

「満州国内で一部の民族だけが王道楽土を楽しみ得るに至っても、ほんとうの満州は出来ないのです。結局民族協和を更に突込んで考へてみますと、東亜の設計であります。満州国内に於て民族闘争から民族協和になった旗を、更に東亜全体に及ぼして行かなければならない」「要するに此の事変解決の原則が王道主義であるか帝国主義であるか、それをはっきり国民に示して行くことが解決の鍵であります。(略)又日本は強権指導、つまり日本がまだ支那人から尊敬されて居ないにも拘らず、日本の武力を背景にして指導をして行くと云ふことが、日支提携の為に利益であるかと云ふことを我々は観察しなければならぬ。此の事が王道主義がよいか、覇道主義がよいかを決着するのであります」

石原は、軍人でありながら、一方で覇道主義を批判し、真に民族協和の伴った東亜連盟を訴えていた。こうした発言や行動は、陸軍次官、陸軍大臣と昇進していく東條の怒りを買い、結局、昭和十六年三月に石原は予備役に追い込まれている。前述の高木によるなら、その間、石原と東亜連盟運動に同調する軍人やジャーナリスト、それに民間人などは、東條憲兵政治の弾圧の対象になり、いわれもなく獄につながれた者も多いという。たとえば、浅原事件（浅原健三が共産主義者として逮捕された事件）などがそうだという。

東亜連盟が、いわば理想の満州国を建設し、そのために国内改革を進めるという運動から一歩進んで、宣言を発し、運動要綱を作成するのは、昭和十六年三月からである。石原が陸軍を予備役になるのと符節をあわせて、東亜連盟協会という有力な運動体に変化していったのだ。

この宣言は、石原の唱える世界最終戦争論（東洋と西洋の代表国となる日本とアメリカが、最終戦争を行う時期が訪れるという考え。それは東洋文明と西洋文明の最後の衝突であり、この結果、世界はひとつの文明に収斂《しゅうれん》し、世界平和が訪れるという石原思想の骨格を成している）を意識して書かれている。「人類正史ノ、最大関節タル、世界最終戦争ハ、数十年ニ近迫シ来レリ、昭和維新トハ、東亜諸民族ノ、全能力ヲ綜合運用シテ、コノ決勝戦ニ、必勝ヲ期スルコトニ外《ほか》ナラス」とあった。そのための方針として、三点が掲げられていて、その第一項には、「欧米覇道主義ノ圧迫ヲ、排除シ得ル範囲内ニ於ケル諸国家ヲ以《もつ》テ、東亜連盟ヲ結成ス」とあり、さらに王道をもっての指導原理を確立するとの項目もあった。

この方針のもとに「東亜連盟運動要領」も定められたが、石原はこの要領を全国各地で講演して、同志の獲得に努めている。

この要領は、組織論が中心になっているが、石原によると、東亜連盟運動を、より具体的にいえば「最終戦争準備は日本だけでやるのぢゃない。東亜の全力をあげるのであります。明治維新の日本国内に於ける維新に対して、昭和維新は東亜の維新である。これをはっきりさせて居ること」と断言している。単に東亜が運命共同体になるというのではなく、欧米の覇道主義と軍事的に戦うという意味を含むに至ったのだ。

日中協力して絶対平和を建設する

東亜連盟協会は、日中戦争に反対するだけでなく、日中提携してアメリカと戦うという戦略のもとでの反対論であった。当時こうした考えを提唱する者は、日本にはまったく見られず、石原思想とそれにもとづく東亜連盟の運動は、昭和十六年の政治、軍事指導者の目にはきわめて危険に映った。

石原や前述の高木らは、東條軍閥では日中戦争を収束することはできず、あまつさえアメリカと対峙《たいじ》するにも覇道主義の枠内にいる限りでは、歴史上の正当性をもつことはできないとも訴えた。東條が首相になって陸相を兼任すると、「東條幕府」と批判をくり返し、この政権は亡国の政権だとも主張している。

東條側近でもあった企画院総裁の鈴木貞一《すずきていいち》は、「東亜連盟は王道というが、それは中国のことであり、日本は皇道である」と批判すると、激しく反発し、そのような狭い見方だから戦争収拾にあたれないのだ、と応じた。

高木清寿は、東亜連盟協会の副代表（代表は石原）という立場であったが、石原が中国とのルートを使って、しきりに蔣介石と終戦工作の打診を行っていたとも証言している。その打診は結局は実らなかったのだが、その折に石原の世界最終戦争論の一端を耳にしていた。次のような内容だったという。

〈蔣介石政府と和平交渉を実らせたあと、日本は南方要域とオーストラリアを一気に占領してしまう。南方はすべて中国軍と日本海軍にまかせる。一九三九年から四〇年は、アメリカもイギリスも手を出すことはできない。関東軍は満州国とともにソ連と対峙する。その間に東亜連盟の徹底的建設を決行して、アメリカを一撃で倒す体制を東亜につくりあげる。そのあとに絶対平和の建設に入る〉

高木は、これは決して夢想ではなかったといい、東亜の国々がそれぞれ独立して連携していくという石原の構想は、もっと国際社会で知られれば意味をもった、とも述懐していた。

昭和二十年八月の日本敗戦後、中国では共産党も国民党も、「私は東亜連盟協会の会員である」と告白した日本人に関心を示し、その思想に耳を傾けた、と高木は証言していた。事実とすれば、石原の思想は中国にも伝わっていたということであろう。

第十九章　トラウトマン工作の裏側にあったもの

日中戦争打開に向けた最初の和平工作

昭和十二年（一九三七年）七月七日の盧溝橋事件に端を発する日中戦争は、日本側の思惑によって拡大したといえるが、そこには「満州事変・満州建国」が影を落としていた。華北地方に共産主義勢力が強まると、満州国はソ連と中国共産党によって包囲されることになる。日本軍は対ソ戦を想定しているので、実際にその戦いになると、日本は軍事的に不利になるとの判断があった。

戦況は次第に拡大し、八月十三日には上海で日本軍と国民党軍とが抗戦するまでになった。近衛文麿《このえふみまろ》内閣は不拡大方針を放棄して、中国全土に広がる反日抗日の動きを根絶すると称し、「支那軍の暴戻《ぼうれい》を膺懲《ようちょう》し、南京政府の反省を促す」との声明を発表するに至った。もとよりこうした日本側の態度に、中国は国民党、共産党あげて抵抗することを誓い、実態は日中全面戦争となっていったのである。日本軍は

トラウトマン駐華ドイツ大使
（写真提供：毎日新聞社）

広田弘毅（国立国会図書館蔵）

華北を制圧するというだけでなく、全土まで兵を送ることになった。

しかし軍事的・政治的に日本が表面上は優位に見えても、実態はそうとはいえなかった。軍事的には昭和十二年十二月十三日に国民政府の首都南京を陥落させたにせよ、それは中国を屈服させたとはいえなかった。むしろ中国側の抗日意欲を刺激し、日本軍はゲリラ戦に悩むことになった。政治的には、中国は一連の日本軍の行動が、中国への侵略であり、国際的な支援が必要と国際連盟に提訴した。日本は孤立の道をますます深めることになったのである。

近衛内閣は、一度は不拡大方針を捨てたが、しかし現実には日本軍も苦戦しているとの認識で、早期解決の仲介を各国に要請している（十月一日）。この要請にドイツのヒットラー政府は応じて、駐華大使のトラウトマンが和平工作にのりだすことになった。これがいわゆるトラウトマン工作であり、日中戦争打開の最初の動きとして歴史に刻まれることになった。

広田弘毅《ひろたこうき》外相は近衛内閣の総意として、和平工作の条件を駐日大使ディルクセンからトラウトマンを通じて蔣介石政府に伝えた。ここには満州国の承認、反日政策の放棄、華北・内蒙古に非武装地帯の設定、防共政策で日満両国と提携という条件が盛られていた。トラウトマンからこの条件を聞いた蔣介石政府は、ドイツが和平工作の窓口になり、華北の行政権を国民党が維持するという前提なら応じてもよいと伝えてきた。ともかくもこれで和平工作のルートはできあがったのである。

しかし前述のように十一月から十二月にかけて、日本は軍事的な攻勢をかけ、南京を制圧して和平そのものの意志がしだいに消極的になった。加えてこの和平交渉自体、近衛内閣が中心になって進めていて、陸軍の中堅幕僚などは知らされていなかった。中国側の無線を傍受していた中支派遣軍の参謀がこの和平工作を知り、参謀本部に連絡したために、一気に軍内に知られることになった。「われわれは優勢なのになぜ和平なのか」の声があがり、それを受けて杉山元《はじめ》陸相が内閣でゴリ押ししたために和平工作の条件は一気に拡大されていくことになった。

十二月二十一日に近衛内閣は、和平の基礎条件として八項目を決定している。前述の条件を変え、華北・内蒙古・華中に日本軍の駐兵を要求し、日満支三国は関税・交易・航空・通信等に関して所定の協定を結ぶ、内蒙に防共自治政府成立といった過酷な条件をトラウトマンを通じて蔣介石政府に伝えた。トラウトマンはこの条件を見て、「これでは蔣介石政府も受け入れるわけがない」とつぶやいたといわれている。しかも中国側に賠償も請求するのだから、和平というよりこれは講和を迫る内容でもあったのだ。

日本政府は、この条件について昭和十三年一月十四日までに回答するようにとも要求した。一月十四日に蔣介石政府は「八項目の細目を知りたい」と伝えてきたが、日本政府はそれを拒否回答とみなしたうえで、この工作を打ち切ることになった。近衛首相は、一月十六日に「帝国政府は爾後《じご》国民政府を対手とせず」と声明をだして、戦争継続の意志を内外に示すことになった。

まさに泥沼の始まりであった。

蔣介石政府から出された想定外の提案

トラウトマン工作をめぐる表面的な動きは、このようになるのだが、ここには蔣介石政府がこの工作をどのように考えていたかは明らかになっていない。蔣介石はこの工作を受け入れる気がないと日本側は判断していたが、同時に日本もまた軍事的に優位であるということを利用して、一方的に過酷な条件を押しつけたという側面があった。つまり見通しは甘かったのである。

私は、蔣介石政府の側がこの工作をどのように受け止めていたのか、そのことに関心をもちつづけてきたが、平成二年（一九九〇）六月に台北《タイペイ》に赴いて陳立夫《ちんりつぶ》に会って、その経緯を確かめたことがある。陳立夫は当時の蔣介石政府や国民党の政務担当の責任者であったが、このときは九十歳になっていて、依然として台湾政界に重きをなしていた。この陳立夫から、私は意外なことを聞かされたのである。

初めに陳立夫は、「トラウトマンがわれわれの政府の王寵恵《おうちょうけい》外交部長を訪ねてきて、日本との停戦交渉をもちかけてきたのですが、これについては私が担当することになったのです」と前置きしたうえで、蔣介石政府の態度というのは次のようなものだったというのである。

「戦闘がここまで進んだ以上、われわれと日本との間を調整するのはきわめて難しくなっている。しかしあなたが仲介するというなら、まずは日本に対してこれまでのような考え方は根本から変えてもらわなければ困る。あなたがそのような役割をもつなら交渉に応じてもいい」

つまり陳立夫は、日本が中国に侵略しているという事実を根本から変えなければ交渉に応じないと釘をさしたのだ。軍事的には確かに不利だが、別にこれは永遠に続くというわけではない、いずれにしろ最終的にはわれわれの側が勝つのだから姑息な形では話し合いには応じない、との意味があったという。

陳立夫とトラウトマンは、十一月から十二月にかけてなんども話し合っている。日本側の条件については外交部でも一項目ずつ検討していたが、陳立夫はそういう項目自体がどのような「日本側の思想や哲学」によって支えられているかをもっぱら考えていた。トラウトマンもまた日本に対して、中国に軍事力で入っても得るところはない、犠牲をふやすだけであなたの国には得策でない、ということをどのようにして教えるかに腐心していたともつけ加えた。

陳立夫は蔣介石とも相談して、最終的に日本側には「あなたたちは根本の思想を大胆に変えなさい」とトラウトマンに伝えたと証言した。彼の話をそのまま記すことにしよう。

「現在の日本を変えるには、あなたの国（ドイツ）が動かなければだめだ。つまりはわれわれとあなたの国と日本とが、ある日突然大同団結するのです。日本の軍隊とわれわれの軍隊、そしてあなたの国の軍人たちも一体化して、人類の敵である赤と白の帝国主義と戦うのです。赤というのはソ連の共産主義、白はイギリスの帝国主義、植民地主義です」

日本、中国、ドイツが連携してソ連とイギリスと戦うという案である。あまりにも突飛に聞こえたので、私は正直にそうした感想を洩らした。陳立夫はさして驚くふうでもなく、私にこのプログラムを説明した。

「トラウトマンも初めはそう言っていましたけれどね、最後には納得してリッベントロップ外相に報告している。そしてヒットラーのもとにも伝えられたといわれていますが、ヒットラーがどのように考えたか私にはわかりません」

トラウトマンは、陳立夫の提案を日本側に伝えるにはあまりにも重大な戦略が組みこまれているので、まず本国政府の諒解《りようかい》をとることになった。中国、日本、そしてドイツが極秘で世界戦略を建て直す首脳会議を開く。むろん日本と中国は交戦状態にしたままである。あたかも停戦について話し合っているように見せかけるというのであった。戦略が決まったあとに、日本と中国は突然、鋒先《ほこさき》を変えてソ連に進軍していく。西からはドイツがソ連に入っていくというのだ。陳立夫に言わせると、ソ連の軍事力はこの二面作戦ではほとんどもちこたえることはできなかったと分析していた。陳立夫はソ連を倒した後についても、こう話を続けた。

「ソ連の共産主義を倒したら、三国ともソ連には駐留しない。なぜなら三国はイギリスとその植民地に攻撃を行い、この国が支配していたアジア、アフリカを解放する役割があるからです。むろんイギリスを占領することは必要ではない。なぜなら植民地解放と民族独立が二十世紀の使命だったのですから」

あの時代、日中が戦って喜ぶのは誰か

陳立夫はトラウトマン工作の日本側の条件などよりはるかに壮大な戦略を練っていたのだ。私は陳立夫からそのころの蔣介石政府の基本戦略をくわしく聞かされたのだが、陳立夫は「日本には未だに良い感情はもっていない」と口にしつつも、その一面で「日本は帝国主義下の植民地支配を受けていない唯一の国だから、そのことに私なりに信頼感をもっていたのです。それなのになぜヨーロッパの帝国主義の真似をして、ソ連の共産主義の戦略に踊らされたのでしょう」とも話していた。

トラウトマンともその点では一致することもあったと証言していた。ではトラウトマンの報告書（陳立夫の提案した内容）は、ヒットラー政府でどのように受け止められたのか。

陳立夫の秘書によると、トラウトマンの報告書はドイツの国立公文書館にいまも保存されているという。すでにドイツなどでは歴史研究に使われているとのことであった。つまり歴史的には秘せられた史実として知られているわけだ。しかしヒットラーがどのような判断をしたかはわかっていない。

ただしトラウトマンはまもなくこの和平交渉が失敗した責任をとらされたのか、

本国に召還されている。もともとナチス政権とは一線を画していたこの外交官は、リッベントロップやヒットラーから煙たがられていたが、中国側とてつもない戦略を論じていると、なおのこと警戒されたのかもしれなかった。

それにこのあとドイツは日本、イタリアとの防共協定を三国同盟に進める動きを露骨に見せるし、まだ第二次世界大戦は始まっているわけではなく、ソ連やイギリスとは良好な関係を保っているときであった。ヒットラーはこの二国に対して、まだ軍事行動を起こす戦略をもっていなかった。それゆえに陳立夫の戦略がソ連やイギリスに洩れることでドイツがそのような案を密《ひそ》かに練っていると思われたら困る、と判断してトラウトマン工作を止めたとも考えられるのだ。

こうした事情はいまも史料では裏づけられていない。そして陳立夫がトラウトマンに伝えた戦略もまた日本に伝えられていない。しかし、もしこの戦略がトラウトマンによって広田外相に伝えられたら日本はどうしたであろうか。容易に想像がつくのは、そういう戦略を日本のあの当時の指導者は理解する能力も度量もなかったであろう、ということだ。あまりにも遠大な戦略だったからである。

陳立夫は私との別れ際につぶやいた。

「当時、われわれ国民政府は、なぜ日本の軍人がわれわれの国に侵略してくるのか不思議だった。あなたの国がわれわれの国と戦って喜ぶのは誰でしたか。スターリンだというのはあの時代の常識でしょう。あなたの国の軍には共産主義者やその同調者がずいぶんいたのでしょう。われわれはトラウトマン工作の条件を見て、共産主義者の使いそうな相手を抹殺する思想を感じましたからね」

いかにも自信ありげだった。私はふとゾルゲ事件を思い出したのである。

第二十章　山本五十六の悲劇

孤立する日本と幹部候補生時代

二度にわたるアメリカ駐在体験

本稿では、山本五十六の大正六年（一九一七年）から昭和十四年（一九三九年）八月までについてふれる。これは山本の三十四歳から五十六歳にあたっていて、もっとも働きざかりの期間である。

この期の日本は、とくに陸軍が軸になって中国大陸へ進出していっている。軍事主体の国策が各国の反発を買い、日本は孤立化を余儀なくされていく時代であった。海軍はといえば、ワシントン会議による軍縮、その間をぬっての建艦競争、そしてロンドン軍縮という時代にあたった。

明治四十年（一九〇七年）の「帝国国防方針」によって、海軍は仮想敵国の第一位をアメリカとしたが、現実にはアメリカとの戦争が可能とは思われなかった時代でもある。国内にあっては海軍は、陸軍の暴走をチェックしながら、ときにそれにふりまわされ、ときに対立をくり返すという期間でもあった。

山本は、この期間に二度にわたってアメリカ駐在の体験をしている。第一回は、海軍大学校を卒業して海軍省軍務局などに配属されたあとの大正八年五月から大正十年七月までである。この期間はハーバード大学で留学生に英語を教えるクラスに籍を置いた。いわば語学をマスターするための駐在だったといえる。第二回目は、大正十四年十二月から昭和三年三月まで、ワシントンの日本大使館の駐在武官をつとめている。延べにすると、実に五年近くもアメリカ生活を体験したことになる。

山本五十六（写真提供：毎日新聞社）

山本は、海軍のなかでももっともよくアメリカを知る軍人であった。もっと大きくいえば、国際情勢全般をにらみあわせながら、日本を理解できる数少ない軍人だったともいえる。海軍の軍人にはリベラルなタイプが少なくないが、山本はその系譜に連なるひとりだったといってもいいであろう。だから山本のアメリカ観も、基本的には、アメリカの工業力、生産力を冷静に分析してのものであった。

「デトロイトの自動車工業とテキサスの油田を見ただけでも、アメリカを相手にした無制限の建艦競争を始めても、日本の国力でやりぬけるわけはない」

と日ごろから言っていた。そしてなによりアメリカが気に入っていた。心情的な親米派でもあった。

大正十年、十一年のワシントン会議では、主力艦は英米日の割合が五・五・三に決まった。これは一見すると、日本がイギリスやアメリカに後れをとっているように見えるが、その実、当時の国力ではこのていどがもっとも妥当だったのである。海軍の強硬派はせめて七割までの比率をと言い、かなり背伸びをした論をくり返した。だが山本は、こういう強硬派とは一線を画する立場を守った。ワシントン会議の代表団に随員として参加した山本は、この交渉の経過を冷静な目で解析した。

山本は、留学生、駐在武官時代に、実によくアメリカ国内を見て歩いた。さらにアメリカ、イギリスの海軍状況を研究もした。第一次世界大戦後の海軍のあり方について、具体的な方向をさぐろうとしていたのである。

こうして山本がたどりついた地点は、航空戦備を充実しなければならないという信念だった。

志願して航空畑へ飛びこむ

第一回のアメリカ駐在から戻って、海軍大学校で教鞭をとったが、その折にふたつの点をもっとも強調したという。ひとつは、「海軍を強化するには石油が確保されていなければならない」、もうひとつは「これからの戦争は航空戦備を充実することにある」だった。時代は石炭から石油に移っているが、石油を確保してこそ軍艦、航空の戦備が充実していくというのだ。石油の重要性をすでに大正末期から主張していたという意味では、山本は他の海軍の軍人よりも先見性はもっていた。

もともと山本は、海軍兵学校では砲術学校に学んでいる。通称、これは「鉄砲屋」と呼ばれ、航空戦備と関係はない。だがアメリカで海軍の状況を見ているうちに、将来は航空戦備の時代に入ると判断したのである。

アメリカ滞在から戻ってしばらく期間を置いたあとに、自ら希望して、霞ヶ浦航空隊教頭になっている。これ以降、山本は航空畑を歩きつづけるのである。

海軍航空はまだ草創期にあった。昭和に入っても、海軍内部では大艦巨砲主義にこだわっている幕僚が多かった。しかし、山本は、大艦を航空基地に見たて航空機を自在に使って海上決戦を挑む戦略を考えるスペシャリストに育っていったのである。

駐在武官時代の山本はもっぱらアメリカの航空機の進んだ技術を研究しつづけた。このころアメリカでは、リンドバーグの大西洋横断飛行があり、そのほか長距離飛行を試みるパイロットが相次いでいた。だが日本にはそんな航空機もなければ、そういう技術をもったパイロットもいない。

「こういう長距離飛行のできる航空機をもつということは、それだけの計器、性能、そして教育が行われているということだ」

と山本は気づいた。残念ながら日本はまだその域に達していない。計器をつくる技術も劣っている。パイロットたちは計器を信頼しての飛行より勘を頼りにしているだけだ。これではアメリカに追いつくことはできない、と山本は思った。

駐在武官の生活を終えて、日本に戻ってからは、巡洋艦「五十鈴《いすず》」、航空母艦「赤城《あかぎ》」の艦長になっている。昭和三年から四年にかけてのことである。当時、山本は四十五歳になったころだが、そのときに大型空母の艦長をつとめるのだから、海軍内部のエリートコースを着々と歩んでいたといえる。

この艦長時代も、山本は依然として航空戦備を考えつづける。暇を見ては英書の専門書に目をとおし、日本の航空機をどのように整備するか、航空兵力と空母をどうミックスさせていくかに関心をもっている。

軍縮会議と孤立していく日本

昭和四年十一月、山本はロンドン軍縮会議の随員としてロンドンに赴いている。山本が海軍内部でも米英をよく知っているグループに属するのは、こうした国際会議には必ず出席しているためだった。海軍の上層部は、山本をいずれは指導者の一員に加えるために、徹底して海軍内部の重要情報にふれる部門を歩かせている。

ロンドン軍縮会議では、アメリカ、イギリスなどから日本の海軍兵力を削減するよう要求されている。その要求に対して、日本はなんとかアメリカ、イギリスと同じていどにもっていこうと駆け引きをつづけている。結局は、主力艦以外もアメリカ、イギリスの六割という形で決着がついている。

この軍縮条約の調印は、海軍内部の強硬派を怒らせている。「統帥権干犯」と言ってさわぎ、代表団は天皇の承認もなしに調印したというのである。この強硬派は、陸軍の青年将校などと手を結んで、国家改造運動を起こしている。それが五・一五事件（昭和七年、海軍士官によって犬養毅《いぬかいつよし》首相が暗殺された事件）にも結びつき、日本が軍部主導（とくに陸軍を中心にした）の国家へと変貌するきっかけになっている。

山本は、ロンドン軍縮会議から戻ると、海軍航空本部の技術部長となった。昭和五年十二月のことだ。このときから昭和十一年十二月に海軍次官になるまでの間、ロンドン軍縮会議予備交渉の代表団としてロンドンに滞在する数カ月の期間をのぞいて、航空畑を歩みつづけた。

日本海軍の航空戦備は、この期間に急速に整備され、拡充していったのである。

この時期、日本陸軍は満州事変を起こし、満州国建国にと突っ走っている。世界各国の批判を浴び、国際連盟では日本の国策が否定されたために脱退もし、対外的には孤立していく。国内では、陸軍が政治の実権をにぎりつつあったが、陸軍内部でも青年将校と陸軍上層部の対立が昂じて、二・二六事件にいきついている。「天皇親政」を叫ぶ青年将校のクーデターは、結局瓦解していく。

陸軍主導のこういう政治、軍事上の動きに、海軍内部にも呼応するグループが生まれてくる。

彼らは、「米英、恐るるにあらず」と言い、「日本の権益を守れ」と中国にも海軍独自の戦線を拡大しようとする。しかも、天皇機関説問題ではあまりにも観念的な論を吐いたりする。そういう論が、国際的な孤立に拍車をかけていくことになった。

山本は、こういう士官や長老たちとは一定の距離を置いた。山本に限らず、海軍のエリート軍人には、直接に政治にかかわるのを嫌う傾向もあった。しかし、あまりにも国粋的な動きについては、苦々しい思いを隠さず、もっと広く世界に目をむけなければならないと説いた。山本はそういう流れを汲む軍人だったのである。

英米をにらみながら航空戦備を進める

山本は、航空本部を実質的に指導していく段になると、ますます空母と航空機をからませた機動部隊中心の戦略にこだわるようになった。この持論を、現実化する政策をとりはじめた。

洋上決戦は、海洋国日本のもっとも頼るべき戦略だ。大型空母に爆撃機を搭載し、その爆撃機が敵空母や敵の基地に攻撃をかけるという戦略である。アメリカやイギリスの海軍は、その戦略に沿って航空戦備を進めている。

「山本の考えはおかしい。航空機というのは補助手段であり、基本は戦艦同士の戦いになる。これが近代戦にも通用する」

と長老たちの批判を浴びた。しかし、山本はそういう意見にも自説を主張してゆずらなかった。

航空本部技術部長のときには、山本自身がこのような飛行機をつくってほしいと技術陣にもアドバイスしている。たとえば、九試中型陸上攻撃機。日本では初めての双発引込脚で、飛行機の胴体は全金属製でしかも細長く機能的、その飛行距離もスピードも日本で初めての記録をだす。これは山本の助言を参考にし、その構想に沿って三菱航空機で製造された。

のちに「九六陸攻」と呼ばれるようになるこの攻撃機は、山本の航空本部長時代に量産体制にはいるのだが、これをもって日本はやっとアメリカ、イギリス並みの水準に達した。

この九六陸攻は、日中戦争のときに中国軍の基地を叩いたが、二〇〇〇キロに及ぶその飛行距離や計器、無線などがあまりにも整備されているというので、世界の航空専門家は日本の航空戦備の充実に驚きを示したという。これも山本の長年の執念が実っての成果だったのである。

山本は航空本部技術部長と本部長の間に、ロンドン海軍軍縮会議予備交渉の首席代表に選ばれている。昭和九年十月から始まったこの交渉は、昭和五年のロンドン軍縮条約が翌年に期限切れになるので、その下交渉として行われた。各国代表には、もしまた歯止めがなくなれば、建艦競争は無制限に拡大し、それによって各国とも財政が逼迫《ひっぱく》する恐れがある。それを防ごうというのであった。

加えて、建艦競争はそのいきつく先が戦争の危機にもつながるとして、何とか話し合いの糸口をつかもうとするものだった。

山本は、この予備交渉でイギリスやアメリカの代表団に、「航空母艦を削減する方向にもっていこう」とも言っている。航空主体の戦争になるのだから、空母の数を競っても無意味というのが、山本の信念でもあったが、むろんこれは受け入れられなかった。山本とすれば、戦略的にイギリスやアメリカが、どれだけ空母にこだわっているのか、それをさぐろうとした意味もあるだろうが、こういう提案をもちだすところに山本の政略、戦略に長けた能力を見いだすこともできる。

この予備交渉で、山本はイギリスやアメリカの政府や海軍の代表に「紳士的な交渉相手」として褒《ほ》めたたえられた。

というのは決して大言壮語しなかったし、自分に与えられた権限内の発言は明確に主張し、相手に誤解を与えるような言い方をしなかったからだ。

「日本の海軍には、政治的能力にすぐれた人物がいる」

と、イギリス、アメリカの外交官たちは、山本を評している。

大正十一年のワシントン条約、昭和五年のロンドン軍縮条約は、昭和十年、十一年に自動的に消滅している。建艦競争の時代にはいった。これが太平洋戦争の遠因にもなっていくのだが、日本も「大和」「武蔵」という超大型の戦艦を建造することにふみ切る。山本は、これには賛成していないが、とくに反対したわけでもない。航空本部長の立場では、海軍の長老たちの大艦巨砲主義にはなかなか太刀打ちできなかったのだ。

結果を見れば、「武蔵」も「大和」も、アメリカの爆撃機に沈められるのだから、まさに山本の言うとおり航空戦備が大型戦艦を制するという事実が裏づけられたことになる。

山本は、昭和十一年十二月に、永野修身《ながのおさみ》海軍大臣のもとで海軍次官になった。山本としては、航空本部長のポストをはなれたくなかったのだが、永野からのたっての要望で渋々と引き受けた。永野は、山本に目をかけていたが、山本のほうがあまり近づいていかない。これ以上拒むと、海軍内部で誤解される恐れがあるというのが、山本が周囲に洩らした次官就任の弁である。

二年九カ月の海軍次官の生活は、山本にとって決して愉快なものではなかった。この間、海相は永野修身から米内光政にかわったが、その期間の大半は米内に仕えた。

国際連盟を脱退したあとの日本は国際的に孤立していく。そこで陸軍は、ドイツ、イタリアとの連携を強め、三国同盟路線を追い求めた。それはアメリカ、イギリスと対立することでもあった。しかも日中戦争も泥沼化し、日本はしだいに八方ふさがりの状態になっていった。

山本は、軍務局長の井上成美《しげよし》とコンビを組んで、日独伊枢軸体制に抵抗を続け

連合艦隊司令長官の親任式を終えた日の山本五十六（写真中央やや右の敬礼をしている人物）。昭和14年8月（写真提供：毎日新聞社）

た。これに反対している米内を井上とともに支えたのである。そのために陸軍からは敬遠され、右翼からは脅迫を受けることもあった。

三国同盟の道を進んでいくことは、アメリカ、イギリスとの戦争を覚悟しなければならない。山本は、日本にはそれだけの力がないことを知っていた。三国同盟はあまりにも無謀な選択であった。

アメリカとの戦争の勝算を問われたとき、山本は、

「日本に勝つ見込みはない。日本の艦隊はそのようにできあがっていない」

とも答えている。

昭和十四年八月、その山本が連合

艦隊司令長官に任命され、やがてアメリカとの戦争の指揮をとることになったのだ。山本の胸中には、複雑な思いがあっただろうことは容易に推測されるのである。

崩れた「短期決戦・早期講和」の政略

早期和平という政治的効果を狙った戦略

山本五十六を単に海軍の軍人の枠にとどめておくべきではない。実は、山本は政治と軍事のバランスをもっとも円滑に保とうとした、昭和十年代の有能な政治家であり得た。その政治家としての像をあらためて確認しておくことが重要だと、私は考えている。

山本は、すでに知られているとおり、日米開戦そのものにはきわめて消極的であった。しかし、国策が開戦と決まると、自らの与えられた立場（連合艦隊司令長官）でその役割を果たすことに専念し、そしてともかくもその第一段階は成功した。この作戦自体、軍人としての能力をすべて凝縮したうえでのことだったが、その成功は山本には危なっかしい幻影のように映っていた。駐米武官生活を通じてアメリカの国力を誰よりも認識し、さらに大艦巨砲主義から航空兵力の戦いへの推移を見通していたがゆえに、アメリカ海軍（具体的には太平洋艦隊）が充分な体制を整える前に一撃（短期決戦）を加えておいて外交交渉にもちこむというのは、山本の政略だったのである。

昭和十七年（一九四二年）に入って、第一段階作戦の成功にもとづいて、第二段階の作戦をどのように進めるかという戦略をめぐり、軍令部の作戦参謀と山本の意を受けている連合艦隊司令部の作戦参謀との間に対立が起こる。軍令部側はフィジー・サモア作戦を主張し、オーストラリアとフィリッピンとの遮断を目的に占領地域を広げ、そこに「長期不敗の態勢」を築こうと主張する。この大本営の戦略に対して、山本はそんなことは「痴人の夢である」（半藤一利「山本五十六と黒島亀人」『ミッドウェーの決断』）と考えていた。

連合艦隊司令部の参謀たちは、この年一月から二月、三月と第二段階の作戦案の検討を続けた。参謀長の宇垣《うがき》纏《まとめ》、それに首席参謀の黒島亀人らは三案ほど考えたといわれるが、結局は「ミッドウェーを攻略し、アメリカ軍機動部隊を撃滅する」という折衷案が浮かんできた。この間、山本は公式に自らの考えを述べることはしなかったが、腹心ともいうべき参謀たち（黒島や三和《みわ》義勇《よしたけ》、渡辺《わたなべ》安次《やすじ》など）に、「ハワイを十月に再攻撃する」との考えを洩らしている。それが黒島らの折衷案の伏線になっていたのだ。

この案は何を意味しているかといえば、早期和平という政治的効果を狙った戦略であった。山本は再攻撃の真意は明かさなかったにせよ、アメリカ国民にとくべつに関係のない太平洋で命を捨てる必要はないと思わせるために、ハワイを再攻撃、占領し、ここに日本海軍の強力な航空基地を置き、アメリカ海軍を動けない状態にしてアメリカ政府をして外交交渉の場に引きだすことを目的にしていたと推測できる。そのためにハワイには膨大な人員と物資を送らなければならず、さしあたりの前進基地としてミッドウェー島を押さえることはぜひとも必要だったのである。

政略を考えようともしない秀才タイプの参謀に絶望する

三月三十日に連合艦隊司令部の作戦参謀による「ミッドウェー作戦」の具体的内容がまとめられ、軍令部の作戦参謀との交渉に入った。連合艦隊側から東京に赴いて交渉にあたったのは渡辺安次参謀だったが、このミッドウェー作戦は、第二段階の主要な作戦として、「五月上旬　ポートモレスビー攻略作戦。六月上旬　ミッドウェー攻略作戦。七月中旬　フィジー・サモア攻略作戦。十月を目途としてハワイ攻略作戦準備」というプログラムが想定されていた。だが渡辺はこのプログラムを明かさず、ミッドウェー攻略作戦にしぼって軍令部側と交渉したのである。

交渉はしだいに怒声の応酬となる。

〈「連合艦隊の作戦目的は、敵機動部隊を誘出撃滅するのみであります」

と渡辺はくり返すが、軍令部の作戦参謀は、「ミッドウェーのような小島のために、アメリカが空母の決戦に応じるだろうか。決してそんなことはない。それにミッドウェー島を占領したとしても、そこを維持するのは困難である」と反論した。

とくに急先鋒であった作戦課長の富岡（定俊《さだとし》）は、

「国の存亡を賭けた決戦には確率の高いほうを選ぶべきである。ミッドウェー作戦には絶対反対だ」

と譲らなかった。富岡は、戦後になって言い訳がましい弁を書きのこしているが、その意見の背後には「国の存亡を賭けた戦い」であるから、軍事的に確率の高いほうをといった選択肢を強調するのであったが、山本とその部下の参謀は、「国の存亡を賭けた戦い」であるからこそ、和平工作も必要という論――そのためのミッドウェー作戦である――を対峙させていたのである〉（保阪正康『幻の終戦』）

富岡は、戦後は「山本には戦略がない」という批判をくり返すが、それは逆説的にいえば、山本は軍令部の作戦参謀には〈政略と戦略の組み合わせ〉を説明せず、単に戦略のみを説いていたということになる。山本は、とうに富岡に代表される軍令部の作戦参謀の能力と見通しの甘い戦略を見限っていたことになる。

しばしば、軍令部と連合艦隊の間に、作戦上の意思統一がなかったためにミッドウェー作戦が失敗したかのような短兵急《たんぺいきゅう》な見方がされるが、実はそうではなく、山本が軍令部の参謀に愛想づかしをしていて、連合艦隊司令部の、しかも信頼を寄せていた参謀だけに、政略を打ちあけていたというのが真実である。

軍令部の参謀と司令部の参謀である渡辺との応酬のなかで、渡辺は「もしこの作戦が認められないなら長官は辞任される覚悟である」と脅しともとれる発言をしている。もとよりこのような発言は不穏当であるにしても、山本とそれに従う参謀は本気でそのような決意をもっていたのだ。このエピソードも、連合艦隊司令部、つまり山本のわがままで強引な言のように紹介されることもあるが、実際はそうではなく、アメリカの国力も知らず、緒戦の戦果に幻惑されて政略を考えようともしない秀才タイプの参謀たちへの絶望と解するほうがあたっている。

結局、この対立に決着をつけたのは、軍令部の指導部に列している指導者たちの判断であった。軍令部次長の伊藤整一が出席しての会議の場で、渡辺は電話で山本の意思（アメリカの機動部隊を撃滅するための決戦という選択）を確かめ、あえて辞任の意志も伝えたのだ。もし山本が軍令部総長の永野修身や伊藤と対面していたら、「この作戦は和平交渉につながっているのだ」と持論を説明したであろうが、渡辺はなんとしてもミッドウェー作戦を実施させようと、山本の意思を単なる脅しの形で伝えてしまったという点が誤解を生んでいるのである。

この会議の模様を幾分ドラマティックにえがく戦記も多いが、結局、伊藤はミッドウェー作戦を了承し、その意向を伝えられた永野も、「連合艦隊にまかせるようにしましょう」という立場をとり、作戦は発動されることになった。

敗北という現実をもとに、とり得たはずの政治的リーダーシップ

こうした経緯を経ながら、ミッドウェー作戦は実施されたが、成否そのものは不確定要素も多かった。

もしこのミッドウェー作戦が成功していれば、世界の海戦史のうえでも稀にみるほどの日本海軍の勝利となるはずだった。それほど連合艦隊は主力をつぎこんだのだ。しかし結果は失敗であった。敗北の報が次々に入ってくるにつれ、山本は密かに自らが固めていた〈短期決戦・早期講和〉という軍事と政治の円滑な回転をあきらめざるを得なくなった。空母四隻を喪《うしな》い、敗走してくる機動部隊に絶望感を味わいながら、しかし今いちど態勢をたて直しての決戦を考えたが、その場合、連合艦隊のすべてが損傷する恐れがあるとの宇垣らの意見を参考に作戦をとりやめていた。

山本は、ミッドウェー作戦の失敗に落胆の色を隠していない。それは誰の目にも

明らかであった。南雲《なぐも》忠一機動部隊の参謀長草鹿龍之介《くさかりゅうのすけ》は、山本の前に進みでて、「作戦失敗の責任を負うのに、南雲長官と私はやぶさかではない。できうるなら失敗の償《つぐな》いをするための格別の配慮をいただきたい」と申し出たときに、山本は、ただ一言「承知した」と言って涙を流したという。（ゴードン・W・プランゲ『ミッドウェーの奇跡』）。山本にすれば、この敗戦もまた日本海軍の現在の正直な姿ということであったのだろう。その悔し涙ではなかったか。あるいは自らの政略が崩れてしまったという無念の涙だったかもしれない。

六月十日、旗艦である「大和」での参謀たちの会議で、もういちど戦いをと主張する若手の参謀の言に、山本は、「ここに至っては傷口を大きくすることは必要ではない」と自らが説得にあたっている。その後、山本は「この敗戦の責任はあげて私にある」と言い、誰をも責めようとはしなかった。

山本は、本来ならこの海戦に勝利して、軍事的な実績をもとに永野や伊藤、さらには海軍大臣の嶋田繁太郎《しまだしげたろう》らに政略を説こうとしていたはずである。日本の軍事力は今がピークで、これ以上はその限界を超えた戦争になる、アメリカとの間ですぐに講和会議を始めよ、と説く意思があったように思える。側近たちの細部にわたっての証言や資料を検証すれば、そうした意思は容易に確かめられる。場合によっては、率先して自らが〈政治家〉としてその役を引き受けようと思っていたのではないか、と私には思える。

ミッドウェー敗戦後、山本の心の底に絶望が漂いはじめ、そしてこの戦争は自らの戦略と政略では制御できないと悟ったのであろう。ある作家は、山本はミッドウェー海戦の敗北後、いつか自分は責任をとって死ななければならない、と思ったのではないかと書いているが、実際に山本は自ら新たな戦略にこだわるそぶりも見せず、まるで死に場所を求めるかのように前線に出ている。

だがこの敗北を機に、山本がもうひとつ別な考えをもって、アメリカとの講話にのりだす政治家の道を歩むことはできた。海軍次官の折に体験した偏狭な陸海軍指導者たちの攻撃に嫌気がさしていただろうが、それでもなおこのときに、敗北という現実をもとに政治的なリーダーシップはとり得たはずである。

山本は、天皇側近の宮廷官僚や陸海軍の和平交渉派と連携をとり、天皇に「軍事に従属する政治（外交）」ではなく、「軍事と政治（外交）の円滑な関係」を上奏する手段はもつことが可能であった。近衛文麿、吉田茂、そして陸海軍の中堅幕僚に、せめて「政治（外交）を忘れるな。日露戦争時の理知的軍人に学べ」と説き、自らの信念を具現化すべきだったのである（私はこのシミュレーションを前述の書で試みた）。

山本の胸中にそのような考えもあったと思うが、敗北という現実に自ら脅えてしまったのだ。それは政治家への脱皮を自ら拒んでしまったようにも思う。それゆえに、山本を昭和十年代の真に有能な「政治家・軍人」とする見方は、山本その人の胸中奥深く入ったときに初めて理解できるのである。そこに山本の悲劇がある。

第二十一章　大本営発表の「嘘」が始まったとき

事実と異なる損害の内容

昭和十七年（一九四二年）六月十日午後三時三十分、「大本営発表」は、「東太平洋全海域に作戦中の帝国海軍部隊は六月四日アリューシャン列島の敵拠点ダッチハーバー並に同列島一帯を急襲し四日、五日両日に亙《わた》り反復之《これ》を攻撃せり」という出だしで始まる戦果報告を国民に伝えた。このころの大本営発表としては比較的長いほうで、この戦果報告は次のように続いた。

「一方同五日洋心の敵根拠地ミッドウェーに対し猛烈なる強襲を敢行すると共に、同方面に増援中の米国艦隊を捕捉猛攻を加え敵海上及《および》航空兵力並に重要軍事施設に甚大なる損害を与えたり」

このあともういちどアリューシャン列島の重要な諸要点を日本海軍は叩いているとくり返し、現在までに判明している「戦果」を発表している。そのなかで「ミッドウェー方面」の戦果としては、「(イ)米航空母艦エンタープライズ型一隻及ホーネット型一隻撃沈、(ロ)彼我《ひが》上空に於《おい》て撃墜せる飛行機約一二〇機、(ハ)重要軍事施設爆破」を伝えた。日本側の損害については、「(イ)航空母艦一隻喪失、同一隻大破、巡洋艦一隻大破、(ロ)未帰還飛行機三五機」とあった。

その後、発表は途絶え、五日後の六月十五日に、ミッドウェー強襲での戦果として、「米甲巡サンフランシスコ型一隻及米潜水艦一隻撃沈」を追加すると発表した。さらに日本軍の強襲により「撃墜せる飛行機」は約一五〇機だったと述べた。この発表では、日本側の損害についてはふれられていなかった。

ミッドウェー海戦における大本営発表は、この追加を含めて二回だけである。この作戦が独立して発表されたわけではなく、アリューシャン列島への爆撃というミッドウェー作戦を援護する脇役の作戦のなかにさりげなく潜りこませてお茶をにごしている。加えて日本側の損害はまったく事実と反する内容であった。アメリカ側の損害は確たる証拠もない希望的観測の数字ともいえた。

アメリカ側は、このミッドウェー作戦について、六日と七日(ワシントン時間)にミッドウェー海域での戦闘を伝え、七日の発表では、「重大な勝利は将《まさ》に達成されようとしている。しかし戦闘はなお終結には至らない。敵に与えた損害は航空母艦二隻ないし三隻を搭載飛行機全部と共に撃沈した外、他の一隻ないし二隻の航空

真珠湾攻撃の大戦果を発表する大本営海軍報道部（写真提供：毎日新聞社）

母艦を大破したものと認められる」と伝えた。この発表のほうが真実でもあった（いずれの発表文も、富永謙吉『大本営発表の真相史』による）。

徹底的に隠すことを指示した極秘文書の配布

「大本営発表」は、今では虚偽や嘘そのものといった代名詞で引用されることが多いが、三年九カ月の太平洋戦争の期間、大本営が国民に戦果を伝えたこの発表は、当初は必ずしもそうではなかった。

この期間、大本営発表は八四六回に及ぶが、その第一号は、昭和十六年十二月八日午前六時の真珠湾攻撃を伝えるものであった。それからの半年間、つまりミッドウェー海戦の前まではむしろ生真面目に、正直に、戦果を伝えていた。むろん日本は緒戦《しょせん》においては予想外の戦果をあげ、アメリカ軍に打撃を与えたわけだから、とくべつに偽りの戦果を流すことは必要ではなかったのだ。

華々しい戦果によって、国民の聖戦意識は高まり、大本営発表への信頼も篤くなった。

ところがミッドウェー海戦は、開戦から六カ月を経て、初めて海軍の機動部隊がアメリカの機動部隊に撃破された。四隻の空母（「加賀」「赤城」「蒼《そう》龍《りゅう》」「飛龍」）巡洋艦を喪い、搭載機（二八〇機といわれるが）も海底に沈み、パイロットなど死傷者三〇〇〇人を超す敗北となった。大本営海軍部では、この作戦の成功を当然なものとして考えていて、そのためのメッセージを用意し、祝宴まで考えていた。それは傲《おご》り以外のなにものでもなかったのだが、そのような傲りに鉄槌を浴びせる結果となったのである。

この敗北を国民にはどう伝えるか。海軍部の指導者や参謀たちは三日間にわたって会議を開き、まずは前述の発表文ですませたのである。

そして六月十日の段階で、ミッドウェー作戦の失敗をどのように受け止め、どういう形で他の集団（たとえば、大本営陸軍部や海軍のそれぞれの艦隊、それに国民に対して）に伝えるかの結論をまとめた。「今次作戦ニ関スル諸般ノ事項左ノ通リ処理セシメラルルニツキ右オ含ミノ上事後処理及ビ部下指導等実施アリタシ」と題する極秘文書は、海軍の指導者のみに配布されたが、そこには七項目の「敗北を隠す指示」が書かれていた。その第一項には、「敵ト交戦中受ケタル被害ニ関シテハソノ全部ヲ左ノ通リ公表」として、「空母一隻喪失、空母一隻大破、巡洋艦一隻大破、飛行機三五機未帰還」としてあった。

これ以上の損害を口にするな、との意思統一である。

第六項には、「陸軍部内ニ於テハ作戦ニ関シ必要ナル際ハ左ノ説明スル方針ニテ、流言ノ発生等厳重取締リツツアリ」と書かれていて、「MI作戦（著者注・ミッドウェー作戦）ハ海上作戦ノ関係上之ヲ延期セリ」と説明しろとある。あるいは、「敵ノ大兵力進出セルニヨリ」、これを撃破するために作戦は「一時延期セルモノナリ」と言えともある。この七項目を読んでわかることだが、ともかく徹底して隠せという内容である。陸軍に対しても事実そのものは伝えてはならないというのであった。

このような方針だったために、ミッドウェー海戦は、先の「大本営発表」以外にはまったくふれられなかったのだ。大本営発表の文案作成のときに、海軍の報道部の側が、日本側の損害として「空母二隻喪失、一隻大破、一隻小破、巡洋艦一隻沈没」という案をだしたといわれるが――この場合は事実に近い――、大本営の作戦参謀は強硬にこの案に反対して、それを認めさせなかったという事実も、戦後になって明らかにされている。

事実と願望がいれ替わっての戦争指導へ

「大本営発表」の嘘をとりつくろうために、新聞もまた一役買わされた。この期の新聞報道は、日本軍が東太平洋を制圧し、太平洋での戦局の主導権をにぎっているかのような記事で満ちていたから、ミッドウェー海戦そのものも知らなければ、日本海軍の機動部隊が打撃を受けて、優秀なパイロットも多数死傷したことなど国民は知る由《よし》もない。この隠蔽工作は、国民にむけてだけでなく、当のミッドウェー作戦に参加した兵や水兵、パイロットなどすべてに強要された。

この作戦で傷ついた水兵やパイロットなど数百名は、病院船「氷川丸《ひかわまる》」に移され、六月十五日には横須賀に戻ってきた。それも人目を避けての夜間の入港で、そこから病院にはこばれた。彼らはまるで伝染病患者のように扱われ、面会は許されず、電話や通信で肉親と連絡をとることも禁じられた。

この負傷兵のなかに、真珠湾攻撃で隊長をつとめた淵田美津雄《ふちだみつお》がいたが、淵田は、あまりの仕打ちに「まるで収容所に入れられたようだ」と関係者をどなったという。海軍指導部（とくに軍令部次長、海軍次官の名で通達された前述の隠蔽文書作成にかかわった軍人たち）の無責任さが、「大本営発表」の本来の趣旨を歪めてしまった。そのことに淵田らの怒りは激しかったというのである。

大本営発表の嘘の責任は、直接には歴代の陸海軍報道部長が負うべきであったが、そのスタートはこのミッドウェー作戦の隠蔽にあったことを思えば、海軍の参謀や指導部たちがまずは重い責任を有しているとみることができる。このミッドウェー作戦に続いてのガダルカナル攻防戦は、やはり日本軍の敗北ということになるが、このときの大本営発表もまた虚偽であった。このときは陸軍の参謀たちの責任が重いが、その伏線となっていたミッドウェー海戦の戦果報告よりもさらにはるかに大きなごまかしをしていた。「撤退」を「転進」と発表したのはそのケースである。

昭和十九年、二十年となると、「大本営発表」は事実とかけはなれた願望に終始していく。事実を見ないようにするのである。事実と願望がいれ替わっての戦争指導となった歴史的責任は重いのである。

第二十二章　ポツダム宣言受諾をめぐるふたつの訳文

バーンズ回答をどう訳すか

アメリカ、イギリス、そして中国の三カ国の名で「ポツダム宣言」が発表されたのは、昭和二十年(一九四五年)七月二十六日であった。一三項目から成っていたが、その骨子は日本に無条件降伏を迫る内容である。

この宣言を受けとった日本政府は、国体護持について一切ふれていないこともあり、加えて大本営側の反対もあり、さしあたり黙していたほうがいいと結論づけた。とはいえ東郷茂徳《しげのり》外相などは、明確に拒否することも得策ではないとの判断をもった。二十八日、鈴木貫太郎《すずきかんたろう》首相は「この宣言は黙殺する。われわれは戦争完遂に邁進する」との見解を記者団に表明した。このとき、黙殺はignoreと訳され、三国には日本は実質的にこの宣言を拒否したと判断された。

八月に入ると、戦況が日本に利がないことはより明白になり、六日には広島へ原子爆弾が投下され、九日にはソ連の対日宣戦布告がだされた。こうした事態に至って、天皇をはじめとして高松宮やその他の皇族、木戸幸一内大臣ら天皇側近、それに鈴木首相、東郷外相、米内光政海相らの間に即時停戦の気運が盛りあがった。九日午前十時から開かれた最高戦争指導会議で、鈴木首相はポツダム宣言受諾やむなしを主張し、梅津美治郎参謀総長、豊《とよ》田《だ》副《そえ》武《む》軍令部総長、それに阿南惟幾陸相らはこの宣言は具体性に欠けると戦争継続（継戦）を譲らなかった。その会議の席に長崎への原爆投下という報告が入ったのである。

鈴木貫太郎（国立国会図書館蔵）

こうした状況を受けて、九日の午後十一時五十分から宮中の地下防空壕内で御前会議が開かれた。受諾派と継戦派が三対三になり、司会の役を担っていた鈴木は、天皇の前に進みでてその判断を求めた。異例のことだった。天皇は、東郷外相が主張する受諾派に賛意を示した。本来ならこの瞬間に受諾が決定したのであった。しかしこの御前会議では、受

「ポツダム宣言」が発表された対日戦争終結条件の会議。ドイツ・ツェツィーリエンホーフ宮殿（写真提供：毎日新聞社）

諾するにしても国体護持が明確ではないのでこの点について改めてスイスを通じてアメリカ政府に問い合わせることになった。

アメリカの国務長官バーンズの名による回答は、日本時間の十二日午前零時すぎからアメリカ側ラジオ放送によって伝えられた。正式には外務省の訳によると「合衆国、連合王国（筆者注・イギリスのこと）、ソヴィエト社会主義共和国連邦及中華民国ノ各政府ノ名ニ於ケル八月十一日附合衆国政府ノ日本政府ニ対スル回答」という長い名称になるのだが、一般にはバーンズ回答と称された。

この回答は日本政府の採るべき終戦措置や連合国の日本駐留など五項目

から成っていたが、国体護持については明確な表示はなかったのである。第一項には、外務省の訳によれば、「降伏の時より天皇及び日本国政府の国家統治の権限は降伏条項の実施の為必要と認むる措置を執る連合国最高司令官の制限の下に置かるるものとす」（『日本外交史（25）』）とあった。その部分の英文は次のようになった。

From the moment of surrender, the authority of the Emperor and the Japanese Government to rule the state shall be subject to the Supreme Commander of the Allied Powers,（以下略）

このなかで、subject to をどのように訳すか、外務省首脳は頭を痛めた。天皇の地位が連合国の権限に隷属《れいぞく》すると訳してしまっては、本土決戦派が反対することは目に見えている。国体護持が前提であり、国体が一部わずかに制限されるかのように訳して、本土決戦派をなだめなければならない。そこで「連合国最高司令官の制限の下に置かるるものとす」という訳文になった。これには鈴木内閣の迫水久常《さこみずひさつね》書記官長も同意した。とにかくポツダム宣言を受諾したと決めたのだから、この方針に沿って戦争を終わらせなければならない。そのためには subject to の訳を少々弱めなければならないとして、意思統一を図ったのである。

東郷外相は、鈴木首相とお互いの意思を確認したうえで、午前十一時に宮中に赴いてその見解を天皇に伝えることになった。バーンズ回答の第四項には、日本の政体は「日本国民の自由に表明する意思に依《よ》り決定せらるべきものとす」とあるのだから、実際に国体は認められているとの理解のうえに、天皇の権限が一部制限されるにすぎないとの論を伝えるつもりだったのである。

大本営がつくった脅迫じみた訳文

ところが東郷外相が天皇に会う前に、この日午前八時半に、梅津と豊田は揃って天皇の前に進みでていた。やはり外務省がこの回答をラジオで確認したとき、陸軍の受信所や海軍の受信所も傍受していて、すぐに参謀本部や軍令部などでも邦訳したのである。その訳は、外務省とは異なり、次のように訳している（この引用文は、大本営陸軍部作戦部長の宮崎周一による『宮崎周一中将日誌』から）。

「1　日本ハ降伏ノ瞬間カラ日本政府及日本天皇ハ降伏条件ヲ実行ニ移ス為ニ必要ト認メラレルヘキ措置ヲトルテアラウ所ノ連合国軍最高指揮官ニ従属サルヘキモノトス」

前述の外務省の訳文とは基本的に同じだが、外務省訳が「連合国最高司令官の制限の下に置かるるものとす」という、いわば状況を説明していると読めるのに、軍部は「連合国軍最高指揮官ニ従属サルヘキモノトス」と若干強制、命令のニュアンスが強くでるように訳されている。制限の下に、といえば条件があるなかでそれが一部拘束するとの意味ももつが、従属さるべきものとす、といえば無条件でとの意味もこもってくる。つまり、天皇は連合国の奴隷のような地位に置かれるぞと、いわば少々恫喝《どうかつ》気味の意味がこもっている。

外務省は穏便に、大本営は脅迫の意味をこめて、subject to を訳したといってもいいであろう。

陸軍省の将校は、この脅迫じみた訳文をもって、陸軍省の軍務局長は外務次官のもとに、軍事課長は書記官長に、そして陸軍次官は侍従武官長のもとに走り、「本回答ニテハ受諾シ難《がた》キ陸軍ノ意思ヲ通シ、情勢馴致《じゅんち》ニ努《つと》ムル所ナリ」とすばやい動きを示した。

その一方で、『日本外交史（25）』によるなら、梅津と豊田は「午前八時半頃」に参内《さんだい》して、バーンズ回答の第一項と第四項について、大本営としては「反対の上奏」を行ったと記されている。さらにそのときに梅津と豊田が天皇に上奏した内容が書かれている。その冒頭の部分は次のようにある。

「統帥部と致しましては、本覚書の如《ごと》き和平条件は断乎《だんこ》として峻拒《しゅんきょ》すべきものと存じます。即ち覚書第一項に依れば、『日本ノ降伏ノ瞬間カラ日本政府及日本天皇ハ降伏条件ヲ実行ニ移ス為ニ必要ト認メラレルヘキ措置ヲ採ルテアラウ所ノ連合国軍最高指揮官ニ従属サルヘキモノトス』とありますが、斯《かく》の如きは申すも畏《おそ》れ多きことながら帝国を属国化することに外《ほか》ならないのでございまして断じて受諾し難きこと勿論《もちろん》であります。（以下略）」

梅津と豊田は、大本営を代表して、もしこのバーンズ回答の言うとおりにポツダム宣言を受諾すれば、「帝国は属国化」することになると言ったのだ。隷属化することを属国化というさらに強いニュアンスで、天皇に伝えたといってもいい。天皇がふたりにどのように答えたかは明らかになっていない。

アメリカの属国化を強調した思惑

十二日午前十一時に、東郷外相は天皇にバーンズ回答を説明し、鈴木と相談してきたように「回答を受け入れて差支えないと思う」との内容を上奏した。すると天皇は、「速やかに受諾せよ、また首相にもその旨伝えよ、と述べられた」と明確に断言したと前述の『日本外交史(25)』には書かれている。さらにその記述によれば、梅津と豊田が半《なか》ば脅し気味に上奏したのに、東郷外相の上奏は、そういう梅津や豊田とは反対の意見表明を行ったことになる。天皇は大本営が威圧的に脅し気味に属国化すると説明したのに、まったくひるんでいない。東郷外相にとにかく受諾せよと強力に命じたことになる。

天皇は毅然《きぜん》として軍部の脅しに屈しなかったのだ。

梅津と豊田が、一方的に参内してこうした内容を上奏したことを知った米内海相は激怒し、下村宏《しもむらひろし》（海南《かいなん》）国務大臣の著した『終戦秘史』によると、「米内海相が色をなして豊田総長、大西次長を呼びつけ、なぜ前以《もつ》て自分に意見を述べないか、陛下に満足な奉答もできずになんという無責任なふるまいだ」と叱りつけたという。これは、「属国化する」などと一方的に決めつけて、天皇を脅すような態度をとるのはどういうことかという意味の強い怒りでもあった。

十二日の午後には、陸軍の幕僚たちが阿南陸相を説得して、クーデターを行うとの噂《うわさ》も撒《ま》かれた。そして午後四時から開かれた閣議では、阿南の説いた陸軍の訳文説明と東郷の説明がそれぞれ行われたが、閣僚のなかには安倍源基《あべげんき》内相のように阿南の訳文の側について受諾反対論をぶつ者もあった。しかし、結論がでなかった。こうした報告を受けた天皇は、十四日になって再度御前会議を召集したうえで「受諾やむなし」の結論をだしたのである。

このポツダム宣言をめぐる二度の御前会議の間に、一つの謎が隠されている。前述のように十二日午前八時半ごろに、梅津と豊田が揃って参内し、天皇に「天皇は隷属化し、日本は属国になる」と上奏したと『日本外交史』や『終戦秘史』などには書かれている。しかし不思議なことに、『木戸幸一日記』にはふたりがその時間に上奏したという記述はない。また、軍人の側の記録である戦争指導班の『機密戦争日誌』や『宮崎周一中将日誌』にも書かれていないのだ。これは奇妙な話だ。継戦派の軍部を代表するふたりが上奏したことが、なぜ軍側の記録にはないのか。

さらに見ていくと、大本営の幕僚たちは先の訳文を練ったあと、これはとうてい受け入れることはできないとの別な文書を意図的にまとめた節がある。つまり、subject to を単に隷属化というだけでなく、あえて「日本政府も天皇も、アメリカの属国になる」とのイメージを天皇や内閣の閣僚に押しつけようとした。そして宮中周辺にクーデターの動きがあるかのように見せ、「日本がアメリカの属国になってしまい、そうなれば日本は亡びてしまう、国体は破滅する」と天皇に威圧をかけて、第一回の御前会議での決定を覆《くつがえ》そうとしたとの企《たくら》みがあったように思われる。

参謀総長と軍令部総長は本当に上奏したのか

繰り返すが、『木戸幸一日記』にも、『機密戦争日誌』にも『宮崎周一中将日誌』にも、十二日午前八時半に梅津と豊田が揃って天皇のもとを訪ねたという記述はない。一方、外交官の証言や史料でつくっている『日本外交史』や下村海南のような文官の記録には、ふたりが天皇に会ったかのように書いているが、これは何をものがたるのか。大本営側が梅津と豊田の上奏で「すでに陛下はバーンズ回答の内容では第一回の御前会議のポツダム宣言受諾を変えなければならないと考えている」との噂を政府の側に撒いたためではないかと思われる。実際には、ふたりは天皇に会っていないのではないかという疑いもある。『木戸幸一日記』によるなら、午前八時半に天皇に呼ばれたとあるが、木戸の日記には梅津と豊田のふたりの名はでてこない。あるいは内大臣ではなく、侍従武官長がとりついだのかもしれないが、その確たる証拠はない。

この謎を解く鍵がある。大本営陸軍部作戦部長の宮崎周一の日記である。この日記には、八月十二日の午前だけ時間を追っての記述がない。この日だけである。かわって、バーンズ回答の大本営側の訳文があり、さらにこの日の記述の末尾に、「写　軍事機密　用済後焼却」と書かれた一通の文書がのこっている。この文書は課長以上の取り扱いになっていて、「上奏」という題が記されている。そこでは、バーンズ回答を徹底批判したあとに、こういう形での和平は臣民の望むところではない、臣民は悠久の大義に殉《じゅん》ずることを無上の喜びとしていると続き、これを受け入れようとする勢力によって、「国家ノ内部崩壊ヲ来シ遂ニ我国体ノ破滅、皇国ノ滅亡ヲ招来スルト申スモ過言ナラスト確信スル次第テアリマス」と書かれている。そして末尾は、「以上申上ケマシタル所ハ政府モ亦《また》同一意見ト存シマスルカ尚《なお》政府トノ間ニ完全ナル意見ノ一致ヲ求メマシテ御聖断ヲ仰ギ度《たい》ト存シマス　昭和二十年八月十二日　参謀総長　梅津美治郎　軍令部総長　豊田副武」と結ばれている。これが前述の別な文書なのである。

大本営や陸軍省の幕僚たちは自分たちがまとめたこの上奏文を、梅津や豊田に天皇のもとに届けるよう圧力をかけたと思われる。梅津も豊田も天皇に会ったのではなく、これを単に届けに宮中に行っただけではないか。よしんば会ったにしてもこれを読みあげただけではなかったろうか。

この上奏文が「軍事機密」であり、「用済後焼却」というのは、省部の幕僚たちに政府の訳文に沿って動く者を「敵」とし、なんらかの形で排撃せよ、そして天皇にはわれわれのその動きを認めさせよ、と迫っていたように思われるのだ。

しかし、天皇はいちど決心したことを決して変えなかった。午前十一時に東郷外相に会ったとき、既定方針どおり進めと命じたのはその証しである。天皇は「制限の下に……」という訳文の側に立ち、大本営の訳文を無視したことになる。確かにこの点には、未だ知られていない天皇の確固たる終戦の意思がひそんでいたのである。

第二十三章　玉音放送を聞いた人たち、それぞれの思い

昭和二十年（一九四五年）八月十五日正午、昭和天皇の声がラジオから流れた。国民にポツダム宣言受諾を伝え、日本が戦争終結に踏み切ることを明らかにしたのだ。この玉音放送を当時の人びとはどのような思いで聞いたのだろうか。

私がこれまで会ってきた人たちの証言を中心にしながら、そのときの率直な気持ちを記録しておきたい。

岡部、今のはどうであったろうか

昭和天皇と侍従《じじゅう》・岡部《おかべ》長章《ながあきら》

昭和天皇の侍従岡部長章は、この日は日直にあたっていたため、侍従詰め所でラジオを聞いていた。日本は敗れた、と実感して涙がとまらなかった。玉音放送が終わると、詰め所のベルが鳴った。天皇の政務室と直結しているベルである。すぐに天皇のもとに駆けつけた。天皇はただひとりで、政務室で自らのラジオ放送を聞い

玉音放送（終戦の詔書）を聞く人たち。写真左には「正午ヨリ 天皇陛下 御放送ヲ致シマス」の掲示（写真提供：毎日新聞社）

ていたのである。岡部自身は涙をふいていたが、天皇の表情はそれまでの苦悩をふり払ったかのように変わっていて、笑みが浮かんでいる。日ごろの機嫌のいいときの顔である。そのことに岡部は驚いた。

「岡部、今のはどうであったろうか」

天皇は国民の反応を気にしていたのである。岡部は兄・長挙《ながたか》が朝日新聞社の社長なので、直接に話を聞いてまいります、と言うと、天皇はうなずいた。そこで岡部は有楽町にある朝日新聞社に赴いた。長挙は講堂に幹部社員を集め、事態にどう対応するかを説いていたが、長挙も幹部社員もいずれも泣いていた。朝日の全国の通信網からは、どの地域でも不穏な事態は起こっていないとの連絡が入っていた。そこで岡部は宮中にとって返し、天皇の前に進みでてその旨を告げた。

「そうか」

と天皇は安堵の表情となった。岡部もまた天皇のそういう表情を見て、これからは新しい時代を生きるのだ、と自らを励ました。

生き抜いて再建の御奉公

東條英機

太平洋戦争三年八カ月のうち、実に二年八カ月の間、総理大臣の職にあった東條英機は、このときは軍事参議官という肩書きであったが、むろんこの日が敗戦になることは十日の御前会議《ごぜんかいぎ》の決定を知らされていたので覚悟していた。十四日夕刻から夜にかけて、陸軍省を訪ね、阿南惟幾《これちか》陸相に承詔必謹《しょうしょうひっきん》を説いたとされている（これは東條側の証言だが陸軍側の記録にはない）。さらにその足で近衛師団司令部を訪ね、女婿《じょせい》の参謀古賀秀正に自重を促したことになっている。しかし、その古賀や陸軍省軍事課の将校は、ポツダム宣言受諾に反対して、十五日朝に玉音放送の録音盤奪取事件を起こし失敗している。

十五日の東條家では、東條は軍服を着て正座し家人や護衛の憲兵らとともにラジオ放送を聞いている。家人や憲兵は涙を流したが、東條はうつむいていた。そのあとに家人らに、「終戦までは一死御奉公。これからは陛下の命令で生き抜いて再建の御奉公。御奉公の方向が違っただけで意義は少しも違わない」と諭《さと》したという。この発言は、太平洋戦争を担《にな》った指導者としてはいささか無責任の誹《そし》りは免《まぬか》れないだろう。

本土決戦を呼号する陸軍の将校が何人か東條家を訪ねてクーデターを促したが、東條はその要請を断ったという説もある。

とりあえず故郷に帰り、それぞれ待機しておれ

美濃部正《みのべただし》＝海軍芙蓉《ふよう》部隊の指揮官

海軍軍人のなかからあえてひとりをあげるなら、特攻作戦に公然と反対した芙蓉部隊の指揮官・美濃部正の名を記したい。美濃部たちは六月、七月と決号作戦で沖縄への出撃を命じられたが、それは特攻作戦というより、「上弦の月を利用した薄暮攻撃」であり、特攻作戦とは一線を引いていた。九州の岩川基地からの出撃であった。

美濃部はこの基地で終戦を告げる玉音放送を耳にした。すでに内々にこのことは予想していた。第五航空艦隊司令長官の宇垣纏《うがきまとめ》が、美濃部に「岩川部隊は君の判断にまかせる」といっていたが、それは美濃部の信念を知っていて、犠牲者はふや

すなという意味を含んでいたからだ。美濃部の信念とは、「人間がその生命を絶つのは、罪人以外は自らの意思、本人の納得のもとに行われるべき」というものであった。つけ加えれば、宇垣は玉音放送のあとに、降伏を肯《がえん》じえないというので部下と共に沖縄海域への特攻を試み、自決同様にして亡くなっている。

美濃部は芙蓉部隊の搭乗員を集めては、敗戦に至った旨を伝え、戦死した七十余名の部隊員の冥福を祈り、そしてつけ加えた。

「この部隊は本日で解散する。お前たちはとりあえず故郷に帰り、それぞれ待機しておれ」

玉音放送はあったが、この先まだどのように推移するかわからなかったからだ。陸海軍を問わず、軍人たちの間には事態がどう動くのか判断はつかなかった。美濃部は、十五日以後、岩川基地に戻ってくる搭乗員たちに、敗戦が間違いないこと、今後は一切戦闘行為を行わないこと、を命じて、搭乗員たちとともに涙を流し続けた。それが十五日からの日々だったのである。

戦争が終われば今日からわれわれは友人である

インドネシアのオランダ人、イギリス人抑留者

私は高級軍人に何人か取材しているが、彼らは大体が茫然自失という状態だった

と証言する。

開戦時に対米英戦の起案を行うよう命じられた陸軍省軍務局軍務課の高級課員石《いし》井秋穂《いあきほ》は、戦時下に南方軍の参謀をつとめたが、結核になり、長野県の陸軍の療養所で身体を休めていた。玉音放送のあと、「日本はこれからどうなるのだろう」と漠然と思った。日米開戦を起案したことに、直接の責任はないにしても、自分もまたなんらかの責任を負わなければならないと感じた。

本土決戦に直進していた将兵、さらには外地にあって、連合国と対峙していた日本軍将兵は、それぞれの状況によって「八月十五日」の受け止め方が異なっていた。関東軍の作戦班長草地貞吾《くさちていご》は、新京の司令部から後退していたが、極東ソ連軍の攻撃に一部の部隊は抗戦を続けた。しかし「詔勅《しようちよく》がでた以上、終戦を受け入れなければならない」と考えて、対応策を打っていった。

南方の部隊のなかには玉音放送が伝わらなかったために、依然として抗戦を続けたり、戦時下と同じ状態のままという部隊もあった。そんななかで、インドネシアのランタウパラパットの第二五軍敵性国人抑留所の所長だった池上信雄《いけがみのぶお》(学徒出身の将校)は、十五日に師団司令部から通知を受け、十六日に抑留所で師団の将校、通訳、そして池上らが、抑留者の代表十数人に終戦の伝達式を行った。池上は抑留所では一切暴力を用いず、できうる限り国際法にのっとって抑留者たちを遇した。

そのためか、伝達式のあとオランダ人、イギリス人抑留者が争うように池上のもとに寄ってきて、「戦争中は敵と味方だが、戦争が終われば今日からわれわれは友人である」と握手を求めた。池上はその言に泣いた。

のちに捕虜収容所の所長は一様にBC級戦犯裁判にかけられるが、池上は抑留者たちの嘆願書によって裁判にかけられていない。

新しい気持ちで日本の再建を考えました

新関欽哉《にいぜききんや》＝外交官

戦争に批判的だった有力者は誰も皆、この日を歓迎している。吉田茂は外務省の長老として終始この戦争に反対し、戦時下でも終戦工作を行い、憲兵隊に逮捕されたこともある。そのためか、大磯の私邸を訪ねる人もなく、身内の者とこの日を迎えている。むろん密かに日本の敗戦は、外務省のルートを通じて伝わってきている。

玉音放送を吉田は終始無言で聞いていた。側近の証言では、自分がどのように戦後社会に出ていくかを考えていたというし、実際にそのような言を洩らしたともされる。

外交官の新関欽哉は、昭和二十年五月七日当時、ドイツの日本大使館書記官だった。ドイツが降伏した日、ソ連軍兵士が「ドイツ軍をかくまっていないか」と大使館に入ってきた。否定しても信用しない。やっとソ連軍の将校が来て、事情を飲みこみ、日本との間には中立条約があり、ドイツ軍がソ連に侵入した昭和十六年六月に、日本がソ連を侵攻しなかったことに感謝すると述べたという。そういうつながりもあって、ベルリンに滞在していた日本人は、日本に戻ることができた。

新関は、昭和二十年八月には外務省政務局で対ソ和平工作を担当していた。しかしその工作はうまくいかず、ソ連は対日戦を行うことになる。そして原爆投下の実態も知る。新関たち外務省の職員は十日の夜には、松本俊一《まつもとしゅんいち》次官らにポツダム宣言受諾を知らされる。自宅に戻るため虎ノ門から新橋駅まで歩く道すがら、ベルリンと東京で二度の終戦を経験することになったことを実感した。そのうえで私に、「これでやっと戦争が終わったこと、しかし日本はこれからどうなるのだろうということ、八月十五日まではそのことを感じていて、玉音放送を聞いたあとは新しい気持ちで日本の再建を考えましたね」

と証言した。私の聞いた範囲では、この感想が大半の日本人の率直な気持ちのように思えた。

第二十四章　「大東亜戦争調査会」はなぜ廃止されたのか

首相の監督下に設置された「大東亜戦争調査会」

幣原喜重郎《しではらきじゆうろう》が、東久邇《ひがしくに》内閣のあとを受けて、内閣を組織したのは昭和二十年（一九四五年）十月九日である。外務省の長老として、戦時下では軍部に敬遠されていたのだが、その国際協調の政治姿勢はこの期にはもっとも期待されていたのである。

幣原は、首相就任時から昭和十年代の日本の戦争についての実相を調べ、そしてなんらかの形で自省的な態度を明らかにすることが必要だと考えていた。それは外相として入閣した吉田茂、司法相の岩田宙造《いわたちゆうぞう》、それに書記官長の次田大三郎《つぎただいさぶろう》にも共通の認識だった。とはいえ内閣成立時には、まだ陸相も海相も入閣していたので、そのことを公言する空気はなかった。しかし、陸海軍省ともGHQ（連合国軍総司令部）の命令により十一月三十日をもって廃止することになり、その日が近づ

米国記者団の質問に答える幣原喜重郎首相。昭和20年10月頃
(写真提供:毎日新聞社)

くと、遠慮する空気は薄れ、十月三十日の閣議では次のことが決まった。これは幣原自身の策になる大東亜戦争調査会発足の経緯でもあった。

「(十月三十日の)閣議に於《お》て太平洋戦争の原因及び実相を明かにして、将来再び斯《かく》の如き大なる過誤を繰返さない為に、内閣に戦争の原因及び実相調査に従事すべき部局を設置し、政治、軍事、経済、思想、文化等凡ゆる部門に亘《わた》り、徹底的調査に着手することが決定せられたのであった」

この諒《りょう》解《かい》のもとに、十一月二十日に官制を公布して、首相の監督のもとに「大東亜戦争調査会」

が設置された。この事実は現在に至るも充分に知られているとはいいがたいのだが、幣原内閣はともかくもあの戦争がなぜ起こったのか、誰に責任があるのか、そのことを多角的に検証して国民の前に明らかにしようと考えたのである。戦後の歴代政府は、太平洋戦争の実相を結果的に明らかにはしなかった。しかし昭和二十年十月から十一月にかけては、官制の組織をつくり、その調査を行おうとしていたのである。

ところが、実際には、この組織は誕生してからしばらくして消えてしまう。それはなぜだったのか、そこにはどういう理由があったのか、その「謎」を追いかけてみようというのが今回の狙いである。

リベラリストたちが取り組んだ戦争の実相解明

幣原はこの調査会の事務局長に、青木得三《あおきとくぞう》を据えている。

青木は明治十八年（一八八五年）生まれで、一高から東京帝国大学政治学科に入り、四十二年に卒業。そして大蔵省に入省している。いわば俊才として知られているが、一高時代には銀時計組（最高の成績の者に与えられる）として抜きんでた能力をもっていたと噂《うわさ》されている。大蔵省では主計、主税のエリートコースを歩んだ。しかし青木の名を有名たらしめたのは、大正八年（一九一九年）のパリ講和会議時のエピソードである。第一次大戦後の敗戦国ドイツへの賠償を戦勝国がどのような形で要求するか、その戦時被害を克明に試算してみせたのである。これにはアメリカ、イギリスをはじめとする戦勝国の財務担当者が、「日本にもこれほど優秀な専門家がいるのか」と舌を巻いたというのだ。実際に、青木はこの講和会議のあとにフランス政府からレジオン・ドヌール勲章を受章している。青木自身、この勲章には強い誇りをもっていたといわれている。

その青木は、昭和初期には大蔵省主税局長などのポストで、浜口雄幸《はまぐちおさち》内閣の緊縮財政を支える役割を果たしている。軍部からにらまれる役も引き受けたことになるが、それもあって昭和六年には大蔵省をはなれている。その後、大学で教鞭をとるなどしたが、昭和十五年には庶民金融公庫の理事長をつとめた。思想的に幣原に通じるリベラリストの肌合いをもち、国際感覚を身につけた財政の専門家だったといえる。昭和十年代には、軍部主導内閣のもとでは一貫して冷遇されたともいわれている。戦後、青木が幣原に推されて大東亜戦争調査会事務局長に就任したのは、幣原自身、「青木氏に世界史を記述させるのは畑違いかもしれないが、世界に恒久平和を招来せんとする私の熱意に共鳴している」からだとも発言している。

つまりは幣原と青木、そして彼らを内閣で支えた吉田や岩田といった、どちらかといえば「反軍部」の指導者たちで戦争の実相を明らかにしようと試みたことになる。吉田は、青木に対して、「日本人は戦争に敗れたということをわかっていない。近代日本のすべてが誤りなのではない」と言い、冷静に史実を見るよう説かなければならないと話している。

青木は、幣原や吉田のこういう励ましを受けて、積極的に動いた。調査会の総裁に牧野伸顕《まきののぶあき》、若槻礼次郎《わかつきれいじろう》などを擬《ぎ》して交渉するが断られ、幣原自身が総裁に就任することになったが、昭和二十一年三月十九日には二〇人の委員も決めた。青木が独自に人選を進め、自ら個別に交渉して諒解を得ていった。この委員の代表的な名を挙げておくが、いずれも太平洋戦争下では軍部との間に距離を置いたリベラル色の強い知識人たちだった。

学者として中村孝也《なかむらこうや》、渡辺幾治郎《わたなべいくじろう》、尾佐竹猛《おさたけたけき》、和辻哲郎《わつじてつろう》、高木八尺《たかぎやさか》、有沢広巳《ありさわひろみ》、安倍能成《あべよししげ》、大内兵衛《おおうちひょうえ》、財界からは木村介次《きむらかいじ》、評論家は阿部真之助《あべしんのすけ》、鈴木文四郎《すずきぶんしろう》、小汀利得《おばまとしえ》、馬場恒吾《ばばつねご》などだが、一見してわかるように反軍部のほかに新米英派、理論派などが目につく。衆議院の代議士としては斎藤隆夫《さいとうたかお》と片山哲《かたやまてつ》のふたりも加わっている。この二〇人のほかに、各官庁の次官クラスが臨時委員となり、調査に協力する態勢をとっている。こうした委員はとくべつに世間に公表されていない。さまざまな圧力が及ぶことを警戒したからであろう。

これらの委員は、青木が中心になって三月下旬から本格的な活動を密かに始めている。この期は、GHQのマッカーサー総司令官やアメリカ政府は天皇を免責とすることを決定していて、新憲法の枠組みづくり（GHQの示唆による）も進んでいる。昭和天皇は全国巡幸も始めている。そういう歴史の表向きの動きとは別に、青木は「大東亜戦争の真実」を調査する活動を地道に続けていたことになる。

ソ連代表から出てきた抗議

幣原内閣にかわって第一次吉田内閣が誕生したのは、昭和二十一年五月であった。四月の総選挙で吉田の自由党が第一党になったからである。すると吉田はこの調査会のテコ入れを図り、東大教授の東畑精一《とうはたせいいち》、日米開戦前の日米交渉のきっかけをつくった元大蔵官僚の井川忠雄のほか、臨時委員には外務省の子飼《こが》いの外交官などをメンバーに入れている。吉田は、幣原や青木の選んだ委員のなかには、天皇制に懐疑《かいぎ》的な者が含まれていると見て、その影響力を薄めたかったのだ。

同時に、吉田は戦争の内実を調べることはかまわないが、いかなる形にせよ、天皇の責任については論じてはならない、あるいは天皇に累が及ぶような意見など決してあからさまにするな、との考えを青木に伝えた節もあった。むろん青木にも異存はなかったが、しかし史実をまず徹底して明らかにすることが重要で、はじめからそのような枠をはめるべきではないとの考えがあり、両者の間にはそれとなく対

第一次吉田茂内閣。首相官邸にて閣僚とともに記念撮影。前列中央が吉田茂
（写真提供：毎日新聞社）

立も起こったように思う。なにしろ東京裁判は昭和二十一年五月三日から始まっていて、その裁判に利用されるような史実は必要ではない、と吉田は警戒していた節があるからだ。

大東亜戦争調査会の存在は、むろんGHQ側にも伝えられていた。しかしGHQ側はこの調査会を見守る方針でいた。ところが、吉田色が強まってくるとGHQ内部や連合国対日理事会のなかに反発が起こる。吉田は、頑迷な保守主義者であり、GHQの革新派将校にとっては日本の民主化の妨害者であると受け止められていたからだ。

昭和二十一年七月十日に開かれた連合国の対日理事会で、ソ連代表のデレビヤンコ中将が、この戦争調査会について、日本政府の真意がわからないとして次のような発言を行った（これはのちに青木自身の稿のなかに書かれている）。

「日本政府が行なっている戦争調査会というのははなはだ不都合きわまるものだ。日本政府は戦争の敗因を調査し、再び過ちをくり返さないようにしようと言っているが、これは言葉を変えると、次の戦争には絶対負けないように戦争準備計画をしていることではないか。こんな調査会は即刻廃止すべきである」

この発言に、イギリス代表も同調した。ソ連側が問題にしたのは、臨時委員のなかに元軍人が含まれていることで、こういう軍人が主導権をとるのを恐れたためのようである。青木にすれば、元軍人は助言役という立場であり、いずれも戦時下では中枢にいたわけではないと考えていたが、しかしソ連はそのことに強く抗議を伝えた。なぜソ連は抗議したか。

私の見るところ、あらためて史実を洗いだすとわかるが、ソ連の昭和二十年八月九日の対日宣戦布告や戦後に行っている日本人将兵のシベリア抑留の不当性などが問われることになりかねず、それで妨害しようとしたのではないかと思える。

単独で引き継いだ元官僚の歴史的使命感

吉田はこのソ連発言とイギリス側が同調したのを見て、急速に調査会に対する関心を失う。この組織は首相直轄であるがゆえに、吉田が関心を失った段階でその存在意義を失ってしまう。

青木は吉田とは逆に、幣原と相談して、対日理事会の議長であるアメリカ代表アチソンに会って事情を説明しようと決める。ところが面会当日、吉田は青木に、「マッカーサーと相談した結果、調査会は廃止することにした」と伝えている。青木が吉田のこの意見を委員たちに伝えると、片山哲などは廃止とは何ごとかと激怒して、議会で社会党の同僚議員に質問をさせている。そのとき、吉田は「この調査会の性格目的について疑義が起こり、将来の再軍備のための戦争調査会という意見も起こっては廃止もやむを得ない」と答えている。つまり吉田は、それほど熱心にこの調査会を活動させる必要はない、とあっさりと意見を変えたのであった。

昭和二十一年九月三十日に、この大東亜戦争調査会は廃止となり、官制の組織図からは消えた。

青木は、吉田のこうした処置に不満であった。なぜあの戦争が起こり、どのような戦争だったのか、日本はどういう誤りを犯したのか、そのことを後世に伝えるべきだとの信念を変えなかった。青木はこの組織を民間に移す形で、単独で引き継いだ。そしてそれまでに各省庁から集めた資料や、このころに刊行された書（たとえば、陸軍軍人の田中隆吉《たなかりゆうきち》による『軍閥専横の実相』など）を収集、分析し、さらに実弟（宇佐美六郎）が東京裁判の弁護団の一員であったために、そのルートで東京裁判関係の法廷資料も入手して、あの戦争の実態についての調査を始めた。助手を雇い、財界からの資金援助を求め、私財も投じ、そしてひとりで太平洋戦争に至る道と戦争の内実を書きつづけた。

昭和二十五年六月に『太平洋戦争前史』の第一巻が青木得三の名で刊行された。市販されたわけではないので、一般の人びとの目にはふれなかった。関係者だけに配布されたのである。それから二十七年六月までの間に、『太平洋戦争前史』はとぎれとぎれに六巻まで刊行された。発行元は、世界平和建設学会や学術文献普及会だったりして、一般の出版社ではなかった。GHQの圧力を恐れてのことだったともいわれている。

出版元を求めて、青木自らが奔走して刊行された節もあった。誰の助けを得ることもなく一リベラリストの目で記述されたこの書は、昭和史研究のうえではそれほど注目されていない。確かに目を通すと、今では新しい事実や証言が見られるわけではない。しかし、青木得三というひとりの元官僚の熱意とその努力だけは伝わってくる。

青木をしてこうした作業にむかわせたエネルギーはどこから生まれたのか。はたして吉田茂はマッカーサーと相談して、この調査会を廃止にしたのか。不透明な謎は未だに解明されていないが、せめてひとりの志ある日本人があの戦争の内実を解き明かそうとした歴史的使命感だけは理解しておく必要があるだろう。

第二十五章　吉田茂の逮捕をめぐる話

吉田茂邸に潜入したスパイ

つねに監視されていた吉田茂

二十世紀の日本で、もっとも歴史的な意味をもって記録に残る首相は、吉田茂ではないだろうか。

吉田の首相在任期間は、延べ七年余りに及ぶが、その期間が記録に残るという意味ではなく、在任したその時代と、そこで吉田が、きわめて明確な哲学をもって時代と向き合ったという姿勢が、評価されるはずである。

日本は昭和二十年（一九四五年）九月から昭和二十七年四月まで、アメリカを中心とする連合国の占領を受けることになった。むろん、太平洋戦争の敗戦という現実があるのだが、この現実の政治的決着をつける期間、それが占領期でもあった。この占領期に、もしなんらの哲学や経綸をもたない指導者が首相をつとめていたら、日本はアメリカの属国になるか、ドイツや朝鮮のように国家が二分されたかもしれない。吉田はそうした事態を防いだといえるし、巧みに政治力を駆使して、日本の国益を守ったともいえる。もとより吉田政治のすべてが功とはいえないが、少なくとも罪よりははるかに功の方が大きい。

戦前の吉田茂。英国大使時代（写真提供：毎日新聞社）

吉田は徹底して、反昭和陸軍の姿勢を貫いた。それをもっとも象徴的に示しているのが、昭和二十年四月の、憲兵隊による逮捕である。吉田は太平洋戦争の開戦後も、一貫して和平工作を進めていた。すでに昭和十四年に英国大使を退官して、東京に戻ってきたときから、憲兵隊に行動を監視されていた。開戦後も監視は続き、戦況が悪化するにつれ、陸軍指導部は吉田の周辺にいる重臣、外交官、政治家、経済人、言論人などをヨハンセン（吉田反戦グループの略）と名づけて、やがて監視から弾圧へと切り換えていった。

吉田の動きを監視するために、憲兵隊と陸軍省兵務局防衛課は、別個に吉田邸に協力者やスパイを送りこんでいた。吉田は東京の平河町に自宅をもち、また大磯にも別邸があって、ときにここに身を置いた。そこで憲兵隊も防衛課も、両方に協力者やスパイを潜入させたといわれている。しかしその詳細は、最近まで判明していなかった。

陸軍スパイの手記が語る真実

私はこの七年ほど、吉田茂の評伝を書こうと思い、幾人かの関係者に話を聞く一方で、多くの資料を集めていた。そのプロセスで、昭和十九年二月から、大磯の吉田邸に書生として潜入していた防衛課の工作員の手記を入手した。四〇〇字詰め原稿用紙で一〇〇枚近くになるこの手記は、工作員だった東輝次《あずまてるつぐ》氏が昭和二十六年十一月にまとめたもので、遺族のもとに保存されていた。そうした手記があることに、私は驚いた。そして手記から、この陸軍中野学校出身の工作員が、自らの職務に励む一方、吉田と次第に心を通わせる関係になって、心理的に屈折した感情を抱いていたことがわかったのである。

『防諜記《ぼうちょうき》』と題された手記は、スパイとしての強靭な精神力は、陸軍中野学校という独特の教育を行なった機関でこそ養うことができたという事実も浮かびあがる。東氏は、手記を書くに至った心情的な変化を、次のように綴っている。

「今、余《よ》は之《こ》の戦争の是非を論じ意見を披瀝《ひれき》せんとするものではない。その戦争に於《おい》て日本最初にして最後となるであらう秘密戦（スパイ）が如何《いか》に準備され実行せられたか。そして又内地に於て人道を無視して行はれた平和主義者、反戦主義者、左右両翼者等の弾圧に如何なる工作が為されたかを記して見るのも決して無駄ではなからうと信ずる。

終戦と同時に数年間、幾百人のこれ等の戦士の心血をそそいで蒐集せられた情報や有《あら》ゆる工作は全部壊滅し焼却せられ、今一片の資料とてなく、日時等についての正確なるものは（著者注・復刻）出来ないのを遺憾《いかん》とする」

東氏は、歴史上の事実を正確に書き残しておこうと考えたわけである。こうした姿勢であるがゆえに、この手記は単なる自慢話でもなければ、暴露ものや内幕ものでもない。歴史の真実を語るという、強い使命感から発せられたものなのだ。その点にまずは、敬意を表さなければならないだろう。

東氏は大正十一年（一九二二年）一月に兵庫県で生まれ、旧制中学卒業後に姫路連隊に徴兵されるが、その学力、感性、体力などの点で抜群の力をもっていた。そのために、昭和十四年に参謀本部軍事調査部の肝いりでできた陸軍中野学校（部隊名は東部第三三部隊）への入学が許される。ここは、戦時下にあっては秘密工作を行う特別の教育機関で、表向きはその存在は明らかになっていない。外地での秘密工作に携わるために、「名も身分も偽《いつわ》って、みまもる人もなく、異国の土と化す運命への連帯感が、この先輩後輩を、親兄弟にもまさる同志愛で結びつけた」（畠山清行『秘録 陸軍中野学校』）という独自の部隊である。東氏の手記でも、仲間との結びつきの深さが窺《うかが》える。

昭和十八年五月に、二十四歳で陸軍中野学校を卒業（第四期生）したあと、同期生の大半は「支那蒙古要員」「満州特務機関要員」などに転じるが、東氏は内地勤務を命じられ、陸軍省防衛課の秘密庁舎で「有線盗聴（著者注・電話の盗聴のこと）」に従事することになる。「余は『吉田茂』他二名の盗聴を担当した」と東氏は書いているが、毎日レシーバーを耳にあてて、平河町にある吉田邸への電話の受信、発信の記録をとっていた。ダイヤルの音で電話番号を割り出し、相手方の身元を確認するのである。

昭和十八年の末になると、戦況はますます悪化し、吉田への監視も厳しさを増す。東氏は、すでに吉田邸にお手伝いとして潜入していた女性の縁者というふれこみで、大磯の別邸に書生として入った。平河町の吉田邸の書生も、実は憲兵隊から送り込まれた者だったのだが、憲兵隊と防衛課は連絡がなく、当人たちは、お互いがスパイであることを知らなかった。東氏の筆が、憲兵隊に対して強い対抗意識をもっているのも手記の特徴である。

東氏は大磯の別邸に入るために、本籍を動かして東京出身になりすまし、傷痍《しょうい》軍人であるかのような書類を作成、はては出身学校まで偽り、卒業証書まで偽造したというのだから、いかに陸軍が念入りにスパイを送り込もうとしていたかがわかる。やがて戦火が激しくなり、平河町の使用人たちも大磯に移ってくると、吉田はふたつの住所を使い分けてヨハンセングループと連絡を取るために、東氏の動きも活発になる。東氏は普段、陰日向なく働き、しかも真面目に吉田の言うことを聞くので、吉田の信頼は篤くなっていった。東氏も次第に、吉田の人柄にひかれていく。

この矛盾した心理、つまり吉田に対して畏敬の念を抱く一方、吉田の動向を探り、本部に連絡を取るスパイ行為に、東氏は心中悩んだ節も窺える。そんなとき、彼は中野学校の卒業式で訓示を述べた、参謀総長の杉山元《はじめ》の言葉を思い出し、自らを励ましたという。

「諸君一人ひとりは即《すなわ》ち、一個師団の兵員である。諸君等の優秀な秘密戦士は、敵の何個師団もの兵力を壊滅せしめるだろう。帝国陸軍はここに七三名、すなわち七三個師団の兵力を前線に派遣出来ることを、邦家《ほうか》の御為《おんため》詢《まこと》に欣快《きんかい》とするものである」

そして昭和十九年三月には、大磯に吉田を監視するための工作班が揃い、東氏は吉田から、ヨハンセングループの一員に手渡すよう命じられた手紙を、その途次で別の工作員に渡す。それが秘密のアジトで「開封せられ、写真にとり、又封をしてアイロンを掛けて」東氏のもとに戻ってくる。それを東氏は、貴族院議員の樺山愛輔《かばやまあいすけ》などに届けていた。「行く先々で『吉田さんの書生さん』と言って可愛がって呉れた。それを聞くことはやはり嬉しい」と書いている。

お互い国のためと思ってやったんだから

こうして昭和二十年四月十五日を迎えた。吉田の逮捕は、憲兵隊主導だったため、東氏はまったく予期していなかった。吉田は、この年二月に近衛文麿《ふみまろ》が天皇に提出した上奏文の内容を、他人に洩らしたとして罪を問われたのだが、そもそもの上奏文は、吉田が近衛の意向をいれて書いたものだった。憲兵隊はその写しを探すが、見当たらない。実は女性の使用人のひとりが素早く焼却し、東氏はそれを見ているのだが、憲兵隊には告げていない。吉田が逮捕される瞬間を見て、東氏は「余は可哀そうになった。年老いたこの『吉田』が、それ程軍部にとって強敵なんだろうか」と書いている。六十七歳の老人は留置生活で、体力を弱めて死ぬのではないかと案じた。

吉田は四十日後の五月二十五日に釈放されて、大磯に戻ってきた。その間、東氏は、主なき別邸を守った。釈放については嬉しさと同時に、「こんなに早く釈放する位いなれば、余がこんな生活をする必要がなかったではないか」という複雑な感情ももっている。

その後防衛課からは、吉田邸を離れ、次の工作に移れとの命令が下る。東氏が、故郷へ帰って母の面倒をみたいと申し出ると、吉田は「あと二、三カ月で日本は変わる」と説き、「君は私の家が大変なときに一番よくやってくれた。家族を含めてすべての面倒をみてあげるから、書生として残るように」と頼んでいる。それを断らねばならない東氏は、泣きながら「辞めたい」とくり返し、吉田は最後には「勝手にしなさい」と怒ったという。

東氏は敗戦後の昭和二十年十二月に、外務大臣に就任していた吉田を訪ねている。吉田は「私の言った通りになっただろう。人間には、甘えてよいことと悪いことがあることを知らなければならない」と諭した。しかし、東氏をスパイとは疑っていない。東氏が、その事実を告白したのは、昭和二十三年に入ってからであった。「もう罪に服してもよい」と考えたのである。告白を聞いて、吉田はしばらく茫然としていた。そして、次のように言ったと東氏は書き残している。

「『お互ひお国のためと思ってやったんだからよいよ。当時は君が勝ったけれど、今は私が勝ったね』。そう言って大笑いした。そして夜のふけるのも忘れて話した」

吉田は、これからも書生になるように勧め、東氏は改めて実弟を書生として紹介している。実弟は昭和二十四年から六年間、書生として吉田を支えた。一方で、昭和二十五年に警察予備隊が発足すると、就職を希望する東氏に吉田は紹介の労をとり、保証人にもなった。ふたりが戦時下で苦労した思い出と、東氏が職務を超えて吉田に抱いた畏敬の念は、強い絆をもって続いたのである。東氏の手記は、それを裏づける貴重な史料として、歴史的な重みをもっている。

終戦の四カ月前、吉田茂はなぜ検挙されたのか

陸軍のスパイが記した吉田の検挙劇

元外務官僚の吉田茂が、東京憲兵隊に連行されたのは、昭和二十年（一九四五年）四月十五日のことだった。この日、吉田は戦時下の大半をすごしていた大磯の別荘で静かな朝をむかえた。実はこのころ吉田邸には、中野学校出身者で陸軍省兵務局防衛課の指揮下にある諜報機関の工作員が書生として住み込んでいた。その身元は

吉田でさえ知らずにいて、自分に忠実な書生と思っていたのである。この工作員である東輝次の手記が、平成十三年（二〇〇一年）十二月に公表されている（東輝次著、保阪正康編『私は吉田茂のスパイだった』）。その手記から検挙時の様子を引用するなら次のようになる。

「表玄関をたたく人の声に、しづ（著者注・吉田邸のお手伝い）は慌《あわ》てて飛んでいく気配、彼女の足はいつもより落ちつかないように思えた。（略）『憲兵がきているんです』、そう告げると部屋に上がっていった。余は下駄をつっかけると、表玄関の方へ出ていった。『どなたですか？』、そこには四人いた。余は年配者に尋ねた。みんな私服である。彼は名刺を出した。（略）」

東京憲兵隊の憲兵だった。東は、「何の嫌疑ですか」と尋ねる。すると憲兵たちは、「そんなことは答えられない」と言う。吉田は、洗面をしたあと、家人や書生、お手伝いなどに「心配しなくてもいいからね。すぐ帰るから」と言いのこして、臆することなく憲兵隊員に連行されていった。そのあと憲兵隊員たちは家宅捜査をはじめ、すべての部屋の隅から隅まで終日かけて調べあげていったが、拘引された吉田は、何で自らが検挙されるのか、まったく理由は知らされなかった。

いくら戦時下とはいえ、日本外交を担《にな》った外務省の元大物外交官、そして天皇側近の牧野伸顕《まきののぶあき》の娘婿であり、政界や宮中内部にも人脈をもつ吉田が、なぜ検挙され

て、むろんよく知ってい

たのか。実はその容疑がまったく曖昧《あいまい》なのである。

吉田自身、自らが軍事指導者たちから睨《にら》まれているのは、むろんよく知ってい

て、終戦工作を働きかける相手を選んでほんのわずかな人物にしかその胸中を明か

していなかった。それだけになぜいま、憲兵隊に連行されるのか、吉田は疑問に思

ったらしい。戦後七年ほど首相を務めたのち、吉田は『回想十年』（全四巻）という

書を著し、そこでこの検挙劇についてもふれている。その部分を引用することにし

よう。

「（東京憲兵隊に）大磯の私宅から連れて行かれる自動車の中で、召喚される原因

は、たぶん前述の秋月《あきづき》翁の潜水艦の一件だろうと想像していた。ところが九段《くだん》の憲

兵隊での取調べは、秋月翁のことには一切触れない。『二月に近衛《このえ》公が内奏した詳

細な内容を貴殿は承知しているはずだから白状しろ』というのである。これにはい

ささか見当が外れた。しかし私はこの憲兵隊での取調べでは一切答えないことに肚《はら》

を決めた」

ここでいう「秋月翁のこと」というのは、吉田にもちかけられた終戦工作の動き

である。具体的にいえば、外務省の長老の秋月左都夫《さつお》（牧野伸顕の義妹と結婚。吉田

とも縁続きになる）から吉田は呼び出されて、「いま海軍部内で英国を通じて和平交

渉を進めることを計画しているが、これにあたるのは、君をおいて他にない。早い

方がよいと思うが、どうだ」と水を向けられている。吉田は、どのようにしてこの国を出るのか、と尋ねると、「潜水艦で行けばいい」と秋月は答え、そのうえで「万事は軍令部の小沢治三郎《おざわじさぶろう》が心得ているはずだから、そこに相談に行けばいい」とも促す。そこで吉田は、軍令部次長の小沢を訪ねると、「そんな計画はない」という答えが返ってきた。しかし、吉田はそれが問題になるのを警戒しての答えのように思い、その翌日に憲兵隊に連行されたのだから、海軍部内のこの話が陸軍に洩れて検挙されることになったのではないか、と考えた節もあった。

近衛上奏文とヨハンセングループ

ところが東京憲兵隊の尋問は、このことについてまったくふれない。その代わりに、東京憲兵隊の隊長である大谷敬二郎《おおたにけいじろう》をはじめとする憲兵隊幹部は、まず「二月に近衛公が内奏した詳細な内容」を知っているだろうから、そのことを自白しろと詰めよっている。この年の二月に、天皇が戦況の行く末を案じて重臣や宮廷官僚など七人に個別に会って意見を求めたことがある。このとき近衛文麿元首相は、天皇に上奏文を提出した。これが近衛上奏文とも称されるものだが、国際情勢の全体図を俯瞰《ふかん》したうえで、日本は今や敗戦の道をたどっていて、敗戦となるやたちまち共産革命が起こるだろうとあり、そのうえで陸軍の指導者のなかには、意図していないにしても共産主義者の策動にのせられている者がいると指弾していた。天皇はこの上奏文に驚いたらしいが、とにかく近衛の和平への意図は充分に天皇にも通じたのである。

実は、この近衛上奏文は吉田茂が書いた。近衛は、天皇に拝謁する前日に、吉田のもとを訪ねて来て、これでどうだろうか、と下書きを見せ、相談をもちかけている。これに対して吉田は「公（近衛のこと）のこれら意見には全く賛成であったので、二人して内奏文の補校に努めるとともに、私はその写しをとり、夜の更《ふ》けるまで語りあった。私が写しをとったのは、これを牧野伯に見せて欲しいという公の希望に従ったものである（略）」と『回想十年』に記し、事実上、この上奏文は吉田の筆になることを認めている。

前述のように陸軍省兵務局が工作員を書生として潜入させていたが、これとは別に東京憲兵隊が密かにお手伝いを工作員に仕立てあげ、吉田邸に送り込んでいた。また東京憲兵隊は、吉田と交流のあった近衛文麿や樺山愛輔、原田熊雄《くまお》、殖田《うえだ》俊《しゅん》吉《きち》、池田《いけだ》成彬《しげあき》、小畑敏四郎《としろう》、岩淵《いわぶち》辰雄《たつお》などの「ヨハンセン（吉田反戦グループ）」をつねに監視していた。このヨハンセングループのいずれかの人物の郵送文を憲兵隊は盗撮していて、そこから近衛に対する「和平工作の進言」という原稿の写しが手に入り、その稿の筆跡鑑定をしたら「吉田茂」ということになったのだとされている。

いずれにせよ陸軍の軍事指導者は、近衛上奏文とはどのような内容なのか、天皇は近衛にどういう反応を示したのか、それを知りたかった。さすがに天皇のもとに行ってそれをただすことはできない。そこで吉田を検挙してその内実を話させようとしたとも考えられなくはないが、吉田を直接に尋問した前述の大谷敬二郎は、吉田検挙は陸軍刑法第九九条に該当したからだと戦後になって私に証言している。この条文は、「戦時又ハ事変ニ際シ軍事ニ関シ造言飛語《ぞうげんひご》ヲ為《な》シタル者ハ七年以下ノ懲役又ハ禁錮《きんこ》ニ処ス」というもので、実に曖昧なものだ。要するに「大本営発表」以外のことを口にしてはいけないという意味になるのだが、「造言飛語」というのは誰がどうして決めるのかという問題があり、軍事指導者や憲兵隊などが勝手に決めるのであれば、とても法治国家などとはいえない状態だったのである。しかも、陸軍刑法を民間人にあてはめること自体、法的には論議がのこるところだった。

さらにいえば、東京憲兵隊は、吉田が実際にどういう終戦工作を意図していたのか、まったくつかんでいない。まずは検挙し、それから取り調べて（吉田には拷問を加えるわけにはいかないが）、その自白にもとづいて第九九条をあてはめ、七年以下の刑を加えようとしていた節があった。

大谷によれば、東京憲兵隊では吉田検挙を検討し、それは最終的には大本営や陸軍省の幹部によって承認されたとしている。そのときに吉田を拘束する理由として、内部ではこの第九九条を適用することにしたという。こうしたことは大谷敬二郎の書にも書かれているが、しかし理由なんかどうでもいい、とにかく陸軍に反対する者はすべて検挙、逮捕してしまえ、という荒っぽさだったことが窺える。

当時、太平洋戦争の戦況は硫黄島での日本軍玉砕、連日くり返される本土爆撃、そしてアメリカを中心とする連合軍が沖縄に本格的な攻撃を仕かける状態にあった。敗戦という状況がすでに明確に見えてきており、日本軍の勝利など信ずる者はいなかった。そのような状況下で、大本営は本土決戦を呼号し、国民に〝一億総特攻〟を呼びかけるとともに、必死に国内の和平論者たちの動きに目を光らせてもいた。つまり、吉田検挙という事実は、和平論者、あるいは終戦工作をめざす要人への弾圧、あるいは恫喝《どうかつ》という側面をもっていたのである。

「阿南陸相の裁断」とは？

吉田はなぜ自分が検挙されたかわからないうえに、とにかくいろいろなことを聞かれるのでとまどったらしい。太平洋戦争の開戦前に、アメリカの駐日大使グルーやイギリスの駐日大使クレーギーなどとはしばしば会っていたが、今も連絡があるのではないかといった、まったく理解しがたい質問を受けたようでもある。難癖というより、とにかくなんらかの罪をデッチあげようと必死だったということになろう。吉田自身、たぶんこれはまだ何も容疑として確定した証言を得ていないのだから、あれこれ難癖まがいの罪状を並べ立てようとするのだと推測した。そこで前述のように、「取調べでは一切答えないこと」にしたというわけだ。

「私は当時、鈴木貫太郎《すずきかんたろう》総理や阿南《あなみ》陸軍大臣とは懇意の間柄であったから、まさか死刑にはせんだろうと多寡をくっていた」と吉田は書いているが、九段の憲兵隊で二週間調べられたあと、代々木の陸軍衛戍《えいじゅ》監獄に移された。ここでは窃盗犯などと一緒にされたが、とにかく取り調べもなく、差し入れも自由だったという。東京爆撃は日ましに苛酷になり、獄から出て防空壕に入る日々だった。そこで目黒刑務所に移され、そして最後は目黒の小学校に四、五日軟禁状態になったが、むろん取り調べもない。ただ看守に監視されているだけだったのである。

この小学校にいるとき、「家に帰って良い」という。仮釈放ということだ。とにかく九段に監禁されてから、四十日ぶりの出獄だった」という。五月二十五日のことだ。吉田にとっては何から何まで納得のいかない扱いだった。そして、釈放から一週間後、吉田はある法務中将に呼びだされ、「閣下は不起訴と決まった。阿南陸相の裁断である」と告げられた。こうして、何の容疑で四十日も拘束されていたのか、法的根拠も示されないままに〈吉田検挙〉は終焉をむかえている。吉田邸に入り込んだふたりの工作員もそれからまもなく同時に姿を消した。

ここでもひとつの謎が浮かんでくる。なぜ、吉田が釈放され、不起訴になったか、ということだ。むろん起訴する証拠も自白もなかったということがあるだろうが、「阿南陸相の裁断」とはどういうことだろうか。吉田の検挙に対して東郷茂徳外相が阿南惟幾陸相に抗議していたから、吉田と旧知の間柄だった阿南が関係機関に釈放、不起訴を働きかけたとしてもおかしくはないのだが、実は阿南が何か指示したという記録がないのである。

ただ、阿南が吉田の釈放に動いたとするならば、和平派を抑え込もうとする陸軍強硬派にブレーキをかけたともいえるし、それは同時に終戦工作をめざす勢力へのひとつのメッセージを発したようにも見えてくる。あるいは阿南は、鈴木貫太郎首相を通じて昭和天皇の終戦工作の意志を知ってのことだったのかもしれない。そのあたりのことは阿南が何も語っていないために断言できないが、本土決戦を唱え続けたこの陸相の真意と、吉田の釈放、不起訴に至る経緯がどうであったかは、太平洋戦争の末期を検証するうえで興味深いところがある。

このように〈吉田検挙〉には未だ解明されていない面が少なくない。それでも確実にいえるのは、敗戦目前ですでに日本は、国家としての機能を失っていたということである。

第二十六章　「下山事件」の迷宮

今でも人びとの関心をひく半世紀前の特異な事件

下山事件はなぜ今に至るも人びとの関心を集めるのだろうか。

事件は、昭和二十四年（一九四九年）七月五日から六日にかけて起こった。当時の国鉄総裁下山定則《さだのり》（当時四十九歳）の死体が、常磐線の北千住駅と綾瀬駅間の東武線と交差するガード近くで発見されたことに端を発する。六日午前零時をすぎてまもなく線路を通過した貨物列車にひかれた死体は、首、胴体、右腕、左脚、そして右足首とに切断され、下山自身の上着やワイシャツ、靴、時計などがその周辺に散らばっていた。

下山総裁のこの死は自殺なのか、それとも他殺なのか、その答えは現在に至るも結論が出ていない。すでに五十五年を経過しているにもかかわらず、自殺説、他殺説の論者がそれぞれの論拠を示しながら、同時に別な説に強い批判を浴びせての論争が続いている。新聞記者、作家、労働組合関係者、警察関係者、それに医師、一時はさまざまな立場の人たちが論争に加わっていた。時間を経るにつれ事件を直接知る人たちも死亡することが多く、真相はいずれにあるのかといった取材や調査は事件をまったく知らない世代に引き継がれた形で全貌を解明すべく相次いで書籍が刊行されている。

昭和史の謎のひとつとされるこの事件の真相ははたしてどこにあるのか。事件を調べているうちにジャーナリストの多くはこの事件の特異性に気づき、だいたいが「下山病」なる病にかかってしまうともいわれている。時間を忘れ、寝食を忘れ、膨大な記録文書を読んだり、まだ生存しているのではと関係者の間を歩き回るのである。そしてやがて自殺か他殺かのいずれかに傾き、論稿を発表するという症状を示す。それは下山病という病が進んだことでもあり、やがて抜けだせなくなるというのだ。著者はそこまでの症状はないが、この事件の謎を解きたいという意味ではまた誰にも負けない情熱はもっている。それを前提に以下に筆を進めたい。

自殺説と他殺説、それぞれの主張

下山が自殺だったか、他殺だったか、という両論は、それぞれ説得力をもっている。

「下山事件」の現場検証を行う警視庁の捜査員ら。常磐線北千住駅・綾瀬駅間
（写真提供：毎日新聞社）

　まず自殺説は、現場付近で下山その人を多数の人が見ているとの証言、とくに五日の午後十一時すぎに現場付近をうろついている姿が目撃されていることを重視する。また、下山の轢《れき》死体を直接解剖はしなかったが、慶応大学医学部（法医学）の中館久平教授は「三鷹事件（著者注・下山事件の十日後に起こった中央線三鷹駅での無人電車の暴走）などの轢死体を鑑定したが、手足の甲のほか幾つかに皮下出血があり、それは下山氏の遺体も同様と思われる。解剖所見を聞く限り、必ずしも死後轢断とは断定できない」との見解を発表した。これが自殺説の有力な根

拠にもなっている。

加えて下山は、同じ鉄道省の一員だった労組員の首切りを自分にはとうてい宣言できないとの思いがあり、まさにノイローゼ状態だったとの証言もあった。下山はGHQ（連合国軍総司令部）や吉田内閣から憎まれ役を押しつけられたともいえるが、本人はその役に苦悩の表情を隠していない。とくに七月五日は、午前中にGHQに呼び出されていて、九万五〇〇〇人もの首切りを断固行うように威圧される状態にあったということがわかった。

この自殺説は、主に慶応大学医学部法医学教室、それに警視庁の捜査一課、そして毎日新聞社などが強力に主張し、反共産党の色彩を強める吉田内閣のなかにもこの説にこだわる者がいた。もっとも吉田内閣にあっても、官房長官の増田甲子七《ますだかねしち》などは「共産党による他殺」という意見を述べたりもした。

これに対して他殺説はどうだったか。私なりにこれまでの書籍に書かれている理由を並べてみると、死体現場から下山の眼鏡や煙草ケースなどが発見できなかったこと、着衣に油がついていたが、これは機関車用ではなく植物油と思われ、どこで付着したかがわからなかったことなどがある。しかしもっとも有力な根拠は、東大医学部の古畑種基《ふるはたたねもと》教授（法医学）による鑑定にあった。この鑑定書は慎重に検討が加えられ、昭和二十五年一月に警察当局に提出されたが、全身に五〇〇カ所を超える傷（鈍器と推定される打撲傷も含める）があり、外部出血はほとんどなく、首や胴、それに手や脚などに生活反応が認められない、としたうえで、「下山総裁は死後轢断である」と断定したのだ。そして死亡推定時刻も、七月五日の午後九時半から十一時半の間と推測される、とも付記してあった。

他殺説については、このほかに下山夫人の「自殺は考えられない。名古屋大学に在学している長男が夏休みで家に戻ってくるのを楽しみにしていた」という証言なども示されている。国鉄内部にも自殺説に疑問をもつ者は多かったが、当時は占領期であったためもあり、こうした事件にそくざに反応するようなコメントなどとうてい口にすることはできなかった。

さて他殺説ということになれば、ふたつの犯人像が考えられた。ひとつは、事件発生時に、吉田内閣の閣僚（たとえば前述の増田官房長官）から流された、「共産党による他殺」説である。自殺説をとなえる新聞記者などは、政府筋から露骨に記事を書くことが牽制《けんせい》されてもいた。もうひとつはGHQの工作機関（それに系列化された形の日本の謀略実行機関）という説で、これも当初から囁《ささや》かれていた。むろんこのことは占領期には公然と主張されることはなかったが、G2（参謀第二部）の責任者ウィロビーが組織する機関の意を受けた日本の工作員が実際に手を染めたとか、謀略専門のキャノン機関の命令を受けた日本とアメリカの工作員による仕業とかいった噂《うわさ》は流れていたのである。また実際、昭和二十四年という年は、旧軍の謀略機関やGHQの工作機関などが密かに胎動しはじめてもいた。

他殺説に立ったのは、東大医学部法医学教室、朝日新聞、それに警視庁の捜査二課や検察庁であった。GHQのなかにも共産党員による他殺がもっとも好都合ということもあって、この説を主張する者もあった。さらに、他殺説は、自殺説の根拠である下山総裁が現場付近を夜中まで悩みながら歩いていたとの目撃談は、下山に似せた替え玉という説を主張した。

この事件からほぼ三年後に日本は独立を回復して国際社会に戻ったが、あの事件で下山を殺したのは私だ、と名のりでた奇妙な人物もいて、そういう人物の証言も根拠となった。

吉田内閣は下山総裁の死を政治的に利用しようとした?

この他殺説をもっとも積極的に説いたのは、作家の松本清張だが、松本は「下山国鉄総裁謀殺論」を発表して、この事件はアメリカ軍の謀略機関による殺人だったと明快に断じている。さらに朝日新聞記者で、この事件を取材した矢田喜美雄が、朝日の定年後に『謀殺下山事件』を発表し、アメリカ軍の意を受けた日本人協力員などが協力して、下山を殺害したと説得力のある書き方をしている。とくに矢田は、警視庁の元刑事（自殺説の側に立っていた）や現場で下山を見たとされる目撃証人を事件から十五年余もすぎたあともなんどか丹念に取材し、捜査一課の「自殺説」の根拠となった自殺現場での下山徘徊の調書があまりにも杜撰《ずさん》につくられていたとの証言をひきだしている。ある目撃証言者は、矢田にいわせると明確に「調書はいいかげんのことしか書いていません」と断じたというのである。

警視庁の捜査一課は、政府の圧力を受けて「自殺説」をいい、捜査二課はやはり政府の別の側からの圧力を受けて「他殺説」を説いたとも推測されるのだが、この分裂のなかに実は吉田内閣が下山の死を巧みに政治的に利用しようとしていた節は窺える。

一方、自殺説を唱える有力な書籍は佐藤一《はじめ》の『下山事件全研究』である。この本は昭和五十一年に刊行された六〇〇頁（二段組み）を超える大著で、佐藤は十二年をかけて下山事件の謎を追いかけ、そのうえで自殺説にたどりついたとしている。佐藤は終戦と同時に復員して東芝鶴見工場に身を置くが、昭和二十四年八月の松川事件（著者注・東北本線の金谷川《かなやがわ》・松川間で起きた列車転覆事故）の容疑者として逮捕されたという経歴をもつ。松川裁判では、昭和三十八年に最終的に無罪判決が確定するが、それ以後、佐藤は下山事件の真相解明に取り組んだ。その経歴からすると、ＧＨＱの謀略機関の犯行と見たてても不思議はなく、当初は佐藤は「（自身の）十四年の裁判の体験から、左翼による謀殺とは到底考えられず、逆に民主勢力を抑圧する側の陰謀という見方」に与《くみ》していたと書いている（「あとがき」）。ところが各論を徹底して調べ、三〇〇人余の人びとに会っての結論は、「自殺」だったというのである。

とくに下山の轢断死体が発見された直後の現場検証で、東京都監察医務院の八十《やそ》島《じま》信《しん》之《の》助《すけ》が行った検案結果が、「轢死（自殺、または事故死）」だったという事実を重くみている。東大の古畑教授よりもこちらの側に信憑性があるのではという指摘はかなり重要である。というのは、「東大」という権威が一人歩きしての結論に異議を唱えているからだ。また佐藤は、とくに松本清張の謀略論の軸になる情報屋の「Q氏」の存在などを否定し、松本の根拠として挙げられている理由は、「現実にはなに一つとして存在しないようである。したがって筆者は、これもまた虚妄の説と考えざるをえない」とはねつけた。

他殺に見せかけられた自殺

下山定則の死は自殺か、それとも他殺だったのか。私はこれまでの説、あるいは書籍にふれて、結局は以下のように考えるのである。

〈七月四日に下山は三万人強の第一次通告を組合側に行った。この日、下山は官庁の至つたところに顔をだし落ち着きのない行動をとった。その行動は明らかに異常であった。翌五日、下山は迎えにきた運転手の車で国鉄本社にむかうが、途中三越デパートに寄るよう命じる。この間の言動も異常だった。午前九時三十五分ごろ、開店したばかりのデパートにはいった。その後、下山が三越からどこに行ったのか。そのコースは判然としない点もあるのだが、要は事件現場近くのどこかに来たのではなかったろうか。そして、人目につかない場所で自殺をしたと考えられないか。司法解剖では薬物反応がなかったという。しかし、これは想像の域を出ないが、前日の四日に唐突に呉服橋の橋詰薬局に入っていって「薬」を買っている。胃薬とされているが、実際には睡眠薬の類で、それを大量に服用した薬物自殺だったかもしれない。あるいは、刃物を使うとか投身自殺だったとも考えられる。

ただし下山は、彼の挙動不審に疑いをもったGHQの工作機関の指示で、何らかのグループ（これが謀略機関と思われるが）にこの日の行動を監視されていたと思われる。GHQからすれば、下山が常軌を逸して首切りを撤回したりしないか、あるいは意味不明のことを言って首切りを有名無実化しないか、との不信、不安を抱いていたはずだ。そして、下山の自殺（もしくはまだ睡眠中の段階）を目撃したこのグループによって北千住駅と綾瀬駅の間にその身が運ばれ、深夜の貨物列車に轢断された。むろんそれは下山の死が労働組合によって行われたという演出のため、あるいはGHQに抗するとこのようになるとの威圧のためだったかもしれない。偶然が重なって自殺が他殺にすりかえられていく。これが下山事件の事実ではないか〉

私がこの推測にこだわるのは、この事件が昭和二十四年七月に起こっているからである。下山事件を解析する書籍の多くは、この「昭和二十四年」という時代を占領政策が「非軍事化」「民主化」の方向で日本に民主主義を根づかせようとした時期から東西冷戦に傾く時期への移行という程度に描写して捉える。その過程で日本経済の建て直しを主張するGHQは、官公労従事者の行政改革を要求し、その第一弾として国鉄労組九万五〇〇〇人の首切りを求めた。国鉄は昭和二十四年六月に鉄道省から切りはなされて独立の経営体に衣替えしたが、この総裁ポストに就いたのが、鉄道省の技術畑出身で運輸事務次官の下山だった。

こうした事実を並べることで昭和二十四年を語っている。しかしこの年は、単に占領政策の移行期にあるというだけでなく、占領期の分水嶺ともいうべき特徴をもつと私は考える。それはなぜか。

下山事件の十日後に三鷹事件、さらに一カ月ほどあとに松川事件と続き、その真犯人は未だにわかっていない。つまりわずか二カ月ほどの間に国鉄にかかわる大きな迷宮入り事件が三件も起こったわけだ。これまでこの種の組織だった事件（下山事件に限っては他殺とした場合だが）というと、昭和三年の張作霖《ちようさくりん》爆殺事件、六年の鉄道線路爆破を口実に起こされた満州事変などがある。いずれも関東軍の謀略だが、国内の事件ではなかった。しかし、そのような工作員が行う色彩の濃厚な組織犯罪が、昭和二十四年に日本国内では相次いだのだ。これは政治目的の実行のためには手段を選ばないという、強い意志が窺える事件である。この年以後、鉄道脱線、国鉄の駅での騒乱事件がしばしば起こることになる。

こうして振り返ってみると、昭和二十四年の組織だった鉄道に関係する事件は、昭和前期の関東軍の行った構図がそのまま日本にもちこまれたようにも映る。政治状況を大きく変えるときは、鉄道を舞台にした事件はもっとも効果がある。

ただし当時の国鉄労組は組織犯罪を犯すほどの力はない。とすれば、ＧＨＱの工作機関の意を受けた謀略グループが、東西冷戦で日本が立つべき位置を明確にするために、吉田内閣が行う政策を円滑にさせようと企図した事件ではないかと考える以外にない。戦後四年目の日本に甦った、この新たな謀略工作が、それ以後の不気味な事件の始まりではなかったか。

下山は鉄道省の高級官僚として、鉄道自殺をなによりも職員が気の毒だと怒っていたのは有名な話だ。そういう本人が拒絶するような方法で、自殺を他殺に見せかけられた。その意味では、下山は二重に、最後の自発的な意思すらも時代のうねりにのみこまれる結果になったと思えるのである。

あとがき

本書はこの十年余の間に各種の月刊誌などに発表した稿を中心に編んでいる。むろんこのほかにも何本か発表しているのだが、二十世紀を土台にして二十一世紀の論点になりうると思われる論稿を中心に選んでいる。

もともと私は、演繹的、教条的な史観や思考は得手ではない。そのような立場はとらない。史実を収集し、それをもとに実証主義的に、そして帰納的に答えを考えていくべきという立場である。このような立場にとって不可欠なのは市民的自由が保障されている社会である。市民の権利が確立していなければ実証主義的立場などとり得ないのである。

本書のひとつひとつの論稿には、私自身の思いがこもっているだけでなく、私が獲得した事実へのアプローチへの姿勢もこめられている。なかには執筆時からかなりの時間を経た稿もあるのだが、そのときどきに史実を構築すべく編集者たちと談論しながら、想を練った思い出がある。今、改めて読者の目にふれることになっても決してその内容は古くはないと考えてもいる。

本書からこの時代に生きる姿勢を汲みとってもらえば、私にとってはこれ以上の喜びはない。

ＰＨＰ研究所学芸出版部の大久保龍也氏には、近年の私の書いた稿のリストをもとに改めて個々の論稿を整理していただいた。大久保氏とは今から二十年余前に、『昭和史を読む50のポイント』を始め何冊か刊行したことがあった。その後しばしば会うことはあっても編集者と執筆者の関係からは遠のいていた。

今回久しぶりに大久保氏に拙稿をまとめていただいた。適切な助言に、目くばりのきいた構成、さらには真摯な編集姿勢に改めて感謝したい。大久保氏との共同作業に私も充実した時をもつことができた。お礼を言いたい。

さらに名を挙げないが、それぞれの月刊誌の編集者には執筆時に多大な協力をいただいた。誰もが年齢を増したが、彼らとの交流によって私は励まされてつづけてきた。その思い出を反芻《はんすう》しつつ、改めて謝意を表したい。

平成二十六年（二〇一四年）五月

保阪正康

第十九章　「歴史街道」2006年2月号　トラウトマン工作の裏側
第二十章　「歴史街道」1992年1月特別増刊号　孤立する日本と幹部候補生時代
「歴史街道」2002年9月特別増刊号　自らの政略が崩れた山本長官の悲劇
第二十一章　「歴史街道」2002年9月特別増刊号　大本営発表の「嘘」は、この時から始まった
第二十二章　「歴史街道」2005年8月号　ポツダム宣言受諾をめぐる二つの訳文
第二十三章　「歴史街道」2005年9月号　玉音放送を聞いた人たち、それぞれの思い
第二十四章　「歴史街道」2005年11月号　なぜ「大東亜戦争調査会」は廃止されたのか
第二十五章　「歴史街道」2001年2月号　吉田茂邸に潜入したスパイ
「歴史街道」2005年5月号　終戦の四カ月前、吉田茂はなぜ検挙されたのか
第二十六章　「歴史街道」2004年8月号　「下山事件」の迷宮

初出一覧

第一章　「論座」2006年5月号　あやうい保守言論の「内実」
第二章　「文藝春秋」2007年2月号　私が会った「昭和史の証人」秘録
第三章　「新潮45」2013年12月号　忘れられない証言者たち
第四章　「中央公論」2012年11月号　日本軍「失敗の本質」は人事にあった
第五章　「諸君！」2008年5月号　旧日本軍の宿痾「情報軽視」体質をわれわれは克服できたのか
第六章　「論座」2004年1月号　太平洋戦争下の「勅語」の研究
第七章　「月刊 民放」2004年8月号　「大本営発表」から見る有事法政下の日本
第八章　「諸君！」2004年3月号　死者からのナショナリズム
第九章　「文藝春秋」2011年12月臨時増刊号　「三笠艦橋の図」十三人の「昭和」
第十章　「新潮45」2011年1月号　「山本五十六愚将論」が迫る「帝国海軍史」の見直し
第十一章　「文藝春秋」2008年5月号　二·二六と聖断　阿南自決の真相
第十二章　松平大和守研究会発行『松平大和守家の研究』2004年12月刊　四王天延孝という人物の軌跡
第十三章　「文藝春秋」2003年6月号　瀬島龍三氏の晩節を問う
第十四章　「調査情報」2013年11－12号　小津安二郎と「戦争の時代」
第十五章　「歴史街道」1998年12月号　かくして「破綻」は回避された
「歴史街道」2000年11月号　たったひとり、軍部に屈せず、時代に迎合せず
第十六章　「歴史街道」2004年5月号　「帝人事件」とは何だったのか
第十七章　「歴史街道」2001年9月特別増刊号　日中戦争の背後に見えてきた影
「歴史街道」2003年8月号　傀儡国家と王道楽土
「歴史街道」2003年8月号　人造国家をとりまく世界情勢
第十八章　書下ろし　石原莞爾はなぜ稀有な人物なのか
「歴史街道」2002年4月号　中国こそ、最大のパートナー

この作品は、二〇一四年七月にＰＨＰ研究所より刊行された『太平洋戦争を考えるヒント』を改題し、加筆・修正したものである。

〈著者略歴〉

保阪正康（ほさか まさやす）

1939年12月、札幌市生まれ。同志社大学文学部社会学科卒業。評論家、ノンフィクション作家。出版社勤務を経て著述活動に入る。主に近代史（特に昭和史）の事件、事象、人物に題材を求め、延べ4000人の人々に聞き書きを行い、ノンフィクション、評論、評伝などの作品のほか、社会的観点からの医学、医療に関する作品を発表している。現在、個人誌『昭和史講座』を主宰。2004年、菊池寛賞受賞。

ＰＨＰ文庫　太平洋戦争を読み直す

2016年12月14日　第１版第１刷

著　者　保　阪　正　康
発行者　岡　修　平
発行所　株式会社ＰＨＰ研究所
東京本部　〒135-8137　江東区豊洲5-6-52
文庫出版部　☎03-3520-9617(編集)
普及一部　☎03-3520-9630(販売)
京都本部　〒601-8411　京都市南区西九条北ノ内町11
PHP INTERFACE　http://www.php.co.jp/
組　版　有限会社エヴリ・シンク
印刷所
製本所　共同印刷株式会社

ISBN978-4-569-76655-3

PHP文庫好評既刊

人物で読み解く

「日本陸海軍」失敗の本質

兵頭二十八　著

石原莞爾、宇垣一成、大西瀧治郎……。本当は〝近代未満〟だった日本陸海軍のキーパーソンたちから、戦前日本の興亡と失敗の本質を探る。

定価　本体八三八円（税別）

PHP文庫好評既刊

聖断

昭和天皇と鈴木貫太郎

半藤一利 著

本土での徹底抗戦、一億玉砕論が渦巻くなか、戦争を終結へと導いた〝聖断〟はいかに下されたのか？「日本敗戦」を描いた不朽の名作！

定価 本体八一九円（税別）

太平洋戦争の意外なウラ事情

真珠湾攻撃から戦艦「大和」の沖縄特攻まで

太平洋戦争研究会 著

「真珠湾奇襲攻撃」をルーズベルト大統領は本当に知っていたか？ 最新の資料をもとに、太平洋戦争の意外なウラ事情、30に鋭く迫る！

定価 本体五五二円（税別）

PHP文庫好評既刊

「地勢」で読み解く太平洋戦争の謎

三野正洋 著

真珠湾とミッドウェーを攻撃した真意は？　硫黄島が激戦地となった理由は？　なぜ沖縄戦が起きたか？　太平洋戦争の謎に「地勢」から迫る。

定価　本体七〇〇円（税別）